21世纪高等继续教育精品教材

政治学原理

（第三版）

主 编 沈文莉 方 卿

中国人民大学出版社
· 北京 ·

前言

相对于哲学、历史学这些社会科学的基础学科而言，政治学是一门年轻的学科。这在中国尤其如此，因为经过20世纪50年代初期的院系调整，政治学这一学科被取消并停止发展长达20余年。改革开放之后，政治学才恢复了学科设置，经过30多年的发展，如今已经在各大高校中形成了比较齐全的教学体系和科研队伍。我们正是在这一学科发展的大背景下，力图为政治学向全社会的“普及”做一些有益的工作。在我们看来，对“政治”的热情并不限于庙堂之上，街巷阡陌中也有着认识“政治”的需要和必要，因而“普及”政治学，让广大的公民都能够对政治学的有关问题形成正确的认识，就成了政治学研究和教学工作者的职责所在。

本书以习近平新时代中国特色社会主义思想为指导，全面融入党的二十大精神，将提高学生的思想道德素质与专业素养融为一体，培养学生诚实守信、爱岗敬业等优秀品质，为中国式现代化建设提供高技能人才支撑。我们编写这部政治学教材，除了考虑到政治学本身的发展促使我们吸收国内外最新的有益研究成果，并在此基础上淘汰过去与之对立或不合拍的内容之外，我们更希望这部教材能够深入浅出、通俗易懂，既不让读者为深奥理论所阻吓，又让读者在明确的教学目的面前形成对政治学有关问题的基本认识。尤其重要的是，我们从事远程教育和高等继续教育相关教学多年，将摸索出的教学经验贯穿于本教材的编写中，从而使其更适应现代远程教育和高等继续教育的特点。

本书由沈文莉、方卿共同确定编写提纲并组织编写和审定，配套的教学课件及相关资源等由沈文莉编写。本书第一版的编著得到了何历宇、叶国文、赵萍丽、李明波、汪晓风等政治学青年学者的大力支持，他们分头撰述的内容构成了本书的基础。在此对各位合作者谨致谢忱！

本书最初于2007年1月出版，其适应性在其后三年的教学实践中得到了良好的检验。2010年6月，本书出版了第二版。当时主要调整了书中的某些篇章结构，增加了更加明晰的段落标题，使得层次更加清晰，更加符合成人学员和读者的学习与阅读习惯。同时，我们对局部内容的文字表述作了修正，补充了一些关键性概念和阐释，使其更准确、全面。本次修订，我们对全书结构做了较大幅度的改动，使其更加符合教学的节奏。根据同行专家的意见及一线教学的反馈，增加了若干章节的篇幅，并特别增加了“政治传播”等全新的内容。此外，还更换了各章的引例以及若干篇“资料”和一些“超链接”，使之更具时效性、可读性，更切合当前国内外政治现实的新特点，对学员和读者更具启发性和引导性。我们希望自身的努力能够达到修订本书的目标，但是，限于编者的水平，书中的不足之处仍然难免，敬请读者不吝赐教。

编者

目录

第一章 绪　论

引 例

党的十八大以来，以习近平同志为核心的党中央始终把公平正义作为实现中华民族伟大复兴中国梦的社会价值基础。党的十八届三中全会强调，全面深化改革必须“以促进社会公平正义、增进人民福祉为出发点和落脚点”。习近平总书记在 2014 年新年贺词中指出：“我们推进改革的根本目的，是要让国家变得更加富强、让社会变得更加公平正义、让人民生活得更加美好。”

从古到今，人们一直在追求公平正义的社会理想。但是，什么是公平正义的社会？通过什么方式才能实现社会的公平正义？这正是历代政治思想家期望回答的问题。孔子希望通过圣贤之道带来天下大同，柏拉图希望以哲学家为王带来“理想国”；现代资产阶级启蒙思想家认为民主宪政是实现社会公平正义的基本途径，马克思主义则提出了共产主义的伟大理想。

今天，我们仍然在探究这个问题。

对于大多数人来说，“政治”并不是一个陌生的词汇，我们就生活在“政治”所运行的国家中，我们是有着“政治”属性的民族的一员，我们可能需要不定期地过组织生活，我们每天都可以看到或听到各种类型的政治事件，我们的周围时常有人谈论着政治。这就意味着对政治的认识有着广泛的社会需要，而对政治的正确认识则成了社会生活的必需。作为社会主义民主国家的一位公民，如果对政治学的基本内容，对政治结构、政治制度以至宪政体系没有一个良好的认识，那就无法有效地行使自身的民主权利，也无法对政治共同体形成有效的认同，前者关系到中国的政治发展，而后者则攸关国家的政治秩序。显然，形成对政治的正确认识对个人和国家都有着重要的意义，而加强政治学的学习则有利于我们形成对政治现象的全面认识，并进一步把握政治现象背后的客观规律。

第一节　政治的含义及其历史变迁

欲形成对政治现象及其本质的正确认识，首先就必须理解“政治”这一词汇的含义，毕竟，只有在对一个概念有了正确把握的基础上，我们才能比较一致地谈论、研究这一概念所涵盖的具体内容。

一、“政治”概念的历史变迁

我们先回顾中西历史上对政治的理解，一方面可以更进一步了解现代政治定义的源头，从而加深对政治这一概念的理解，另一方面，也可以更多地了解被现代政治定义所消解的、在古代历史上曾发挥重要作用的一些“政治”概念，从“政治”的多种可能性中更全面地把握政治这一概念的内涵。

（一）古代中国的“政治”：国家基于一定规则的稳定状态

在中国语境中，“政治”一词的大量使用是与现代汉语的产生密不可分的，一般认为，政、治两字联合组成一词从而促成“政治”词汇的广泛使用，是与孙中山联系在一起的，中山先生称：“政就是众人之事，治就是管理，管理众人之事，便是政治。”[①] 当然，这个定义是非常宽泛的，管理众人的事既可以在国家、民族层面展开，又可以在家庭内部实施，而我们很难将家庭内部的管理毫无疑问地看作政治。可见，这一解释并不能满足为“政治”给出精确定义的要求，但孙中山将政治做上述的解释却有着传统中国语境中政、治二字做分别解释的先例。

《说文解字》中对“政”字的解释为“正也”，而“正”则是“从一而止”，也就是说，“政”就是按照某一规矩或标准并达到某一稳定的状态，而从其在古籍中出现的上下文来看，“政”这一特定规矩下的稳定状态往往是与“邦”“国”或“天下”联系在一起的，这就是说，“政”意味着国家依照特定的规矩并达到稳定的状态。

当然，在古典文献中，“政”字有着多重含义，但我们可以说这些含义都是与特定规矩下的稳定状态——“正”的本义相关联的。试举《论语》为例，“政”可以是：（1）国政，即国家的状态，或解为政事，即与国家状态有关之事务，如“为政以德，譬如北辰居其所而众星拱之”（为政第二），以及“夫子至于是邦也，必闻其政”（学而第一）；（2）政制，即规矩，如“道之以政，齐之以刑，民免而无耻；道之以德，齐之以礼，有耻且格”（为政第二）；（3）政令，规矩本身或实施规矩的具体措施，如“谨权

---

① 孙中山．孙中山选集：下卷．北京：人民出版社，1981：661.

量，审法度，修废官，四方之政行焉”（尧曰第二十）；（4）政权，也就是制定规矩的权力，如“天下有道，则政不在大夫”（季氏第十六）。

在古代语境中，“治”除了像孙中山所说具有“管理”或“治理”的含义，也就是作为一个动词使用外，它又有着国家太平或我们现在所谓的政治清明的含义，也就是作为一个名词指国家的治理处于一个良好的状态，如“无为而治”一词中的“治”就是如此。并且，在儒家看来，“治”和“政”有着相似的内涵，都是与“正”不可分离的。《论语·卫灵公第十五》载孔子所云：“无为而治者其舜也欤？夫何为哉？恭己正南面而已矣。”这和《论语》中论及国政的其他一些表述，在“正”的主张上是一致的。如《论语·子路第十三》载孔子的话说：“苟正其身矣，于从政乎何有？不能正其身，如正人何？”“其身正，不令而行；其身不正，虽令不从。”由此可见，要达到国家太平，无论是臻于郅治，还是实现政通人和这一国家良好状态，都需要为政者本身首先按照一定的规矩或标准形成一种稳定的状态，然后才能通过自身的示范作用逐步扩大到他人以至整个国家，促成国家趋于良好状态。

儒家认为达到政治清明，其必要条件之一在于为政者能够修身立德，所谓由“内圣”而“外王”，但这并不代表诸子百家都同意这一观点，事实上，在墨家、道家和法家看来，“兼爱尚同”“无为而治”或“严刑峻法”也不失为追索政治清明的可行途径。在这里，儒墨道法的争议并不妨碍我们对古代中国语境中“政治”含义的理解。古籍中本就有“政”“治”连用的先例，如《尚书·毕命》“道洽政治，泽润生民”，其中“政治”指“政化治理”，也就是政事得到治理；《周礼·地官·遂人》“掌其政治禁令”，联系上下文来看，此处“政治”中的“治”亦作动词用，“政治”也就是使政事得到治理。可见，“政治”实际上代表着国家处于一种良好的状态。诚如前文所述，“政”“治”均可指国家的良好状态，“政”“治”二字连用形成的“政治”一词，不过是“政”“治”二字同一含义的不同表述而已。“政治”这一词汇本身就蕴含着国家处于某一良好状态这层含义，至于如何实现“政治”这一良好状态方面的分歧，则并不妨碍对“政治”本身的美好想望。

由上可知，在古代中国语境中，言“政治”则必然包含下面三层含义：第一，政治必然是与国家有关的；第二，政治含有国家处在或趋于良好状态的内在规定性，而所谓良好，其重要的表征就是国家的稳定，也就是国家形成秩序并长期得到保持；第三，要达到政治所内涵的良好状态，必须首先依据一定的规矩或标准。统括言之，政治也就是国家依据一定的规矩处于或趋于稳定状态。

当然，在现实中，国家或许在长时间内并不存在特定规矩下的稳定状态，但这并不意味着这时的国家就无“政治”可言，从词源上说，“政治”表达了国家稳定状态的美好愿望，而举凡与此有关的事务就都是政治事务，一切与国家状态有关的现象也都可适机添加上“政治”这一修饰语。

在传统中国，儒家思想构成了国家的主导价值，政治的内涵也就受到了儒家思想的极大影响，但我们必须明确，政治这一词汇并非儒家所独有，其基本含义是与“政”

"治"二字的本义联系在一起的，而字义或词义的一致性才构成了诸子百家讨论"政治"这一主题的基础，因此，"政治"的上述含义是由汉字或语词所赋予的，而非儒家思想所强加的。政治的上述三层含义构成了百家争鸣时期讨论政治话题的前提性认知，但在政治所依凭的规矩和国家的稳定状态这两个层面，诸子百家又有着不同的看法，但一般而论，儒家对"政治"含义的具体解释则构成了古代中国的主导认识，我们还是把视线聚焦在儒家对规矩和稳定状态的讨论上来。

单就儒家思想这一古代中国的主导价值来看，我们可以说，所谓国家的稳定状态，就是指古代统治等级结构中的各层级成员均能各安本分，这从《论语》中的下面两段话中可以得到明确的启示：

> 齐景公问政于孔子。孔子对曰："君君，臣臣，父父，子子。"公曰："善哉！信如君不君，臣不臣，父不父，子不子，虽有粟，吾得而食诸？"（颜渊第十二）
>
> 子路曰："卫君待子而为政，子将奚先？"子曰："必也正名乎！"子路曰："有是哉，子之迂也！奚先其？"子曰："野哉，由也！君子于其所不知，盖阙如也。名不正，则言不顺；言不顺，则事不成；事不成，则礼乐不兴；礼乐不兴，则刑罚不中；刑罚不中，则民无所错（措）手足。故君子名之必可言也，言之必可行也。君子于其言，无所苟而已矣。"（子路第十三）

只有君臣父子恪守其分，只有先正名，促使统治等级结构中从天子、诸侯、卿大夫、士到庶人中的各个层级均能正确把握自身在其所处等级结构中的位阶，认识到自身所应享有的名分并不生出僭越之心，才能保证国家形成秩序并达到长期稳定。当然，孔子的这一表述是与他"从周"的主张联系在一起的，西周封建所形成的社会等级结构也同时构成了国家统治的等级结构，故而天子到庶人的等级划分构成了孔子"正名"的基础。在秦汉形成大一统国家之后，在专制君主制下，西周封建的社会等级结构虽被打破，但君臣父子的名分并没有丢失，所谓国家的稳定状态，仍在于君臣父子恪守其分，这就构成了古代中国语境中"政治"含义的一贯表达。

要促成国家的稳定状态，当然需要一定的规矩。在儒家看来，外在于人的规矩显然比不上内在于人的道德法则更有效。所谓"道之以政，齐之以刑，民免而无耻；道之以德，齐之以礼，有耻且格"（《论语·为政第二》），从这一德礼政刑的优劣排序中，我们也可以看出，在政治方面，孔子将"政"与"德"相对，强调"政"这一外在于人的规矩难以与"德"这一内在于人的法则相媲美，因而主张国家的稳定状态应根植于人的道德完善。

综上所述，在儒家思想即古代中国的主导价值体系中，"政治"这一国家的稳定状态就是统治等级结构中的各层级成员均能安于本分，而达到这一稳定状态的途径也就是将这种安于本分的要求内化为自身的伦理认知。

（二）古希腊的"政治"：城邦公共生活的总和

明了"政治"在古代中国语境中的自有含义，仍不足以把握现代"政治"的内涵，这是因为，当作为一门学科进入中国的学术领域时，政治学就附着了西方文化对"政治”的理解。现代政治学中的“政治”本就对应于英语中的 politics 一词，而 politics 的词根则是 polis，其最初含义是指古希腊修筑在山巅的卫城以及卫城周围的市区和乡郊，由于该词最终综合了土地、人民及其公共生活，polis 也就构成了我们现在耳熟能详的城邦（city-state）。因此，politics 就必然是与城邦联系在一起的。古希腊哲学家亚里士多德的名言“人是天生的政治动物”实际上就是指“人是天生的城邦动物”，政治是城邦中的公共生活的总和。

之所以说政治是公共生活的总和，是因为在古希腊，城邦公民（即城邦中除外邦人和奴隶之外的成年男子）的生活可以划分为公共领域和私人领域两大范畴，而只有公共领域的生活才归属于政治生活。所谓私人领域也就是公民的“家庭”（oikia），它是古希腊社会最小的生产单位，一个完全的家庭包括了主奴、夫妇、父子三种关系，而这三种关系都是同样的隶属关系：女子从属于男子，子女从属于父母，奴隶从属于主人。私人领域的主要功能在于满足公民的物质需求，私人生活并不构成政治的内容，而是属于“经济”生活——英文 economics 的词源即希腊文的 oikos。美国学者肯尼斯·米诺格所著的《当代学术入门——政治学》对这方面做了非常详细的考证和论述。

在古希腊人看来，家庭只代表着公民出于动物本能的需要，而城邦（政治）则赋予公民一种超越动物本能的自由。政治生活包括战时的军事工作和平时的事业。[①] 在平时，只有当城邦公民走出家庭，步入广场（agora）时，他才真正开始了自身日复一日乐此不疲的公共生活。所谓的广场并不是指特定的地理位置或一定规模的建筑物，而是若干公民在屋前宇后的集会地，它固然有比较固定的地点（通常即集市），但却可以是城邦地理范围内的任何公共场所，只要这里聚集了若干平等的公民，并且在他们的议论中满怀着对城邦事务以及与城邦有关问题的关注。私人生活满足的是城邦公民的物质需求，而公共领域则为公民提供了参与城邦事务的机会，并且，在古希腊，身为公民而不参与城邦公共生活是难以想象的，亚里士多德在阐述了城邦的形成过程后，就明确说道：“人类自然是趋向于城邦生活的动物（人类在本性上也正是一个政治动物）。凡人由于本性或由于偶然而不归属于任何城邦的，他如果不是一个鄙夫，那就是一位超人，凡隔离而自外于城邦的人——或是为世俗所鄙弃而无法获得人类社会组合的便利或高傲自满而鄙弃世俗的组合的人——他如果不是一只野兽，那就是一位神祇。”[②] 从这“自外于城邦者非兽即神”的判断中，我们可以了解到，在古希腊，政治生活是公民正常生活中必需的组成部分，是每一位公民能够将自身归属于“人类”的充分必要条件。

城邦以正义为原则，而正义的基本属性是合乎自然，城邦是自然产生的，人类也自然地趋向于城邦生活，亚里士多德对奴隶制的观点就可以为这一判断下一注脚。对于奴役现象，亚里士多德并没有一味地予以否定，而是区分了两种情况，即如果系由战争造

① 亚里士多德．政治学．北京：商务印书馆，1965：15.
② 同①7.

成的强迫奴役，那么因为造成奴役的正是强权，因而这种奴役就是不合自然的，因而是不符合正义原则的；如果奴役根源于人类德能的天生差异，从而造成劣种从属于优种的奴役，这就合乎自然，城邦并不排斥这样的奴役，相反，这种奴役正可为城邦公民步入广场享受政治生活创造一定的物质条件。亚里士多德认为，两种奴役对公民有着显著的不同作用，“在合乎自然的奴隶体系中，（主奴）两者各尽自己的职分，这就存在着友爱和共同利益。但凭借权力和法律所造成的强迫奴役，情况恰恰相反（那里将充塞着仇恨和利害的冲突）”①。

私人生活的基本关系是一种隶属关系，且不论其出于强权还是出于自然，它的基本属性是主人和奴隶的关系；而在公共领域，政治生活的参加者都是自由人，人与人之间的关系完全是平等的，每一位公民都平等地享有城邦赋予的权利，履行城邦要求的义务。这就是政治生活与私人生活的显著区别，公民正是在平等参与城邦事务中体验了自身的自由，尽管他必须服从城邦的礼法，但礼法不正是正义原则的衍生物吗？服从这样的礼法并无害于公民的自由身份。在政治生活中，公民们的平等是与他们所具备的语言能力须臾不可分离的，公民们是依靠语言来说服他人，而非依靠无言的暴力来强迫他人服从，正因为如此，公民们才能享有平等的政治地位，而毋庸恐惧自身的自由受到侵害。政治是与不合自然的暴力绝缘的，这也就意味着政治是与专制不能相容的。

这就是古希腊城邦，即西方古典政治的基本情况，我们可以从中发现，在古代西方语境中，政治的含义应包含：第一，政治首先是与城邦联系在一起的。第二，政治是城邦公民特定生活状态的总和，这种生活状态的特征是自由、平等，并在总体上符合城邦的正义原则，而正义的首要属性是合乎自然。从这一点来看，政治是与专制不相容的。第三，政治对于城邦公民不仅是可能的，而且是必需的，没有了政治生活的公民就不成其为“人”。

肯尼斯·米诺格认为，在古希腊城邦公民那里，只有步入公共领域，公民才“终于可以超越自然需求而担负起社会责任，发表值得人们记忆的讲话，创立使他获得某种‘永生’的功业”。古希腊人将政治生活寄托于广场之上，而古罗马人则将政治生活寄托在自己的祖国之上，古罗马政治与古希腊政治都秉持通过公民自由协商解决问题的基本立场。

（三）中世纪欧洲的“政治”：国王与封建领主之间的事务

古希腊人的“政治”观构成了西方文化对政治的重要理解。但在西方世界，政治并不仅限于这一种观点。欧洲中世纪的历史又为后人提供了另一种“政治”内涵。

首先，从罗马帝国崩溃到16世纪现代社会产生为止的欧洲中世纪是与“封建”联系在一起的。封建最初源于罗马帝国对匈奴人、哥特人、西哥特人、盎格鲁人、法兰克

---

① 亚里士多德．政治学．北京：商务印书馆，1965：10.

人等“蛮族”的接纳，然而正是这些“蛮族”摧毁了罗马帝国，此后，这些“野蛮人”纷纷建立了自己的王国，国王将土地和人口分封给宣誓效忠的人物，从而构成了封建秩序。对于这些封建王国而言，当然离不开与国家有关的各种事务，这就是“政治”事务。在封建秩序下，政治当然首先是国王和封臣之间的事务。而在封君与封臣之间，首要的政治事务莫过于两者所订立的协议或契约。契约体现的是国王和贵族之间的合作关系，鉴于能够促成更佳的合作，议会这样的机关会在中世纪诞生就无足为奇了。议会或其他机关不仅可以成为国王与贵族的合作场所，同样也能让贵族在国王的过度扩张面前维护自身的权利，国王与贵族的合作和权力斗争也就构成了中世纪政治的基本内容。

其次，在封建秩序下，封臣对其领地拥有极大的自主管辖权，当最底层的百姓遭受其领主的过分压榨时，封君又必须拥有某种平衡的能力，也就是限制封臣对领地的过分压榨，否则就将威胁整个王国的社会秩序。在这一要求下，在王国范围内具有普遍约束力的法律就成了国家的必需品，法律当然有保障封建主的内容，但它更可以在封君和封臣之间谋取平衡，维护整个王国的正常统治秩序。

最后，从对外关系上讲，王国常常是某一个或若干“蛮族”的结合体，对于处身其间的族人而言，对自族独立的无比热情使得保持王国独立在他们那里演化成了一种强烈的责任感。

综合以上阐述，我们可以看出在中世纪欧洲，政治所具有的基本含义包括：其一，政治是与封建关系联系在一起的，在这种封建关系下发展出了契约观念和法律观念，遵守契约和法律构成了政治的基本内容和基本规范。其二，在封建关系下，封君和封臣之间的服从关系和权力斗争关系交织出现，从而使得争取或维护权利的活动，以及以权力制约权力的活动开始萌芽，成为政治活动的重要方面。其三，政治是与国家和民族联系在一起的，政治活动必须灌注对国家和民族的热爱之情。

有必要指出的是，这一时期的政治研究从属于基督教神学，因而政治研究主要着眼于论证神权统治的合理性，上述世俗世界的政治实践中形成的“政治”含义，大多是在神学没落之后才被挖掘出来的，在很大意义上应归功于近代政治研究。

除了上述这些由“蛮族”建立封建国家而带来的中世纪政治的基本因素外，强大的基督教更是给中世纪政治注入了不可磨灭的影响。这主要包括两个方面，一是基督教强调上帝面前人人平等，由此而最终衍生出了人权观念；二是罗马教廷拥有的绝对权力为世俗国家树立了建构绝对政治权威的榜样。

此后，当现代国家于16世纪映入人们的眼帘时，上述中世纪政治的基本因素大多在现代国家中产生了重要的影响。

（四）现代国家的“政治”：国家权力的归属与运行

17世纪初期，欧洲宗教改革中出现的新教派与统治欧洲的传统天主教势力之间发生了史称“三十年战争”的欧洲宗教战争，1648年战争各方签署的《威斯特伐利亚和约》宣告战争结束，确立了新教与天主教的平等地位，并承认了各新教国家的独立，带动了欧洲民族主权国家独立的新局面。1648 年的《威斯特伐利亚和约》宣告了欧洲民族国家体系的形成，现代国家也就是民族国家，“政治”的内涵就是与民族国家联系在一起的。民族国家从中世纪政治中吸取了保持国家独立的本质要求，现代政治同时还在从中世纪就保留下来的法律、议会等体制性因素中找到了自身运转所必需的制度和机构载体。但民族国家与封建国家的一个巨大区别在于封建国家的权力具有分散性，而在十七、十八世纪的欧洲民族国家中，在国家内部逐步建构起了君主的绝对权力，在国家间关系上则强调一个国家拥有对内至高无上、对外独立的主权。就这样，权力成了现代政治的核心。

在古希腊的政治观念中，正义始终是城邦的基本原则，城邦或曰政治的最高目标就是维护正义，美德是城邦公民得以超越其动物本能的基本要求和基本保障。当权力成为现代政治的主题时，维护正义这一西方文明的古老传统也就逐渐凋敝，代替维护正义而出现在现代政治中的则是如何去攫取和掌控权力，而当统治者的心思都转移到掌握权力上时，不问是非就成了为君权张目的新型政治主张——“治国术”的基本特征。意大利佛罗伦萨的政治思想家尼科洛·马基雅维里是第一个使政治学从伦理学中独立出来的现代政治学的奠基人，他的《君主论》也是探讨“治国术”的经典名著。马克思曾指出，从近代马基雅维里……以及近代的其他许多思想家谈起，权力都是作为法的基础的，由此，政治的理论观念摆脱了道德，所剩下的是独立地研究政治的主张，其他没有别的了。马基雅维里曾阐述了世人所称道的良好品质，但又强调：“如果具备这一切品质并且常常本着这些品质行事，那是有害的；可是如果显得具备这一切品质，那却是有益的。”[①] 这是对君主应该“伪善”的明确主张，可见伦理道德在权力面前，即在现代政治面前，已经退去了往日的光泽。

权力是现代政治的核心，而政治所涉及的也就是谁掌握权力以及如何获取或保持权力的问题。在权力的终极归属方面，随着历史的演进，从最初的君主主权，逐步由议会主权而演变为时下已为全球所共同接受的人民主权。而在如何获取或保持权力的问题上，在社会变革层面上有革命和改良的分野，在政府形成上有世袭和民选之分，在政治体系的设置上有君主集权和政府分权的分野，如此种种，构成了现代民主政治和此前君主政治的重要区别。然而，我们必须明确，虽然政府的原则、形式等发生了翻天覆地的变化，但在这一系列的变化中，权力始终贯穿其中，权力从来就是政治的核心范畴之一。

马克思主义政治学同样离不开权力这一政治的核心问题。马克思主义经典作家一再指出政治反映着各阶级之间的斗争，阶级斗争最终必然上升为政治斗争，表现为政治领域中激烈的权力较量。正因为如此，马克思主义政治学强调国家政权是社会政治活动最

① 马基雅维里．君主论．北京：商务印书馆，1985：85.

集中的领域，其与西方政治学形成区别的是，马克思主义政治学追求的是权力真正归属于以无产阶级为代表的广大人民，以及当无产阶级夺取国家政权后有效地维系自身的统治地位。

当人民主权原则随着资产阶级革命的成功而在西方世界逐步获得一致的认同时，当民主政治随着第二次世界大战的结束而在广大的亚非拉国家中获得越来越大的支持时，谁是权力的拥有者这个问题有了十分明确的答案，而由普选制、代议制和政党制度三足鼎立而成的现代民主政治也形成了比较齐备的权力运行机制。如此一来，如何确保权力真正体现人民的利益和要求，就成了现时政治学的基本目标。在这里，决策问题日益凸显出来，因为政府决策显然与民众的福祉有着直接的联系。

综合以上阐述，我们可以看出在现代国家中，政治所具有的基本含义包括：第一，政治是与民族国家联系在一起的，在早期民族国家中君主应具有绝对权力和国家应具有对内至高无上、对外独立的主权等思想及其实践的影响下，权力成了政治的核心范畴。第二，在人民主权原则确立后，如何合理地运用权力从而保障人民利益构成了政治实践中的主要问题，这就使得以权力制约权力的观念和活动成为政治研究和实践的中心议题。第三，出于同样的原因，政策制定和执行成为政治的代名词。

上文阐述了"政治"在古代中国、古希腊、中世纪欧洲和现代国家的不同内涵，其中显然有相当大的差异。而之所以分别述说这些不同的"政治"观，是因为我们不能否认，当中国在20世纪初叶由传统的大一统国家步入现代民族国家时，我们虽然接受了现代西方政治学中"政治"的基本范畴，但古代自有的"政治"观却并不会因为大一统国家的解体而遽然丧失影响；同时，即便在西方视野中，古希腊、中世纪的政治传统也不会因为现代国家的建立而在民主政治中丧失存在的空间。进一步说，即便我们的生活笼罩在现代政治的国家权力之下，但"政治"的过往含义却不应只存在于典籍文本之中，了解这些"政治"观可以让我们了解"政治"得以展开和如何展开的其他可能性。

二、现代政治科学的"政治"概念

现代西方的政治研究通常上溯到古希腊思想家有关政治的论述中，在当前的中外政治活动和政治研究中，政治（politics）这一源自欧洲的词汇已经在世界范围内取得了普遍认可，但现代西方政治学对政治的理解却已经大大不同于古希腊人的伦理政治观及中世纪的神学政治观。如今，西方政治学已经从重点关注哲学范畴的问题（政治哲学，political philosophy），发展到力求成为一门科学（政治科学，political science）。想要理解政治的含义，也就需要了解西方社会在使用政治这一概念时给政治所下的定义。对我们这些正在使用着现代"政治"概念的现代人来说，更重要的是掌握现代西方政治学给出的政治的定义。

（一）代表性表述

现代西方的政治学家曾经对政治给出大量的定义，众说纷纭，莫衷一是，但撮其大要，则主要表述了如下彼此之间存在交叉关联的观点[①]：

(1) 政治是国家的活动，是治理国家，是夺取或保存权力的行为。这一表述的核心在于把政治与国家联系在一起，认为政治是与国家相联系的活动，而国家事务、国家活动的核心是权力，政治必然涉及国家权力的争夺。

(2) 政治是权力斗争，是人际关系中的权力现象。这一表述强调权力是政治活动中的核心范畴，并且举凡人际关系中的权力现象都构成政治现象。第一种观点强调政治限于与国家相联系的权力争夺，而这一表述却将家庭和企业等社会团体内部，乃至个人之间发生的权力现象都归入政治现象的范围，扩大了政治概念的外延，甚至有举凡人类行为皆为政治行为的"泛政治化"隐患。

(3) 政治是人们在安排公共事务中表达个人意志和利益的一种活动，政治的目标是制定政策，也就是处理公共事务。这一表述促使政治研究深入到权力行为背后的个人意志，特别是个人利益上，因而顺理成章地把政治的主要活动限定在必将给个人利益带来不同程度影响的政策制定和执行上。

(4) 政治是制定和执行政策的过程。这一表述跳过了个人利益这一环节，直接把政治的主要活动锁定在政策的制定和执行上，与第三种观点具有一致性。政策制定和执行日益构成现代政治的最重要话题，《布莱克维尔政治学百科全书》对"政治"词条的两项解释，就可以让我们明确决策在当前政治学中的重要地位：政治是"在共同体中并为共同体的利益而作出决策和将其付诸实施的活动"；政治"可以被简要地定义为一群在观点和利益方面本来很不一致的人们作出集体决策的过程，这些决策一般被认为对这个群体具有约束力，并作为公共政策加以实施"[②]。

(5) 政治是一种社会的利益关系，是对社会价值的权威性分配。这也是强调政治必然与个人利益相联系，并把政治的主要活动锁定在政策制定和执行上的一种表述，其代表人物为美国著名政治学家戴维·伊斯顿。他在《政治体系——政治学状况研究》中认为，之所以把政治归结为对社会价值的权威性分配，是因为社会价值的权威性分配直接改变了社会利益的分配，并最终影响到个人能否获取利益或所获利益的多寡，而所谓社会价值的权威性分配，正是通过政策来体现的。毕竟，"一项政策的实质在于通过那项政策不让一部分人享有某些东西而允许另一部分人占有它们。换句话说，不论是为了一个社会还是为了一个范围狭小的社团，或者为了其他任何集团，一项政策包含着一系列分配价值的决定和行动"[③]。

（二）两种解释角度

对这五种观点加以综合分析，我们可以把握到现代西方政治学中阐释政治概念的两

---

① 《中国大百科全书》编辑部．中国大百科全书·政治学卷．北京：中国大百科全书出版社，1992：482.
② 米勒，波格丹诺．布莱克维尔政治学百科全书．北京：中国政法大学出版社，2002：629-630.
③ 伊斯顿．政治体系——政治学状况研究．北京：商务印书馆，1993：123.

种主要角度[①]：

第一，权力性解释。即把政治理解为追求和运用权力的活动，从这种角度理解政治的概念，又叫权力政治观。这种解释角度可以上溯至15世纪的意大利思想家马基雅维里，马基雅维里在其名著《君主论》中强调追求权力本身并不关乎道德问题，从而使追求权力得以成为政治活动的一种价值。正是在权力成为目的而不仅仅是手段后，权力才能在政治活动中脱颖而出，成为政治的核心范畴。前述现代西方政治学中有关政治概念的第一、第二种观点都是从权力这一角度对政治加以解释的。在国内政治学界，德国思想家马克斯·韦伯、美国政治学家哈罗德·拉斯韦尔对政治的权力性解释具有较大的影响。韦伯认为政治是指力求分享权力或力求影响权力的分配；拉斯韦尔认为政治主要指权力的形成和分配。

第二，管理性解释。即把政治看作是公共管理活动，公共管理的核心领域就是政策的制定和执行，从这种角度理解政治的概念，又叫管理政治观。人们的意志和利益构成了公共管理的动因，因而，全部公共管理活动的目标，也就在于达成社会利益的集体增进。上文所述西方政治学家就政治概念提出的第三、第四、第五种观点，就是管理性解释的不同表达。公共管理是一个循环往复的长过程，它包括：利益表达和综合，政府决策和执行，执行产生结果（即对社会利益结构和利益的具体分配形成实际影响），新的一波利益表达再次出现，新的一轮决策过程由此启动，随之再次推动政策改变，产生新的政策结果。针对这样一个长过程，其分析所着眼的侧重点不同，对政治的理解也就形成差异。聚焦于利益表达和综合或政策输出对利益的调整作用，那么这种管理性解释就会更多地强调政策制定的动因和目标；把政策制定本身放大，那么这种管理性解释自然会突出决策在政治中的地位。在西方的政治概念输入中国时，管理性解释就开始在中国政治学形成时期产生了重要影响。伟大的革命先行者孙中山就采取了这一角度，其政治概念是："政就是众人之事，治就是管理，管理众人之事，便是政治。"

需要指出的是，权力性解释和管理性解释并非当前西方政治学中仅有的两种解释角度，西方思想史上从古希腊时代就形成的价值性解释等解释角度至今仍有一定的影响。但在当前的西方政治学中，管理性解释的影响要远远大于权力性解释和其他一些解释角度。管理性解释的受众日益广泛，是与人民主权原则的确立联系在一起的。人民主权原则坚持人民是主权的拥有者，因而解决了政治应为谁服务的问题，这就为管理性解释的产生和推广奠定了基础。事实上，管理性解释强调政治就是政策制定和执行，其背后隐藏着这样一个前提性认识，即公共权力的归属问题已然解决，这就是在人民主权原则的规范下，权力归属于人民，因而在权力这一目的之上，还有着更高的政治价值追求，权力必须为权力主体谋取利益。正是因为有了这样一种前提性认识，所以在公共权力的追

---

① 燕继荣．政治学十五讲．北京：北京大学出版社，2004：3-4.

求和运用上，公共权力的运用日益凸显出来，而这种权力的运用就集中展现在政策制定和执行的领域。

三、马克思主义政治学的“政治”概念

马克思主义政治学产生于19世纪40年代。马克思、恩格斯、列宁等马克思主义经典作家长期从事无产阶级革命的伟大实践，并在对革命实践加以理论总结的过程中写下了一系列重要的政治论著。其中就曾在多种意义上对政治进行了概括，从而成为马克思主义政治学界定政治这一概念的分析起点。这种概括在列宁的《共产主义运动中的“左派”幼稚病》等著述中得到了充分反映，以下四点[①]构成了马克思主义政治学对政治这一概念的基本界定：

（1）“政治是经济的最集中的表现”[②]，这揭示了政治的本质。马克思主义唯物史观认为，在如何看待人类社会历史的问题上，社会存在决定社会意识是一条必须遵守的基本原理，而在社会存在这一社会生活的物质方面中，物质资料的生产方式又具有决定作用。由此出发，不仅人类的政治思想这一社会意识形式从根本上决定于物质资料的生产方式，而且人类的政治实践以及在政治实践中结成的政治关系，也必然决定于生产实践和生产关系。正是从这个意义上说，人类的社会政治生活必然根源于社会物质的生产活动和生产关系。同时，政治领域是社会生活中各个集团、各个阶级追逐经济利益的角斗场，最集中地反映了社会经济生活的利益和利害冲突。因此，政治不仅决定于经济，而且是经济的最集中的体现。正是在这个意义上，列宁才明确强调“政治同经济相比不能不占首位。不肯定这一点，就是忘记了马克思主义的最起码的常识”[③]。

（2）“政治就是各阶级之间的斗争”[④]，这确定了政治的属性。政治的阶级性是由政治的本质决定的。政治是经济的最集中体现，而社会经济生活的基本特征之一就在于人们划分为阶级，所谓政治体现经济，也就是体现基于生产关系而形成的阶级以及不同阶级之间的对立和斗争。马克思在《共产党宣言》中指出，一切阶级斗争都是政治斗争，也就是说，一切阶级斗争最终都将从社会经济生活领域中蔓延到社会政治生活领域，最终上升为政治斗争。易言之，政治必然反映着各阶级之间的斗争，在研究政治现象、分析政治关系时，必须注意到政治的阶级性，注意到政治中所反映的敌对阶级的关系和其他类型的阶级关系。

（3）“政治就是参与国家事务，给国家定方向，确定国家活动的形式、任务和内容”，这描绘了政治的基本内容。将这些基本内容归结为一点，也就是：政治最根本的

---

① 王沪宁．政治的逻辑——马克思主义政治学原理．上海：上海人民出版社，1994：4－9；《中国大百科全书》编辑部．中国大百科全书：政治学卷．北京：中国大百科全书出版社，1992：482．

② 列宁．列宁选集：第4卷．3版．北京：人民出版社，1995：381．

③ 同②407．

④ 同②308．

问题是国家政权。这一观点源自政治的阶级性。政治是各阶级之间的斗争，而阶级斗争最终必然指向统治权的争夺，阶级统治的主要工具就是国家机器。国家是阶级矛盾不可调和的产物，国家的产生本身就表明社会分裂为两大对立的阵营——统治阶级和被统治阶级。统治阶级要取得和维系自身的政治统治，就必须掌握国家政权，否则就无法控制国家机器。相应地，被统治阶级要推翻统治阶级的统治，使自身上升为统治阶级，就必须夺取国家政权这一政治上层建筑的核心部分。因此，政治必然要围绕国家政权来展开，这就使得国家构成了政治的核心问题，政治的基本内容自然离不开国家事务、国家活动。

(4)“政治是一门科学，是一种艺术”①，这表明了政治的特征。历史唯物主义认为，政治具有客观性，是社会发展过程中的一种客观现象。在政治的产生、发展过程中，虽然一些独特的因素、甚至偶然的因素，都会对政治现象造成不同程度的影响，但从本质上说，政治的运动不是偶然的、任意的，具有不以人们的主观意志为转移的客观性和规律性。正是这种客观规律性构成了政治能够成为科学的基本原因。政治是一门科学，这也意味着学习、研究政治学的一个重要目的，就在于发现、掌握政治活动的规律，并用这些规律来指导我们的政治实践。政治又是一种艺术，这体现在掌握政治活动规律和运用政治活动规律两个层面。人类的政治实践是十分丰富生动的，同时也是极其复杂多变的。要在复杂的政治生活中准确地提炼出政治活动的规律，这不能不需要高超的观察思考能力，因而掌握政治规律的活动就富有艺术性。进一步说，发现了政治的规律后，要运用它来指导政治实践，同样因为面对着繁杂的政治现象而需要体现高明技巧的主观能动性。显然，这种主观能动性的发挥不能不富有艺术性。正因为如此，列宁才紧接着“政治是一门科学，是一种艺术”这句话后强调：“它不是从天上掉下来的，不费力是掌握不了的；无产阶级要想战胜资产阶级，就必须造就出自己的、无产阶级的‘阶级的政治家’，而这些政治家同资产阶级的政治家比起来应该毫不逊色。”②

资料 1.1

政治的定义：10 种典型角度

综合西方政治学和马克思主义政治学对政治的理解，可以从 10 种比较典型的角度对各种政治的定义加以简要地概括：(1) 国家政治说——认为政治是国家的活动或对国家的治理。由于在现代社会，国家总是与政府联系在一起，因此国家政治说也可被视为政府政治说。(2) 权力政治说——认为政治是人际关系中的一种权力现象，包括统治与被统治和控制与被控制的关系。(3) 策略政治说——认为政治是驾驭权力和

①② 列宁．列宁选集：第 4 卷．3 版．北京：人民出版社，1995：189.

时势的技艺和韬略，包括统治之道、治理国家的艺术以及权术等。（4）冲突政治说——认为政治是阶级、集团或人与人之间出于不同的利益而展开的斗争、发生的冲突以及这些斗争与冲突的解决。（5）经济政治说——认为政治是经济的体现。（6）管理政治说——认为政治是管理公共事务，或者说是为了谋求社会的公共利益和公共福利。（7）功能政治说——认为政治是一种社会的功能活动过程。由于对社会功能的界定不同，这一定义的具体观点也就形成区别。（8）关系政治说——认为政治是不同利益主体互动的关系，是重大社会关系的表现形式，包括阶级关系，阶级、政党和国家的关系，民族关系和国家之间的关系等。（9）道德政治说——认为政治是追求正义或善。（10）总体政治说——认为政治是带有全局性的社会事物，因而是大局和统帅。

资料来源：胡伟，唐贤兴．论政治——中国发展的政治学思考．南昌：江西人民出版社，1996：102-109. 有改动．

四、"政治"概念辨析

从以上关于现代政治科学和马克思主义政治学的政治概念的探讨中，我们不难发现，两者固然有相同之处，例如都重视国家这一最集中展开政治活动的领域，都重视权力在政治活动中发挥的关键性作用，但其区别是显而易见的。这就是：

（1）现代西方政治学的政治概念重点围绕政治现象本身展开论述，而马克思主义政治学的政治概念则深刻地揭示了政治的本质。在西方政治学中，如政治决策及其执行、人民的利益表达、社会价值的权威性分配等，都仅仅着眼于政治活动本身，仅仅着眼于政治活动的内容，而没有触及政治活动背后的深层次原因，无法揭示政治现象的本质。马克思主义政治学则强调，政治是由经济决定的，是经济的最集中的体现，是各阶级之间的斗争。这就为我们提供了探寻政治活动的根本原因的线索。正如恩格斯所言："以前所有的历史观，都以下述观念为基础：一切历史变动的最终原因，应当到人们变动着的思想中去寻求，并且在一切历史变动中，最重要的、决定全部历史的又是政治变动。可是，人的思想是从哪里来的，政治变动的动因是什么——关于这一点，没有人发问过……现在马克思则证明，至今的全部历史都是阶级斗争的历史，在全部纷繁复杂的政治斗争中，问题的中心仅仅是社会阶级的社会的和政治的统治，即旧的阶级要保持统治，新兴的阶级要争得统治。可是，这些阶级又是由于什么而产生和存在的呢？是由于当时存在的粗鄙的物质条件，即各该时代社会借以生产和交换必要生活资料的那些条件。"① 正是在马克思揭示了物质生产在人类社会发展过程中的决定作用后，"历史破天荒第一次被置于它的真正基础上"，政治活动的终极原因也才浮现在人们的视野之中。

（2）现代西方政治学的政治概念强调政治活动总是与人们的意志和利益相联系，强

① 马克思，恩格斯．马克思恩格斯选集：第3卷．2版．北京：人民出版社，1995：334-335.

调政治活动应为人民谋取利益，但在实际的政治活动中，这种主张并没有得到兑现，因而表现出极大的虚伪性、欺骗性。表面上，政策制定和执行的直接动因，就在于个人利益的表达和综合，政策反映了人民利益；而事实上，个人的利益表达最终是否能反映到决策中去，是由进行利益表达的个人在社会中的地位所决定的，而这种社会地位恰恰是与其在物质生产过程中的地位相一致的，因而在资本主义国家，政策的制定和执行最能反映的是资本家的利益，而非广大人民的利益。相反，马克思主义政治学的政治概念则真心实意地表达了为人民谋取利益的主张，并指出了促成人民利益真正实现的具体途径。马克思主义政治学指出政治就是各阶级的斗争，其核心是国家政权问题，明确主张无产阶级进行政治斗争的目标就是争取自身对国家的统治权，在掌握国家政权后，无产阶级将利用国家机器的力量，对少数剥削阶级实行专政，在广大人民群众中实现民主，从而真正保证人民的利益得以实现。

当代中国政治学的政治概念是与马克思主义政治学紧密联系在一起的，但又吸收了当代西方政治学对政治的有益解释。综合上述对政治概念的探讨，我们可以总结为：政治就是获取、组织和掌握国家政权，并以决策为核心内容来谋求人民利益的一切形式和行为。

第二节　政治研究的历史与现状

无论政治的内涵在古今中外有着多大的差异，国家或政治共同体的事务总是构成了全球各古老国家和新兴国家都必须面对的问题。在东西方国家中，对政治现象的研究始终不乏其人，一切有着历史传统的国家中均不乏政治研究的成果传世。东西方的政治实践都为人们进行政治研究提供了丰富的素材，而政治研究的成果则为后世政治研究的深化奠定了基础。当政治研究终于在 19 世纪末演化形成一门独立的学科时，中外先哲积累的研究成果就为当代政治学的发展提供了深厚的知识基础和理论背景，它们构成了当代政治学的理论纵深。

一、西方的政治研究

西方的政治研究可大致划分为古希腊、古罗马时期，中世纪时期，文艺复兴时期和现代政治学时期等几个阶段，在这几个时期中，政治研究的主题和理论内容是各不相同的[①]。我们按照古代和现代两个大的时代来分析西方政治研究的发展历程：

---

① 燕继荣．政治学十五讲．北京：北京大学出版社，2004：19－21.

（一）古代西方政治研究

1. 古希腊、古罗马时期

一般而言，古希腊时期是指公元前 500 年～公元前 200 年的希腊半岛及爱琴海文明，古罗马时期则是指公元前 200 年～公元 476 年的古罗马共和国及罗马帝国时期的欧洲文明。在西方，政治研究的先导首先应溯源到古希腊时期。古希腊人将政治看作是城邦的公共生活，在确定了这一前提后，接下来的问题就是如何确保城邦公共生活能够持续开展而不至于打断或消亡，这也就是古希腊人对政体研究情有独钟的原因所在，而政体研究正是政治研究的最早内容，其中亚里士多德对政体划分的标准和政体分类的论述至今仍有着重要影响。柏拉图、亚里士多德等古希腊思想家，终其一生都在思考着有助于追求至善、实现正义的城邦生活，其思考的成果则构成了最早的政治著述：柏拉图的《理想国》《政治家篇》《法律篇》，亚里士多德的《政治学》。

古希腊时代政治研究的主题是探讨城邦（城市国家）的基础、目的和形式，由此形成关于城邦的观念和理论，以此为理论渊源，古罗马时代形成了关于世界国家的观念和理论。在理论内容上，古希腊、古罗马时代都把政治思想与伦理学结合在一起，政治研究从属于伦理学，从政治的价值追求这一角度来解释政治。在古希腊思想的影响下，追求最高的善或追求正义，构成了政治生活的首要目标。

2. 中世纪时期

欧洲中世纪（公元 476 年～15 世纪）是基督教神学思想占统治地位的时期，圣奥古斯丁、托马斯·阿奎那等经院哲学家在维护神权的前提下探讨了神权与王权、上帝之国与世俗国家的关系，为后人留下了这方面的政治研究成果。

这一时期政治研究的主题是对政治世界进行神学解释。政治研究从属于神学，其理论内容是在基督教神学的框架内探究世俗世界与神的世界的关系、世俗世界的政治权力的正当性、世俗世界的政治组织和政治秩序等问题。

（二）现代西方政治研究

1. 文艺复兴时期和启蒙运动期

公元 18 世纪～19 世纪后半叶，是欧洲的文艺复兴时期。这个时期，文艺复兴和宗教改革使得近代的政治研究摆脱了神学世界观的束缚，开始以“人”的眼光来审视社会政治问题，马基雅维里的“治国术”和法国思想家博丹的“主权”理论开辟了以权力为核心的政治研究取向。此后的近代思想家如英国的洛克、霍布斯、J. S. 密尔、柏克，法国的孟德斯鸠、卢梭、托克维尔，德国的康德、黑格尔，美国的潘恩、杰弗逊、汉密尔顿等重要思想家等，都是今人阐述政治问题时不容忽视的先驱。他们在人与社会、国家与社会的关系上展开了大量的政治研究，也为近代政治制度的架构提供了理论上的渊源。在对政治现象给出了大量解释或批判的同时，近代思想家也逐渐形成了比较明晰的学科意识，将政治研究当作一个专门的领域，并留下了大量经典的政治论著，如马基雅维里的《君主论》、霍布斯的《利维坦》、洛克的《政府论》、孟德斯鸠的《论法的精神》、卢梭的《社会契约论》、密尔的《代议制政府》、托克维尔的《论美国的民主》等。这就为政治研究发展为一门独立的学科创造了条件。

这一时期政治研究的主题是探讨关于民族国家的理论，理论内容包括国家的起源，政府的产生、构成和目的，公共权力的基础、构成以及各构成部分的关系。西方国家政治生活中所遵循的许多基本原则都产生或成熟于这一时期，这包括国家主权原则、人民主权原则、分权制衡原则、代议制原则、法治原则等。

2. 现代政治学时期

政治研究自古即有，但单独构成一门学科的政治学却只有一百多年的历史。从学科设置上讲，一般认为政治学最早出现于1880年的美国。该年6月，在约翰·W. 柏吉斯的倡导下，美国哥伦比亚学院创立了“政治学院”(The Academy of Political Science)，并立即开始实施培养欧洲式的博士的计划，要求其必须撰写并发表以研究为基础的学位论文，是为现代政治学学科独立的标志。1886年，哥伦比亚学院创办了第一份定期出版的政治学刊物《政治学季刊》(*The Political Science Quarterly*)。[①] 随着政治学课程在美国的普遍开设以及政治学系在约翰·霍普金斯大学、密歇根大学、哈佛大学、宾夕法尼亚大学、芝加哥大学、威斯康星大学等大量院校的设立，政治学不久就进入了快速发展的时期。1889年，美国政治学和社会科学学院成立；1903年，美国政治学会(The American Political Science Association)成立；1906年，美国政治学会的会刊《美国政治学评论》(*The American Political Science Review*)创刊。在20世纪之前，美国政治学的教学目的基本在于培养公民的道德品质和为培养政府官员而加强公民的公共生活训练，故政治学一度称为“公民学”(civil literature)。创设之初，美国政治学还受到欧洲政治研究传统的影响，如国家研究在美国政治学中一开始就占据主导地位，其中显然有德国国家学传统的影响。第一次世界大战前后，美国兴起了“新政治学运动”，主张政治学研究应采用社会学、心理学和统计学的方法，主张政治研究应价值中立，并以此为基础形成“政治科学”。[②]

超链接

政治学季刊（美国）：http：//psqonline. org

20世纪五六十年代，行为主义政治学开始代替旧有的传统主义政治学而占据美国政治学界的主流地位，它继承20年代“新政治学运动”的余绪，大力发扬以经验研究和定量分析为特点的研究路径，强调突破原来以制度研究为主要内容的静态研究状况；

① 曾繁正，等. 西方政治学. 北京：红旗出版社，1998：10.

② 《中国大百科全书》编辑部. 中国大百科全书：政治学卷. 北京：中国大百科全书出版社，1992：12；孙关宏，等. 政治学概论. 上海：复旦大学出版社，2003：36－37.

它强调理论框架和模式的建构，从而促成了系统论、控制论和信息论的引入，并产生了结构—功能主义、政治系统分析理论和政治沟通理论；它主张多学科交叉研究，从而衍生了政治社会学、政治人类学、政治心理学和政治生态学等交叉学科；随着政治学视野的扩大，更产生了角色理论、团体理论、决策理论、精英理论等新的理论。①

行为主义政治学过分重视技术手段和微观分析，其宏观分析又大多着眼于理论模式的建构而缺乏应用价值，它还过分排斥价值成分，导致政治学在现实政治面前常常失去了判断力。正因存在这样的缺陷，20 世纪 60 年代末在美国再次兴起了一股政治学革新运动，由此也使美国政治学进入了后行为主义政治学阶段。

1969 年，美国政治学会新任会长戴维·伊斯顿发表了题为《政治学的新革命》的就职演说，是为后行为主义政治学兴起的标志。后行为主义政治学并未全盘否定行为主义政治学，而是对后者的补救，它强调政治学应有经世致用的功能，提倡应用性研究，提倡价值和科学方法的结合，从而推动了政治学向政策科学的过渡，开始运用决策分析、理性选择、博弈论和政治心理学等方法谋求公共政策的最大可行性。②

二、马克思主义的政治研究

（一）马克思主义政治学的产生

在政治学发展史上，马克思主义政治学是一个全新的体系，它与历史上或与马克思主义经典作家同时代的其他政治学体系都构成了重要区别。马克思主义政治学产生于 19 世纪 40 年代，在时代背景、阶级基础、自然科学基础和理论来源上，都是与马克思主义产生的历史条件相吻合的。③

资料 1.2

马克思主义产生的历史条件

1. 时代背景：资产阶级在历史上起过非常革命的作用，推动了社会历史的进步与发展。到了 19 世纪 40 年代，资产阶级所代表的资本主义生产关系再也容纳不下所激发出来的生产力，成了生产力进步发展的桎梏。

2. 阶级基础：无产阶级反对资产阶级的斗争不断发展，到了 19 世纪 30 年代，无产阶级在斗争中日益成熟，为马克思主义产生奠定了阶级基础。到了 19 世纪 40 年代，无产阶级已经作为一支独立的政治力量登上了历史舞台，迫切要求有科学、严整的理论作为斗争实践的指导。

3. 自然科学基础：集中表现在 19 世纪 40 年代自然科学的三大发现上，即细胞

---

① 《中国大百科全书》编辑部．中国大百科全书：政治学卷．北京：中国大百科全书出版社，1992：398.
② 同①155.
③ 王沪宁．政治的逻辑——马克思主义政治学原理．上海：上海人民出版社，1994：1-3.

学说，由德国植物学家施莱登和动物学家施旺于1839年首先创立；能量守恒与转化定律，由法国哲学家笛卡儿、德国化学家迈尔和物理学家赫尔姆霍茨、英国物理学家焦耳以及格罗沃等加以论证和发展；达尔文生物进化论。

4. 理论来源：马克思主义有三个主要的组成部分，即马克思主义哲学、马克思主义政治经济学和科学社会主义，它们各有相应的理论来源。(1) 马克思主义哲学的理论来源：德国古典哲学，主要代表人物有康德、黑格尔、费尔巴哈；马克思恩格斯批判吸取了黑格尔哲学中的“合理内核”——辩证法思想和费尔巴哈哲学中的“基本内核”——唯物主义思想，两者构成了马克思主义哲学理论的直接来源。(2) 马克思主义政治经济学的理论来源——英国古典政治经济学，其创始人为威廉·配第，重要代表人物有亚当·斯密和大卫·李嘉图。其主要成就有：初步创立了劳动价值论；触及了剩余价值的起源和性质问题；对资本主义社会阶级关系作了经济上的分析，一定程度上揭示了阶级之间的经济对立。(3) 科学社会主义的理论来源——空想社会主义理论，以法国的圣西门、傅立叶和英国的欧文为代表。

马克思和恩格斯长期从事无产阶级的革命实践，并非常注意对革命实践加以理论总结，为我们留下了丰富的政治论著，它们都构成了我们今天研究马克思主义政治学必须精读的经典著作，为我们提供了汲取马克思主义政治学理论营养的丰富资源。

资料1.3

马克思、恩格斯的政治论著

马克思和恩格斯早期比较集中论述政治问题的重要著作有：《1844年经济学哲学手稿》《黑格尔法哲学批判》《论犹太人问题》《英国工人阶级状况》。《德意志意识形态》是马克思主义政治学走向成熟的一个重要标志。此后，马克思和恩格斯留下的重要政治学著作有：《共产党宣言》《1848至1850年的法兰西阶级斗争》《法兰西内战》《路易·波拿巴的雾月十八日》《哥达纲领批判》《家庭、私有制和国家的起源》《资本论》《马克思古代社会历史的四篇笔记》。其中，《共产党宣言》是马克思主义政治学纲领性的文献。

资料来源：王沪宁．政治的逻辑——马克思主义政治学原理．上海：上海人民出版社，1994：5.

超链接

马克思当选英国广播公司全球网络调查“千年最伟大的思想家”：

http：//www. bbc. co. uk/radio4/history/inourtime/greatest _ philosopher _ vote _ result. shtml

马克思主义政治学特别得益于马克思的两大理论发现，即唯物史观和剩余价值理论的形成，它们促成了马克思主义政治学的成熟。[①] 恩格斯指出唯物史观和剩余价值理论的发现最终促成了科学社会主义的产生，更在评价唯物史观对于理解社会历史的意义时，指出了唯物史观使得政治的本质得以揭示出来："在充分认识了该阶段社会经济状况（而我们那些历史编纂学家当然完全没有这种认识）的条件下，一切历史现象都可以用最简单的方法来说明，同样每一历史时期的观念和思想也可以极其简单地由这一时期的经济的生活条件以及由这些条件决定的社会关系和政治关系来说明。"[②] 显然，历史唯物主义为我们正确地认识包括政治活动在内的人类社会活动，探寻到了物质资料的生产这一根本原因。只有紧紧把握经济这一终极原因，人类的政治研究才能够掌握政治活动发展的规律性，成为真正的科学。马克思主义政治学的产生，使得政治学最终走向了科学。

资料 1.4

马克思的《资本论》

《资本论》，全称《资本论·政治经济学批判》，首版于 1867 年 9 月 14 日的德国汉堡，是马克思主义的重要百科全书，同时也是马克思研究资本主义社会经济形态的巅峰之作，是第一本将经济和历史联系在一起的经济学著作。

《资本论》以唯物史观的基本思想为指导，通过深刻分析资本主义生产方式，提出了剩余价值理论，揭示了资本家剥削工人的秘密，并预见到了经济周期的存在，揭示了资本主义社会发展的规律。

《资本论》是马克思献给全世界无产阶级的一部最重要的科学文献。它在世界各国广泛流传，成为工人阶级反对资产阶级的强大思想武器。资本主义国家也从《资本论》中汲取了营养，客观上促进了资本主义在自身范围内的进一步发展。

在马克思主义政治学形成之后，马克思、恩格斯又根据无产阶级革命实践的发展，进行了大量的政治研究，这主要包括：对阶级斗争及其在社会历史发展中的作用、国家的起源、国家与社会的关系、国家的相对自主性、社会主义革命的战略等重大政治学问题发表了经典的论述；在对巴黎公社等革命实践进行理论总结的过程中，批判了资本主义的国家形式和政治制度，指出了确立社会主义的国家形式和政治制度时所应遵循的一些基本原则；在指出人类社会必将走向共产主义社会这一"自由人的联合体"时，正确地指出了阶级、国家作为历史范畴，在经历了产生、发展的过程之后，最终必将走向消亡；在确立辩证唯物主义和历史唯物主义的同时，也为马克思主义政治学指出了根本的

① 王沪宁．政治的逻辑——马克思主义政治学原理．上海：上海人民出版社，1994：3.
② 马克思，恩格斯．马克思恩格斯选集：第 3 卷．2 版．北京：人民出版社，1995：335.

方法论。

（二）马克思主义政治学的发展

继马克思、恩格斯之后，列宁的政治研究构成了马克思主义政治学进一步发展的重要内容。列宁在领导俄国革命和苏联建设的过程中，也在总结、反思革命、建设实践的基础上进行了大量的政治研究，为我们留下了《怎么办?》《国家与革命》等大量马克思主义经典的政治著作。正如本章第一节业已描述的，列宁对政治的含义进行了多层次、多向度的阐发，为我们留下了正确反映政治活动实质的政治概念。在领导社会主义革命的过程中，列宁确立了建立一个“职业革命家”的政党的设想，这种设想最终在“民主集中制”中得到了落实，从而为无产阶级政党建设提供了基本思路。在“十月革命”胜利后，新生的第一个社会主义国家马上面临着社会主义建设的实际问题，在社会主义建设过程中，列宁就如何对待资本主义的国家机器、如何建立社会主义的国家机器、建立什么样的社会主义国家形式和政治制度等问题进行了大量思考，为马克思主义政治学提供了这方面的大量理论素材和基本判断。

此外，罗莎·卢森堡、斯大林等也为马克思主义政治学的发展作出了重要贡献。如斯大林对民族问题的研究，就为马克思主义政治学提供了“民族”定义的经典表述。在马克思主义基本原理与中国革命和建设实践相结合的过程中，中国共产党人也对马克思主义政治学的发展作出了重要贡献。如中国共产党人在坚持群众路线、进行体制改革和加强党的建设等方面的历史经验，就为马克思主义政治学增添了新的素材，将这些历史经验加以提炼并形成系统的理论，必然为马克思主义政治学提供重要的新内容。

三、中国的政治研究

正如古代西方国家一样，世界其他地区也有着丰富的政治实践，并同样在政治实践的基础上产生了大量的政治研究成果，作为当今历史最为悠久且历史文献保留最为完备的国家，中国自然不能例外，事实上，从现存资料来看，中国有文献记载的政治实践和政治研究成果比世界其他国家都更为丰富。

（一）中国古代政治研究

中国有明确纪年的历史始于西周共和元年（公元前 841 年），但历史上出土的金文资料，特别是近代以来在安阳殷墟等地出土的甲骨文资料，则为我们奠定了认识殷商和盛周时期的政治实践与政治研究的基础，现代中国考古学的大量史前遗址发掘工作更使我们对夏商周三代及此前的中国文化有了更广泛和深入的认识。当前，我们已经认识到中国上古文化的起源呈现出了千峰竞秀式的发展途径，也就是夏、商、周以及大量的其他族群各自发展并衍生了各自的文化，当最终融合为一时，中国文化中就留存了众多族群的文化遗迹，中国的政治实践和政治研究因而也呈现出多样化的特征，例如从大的方面看，中国政治传统中既有殷人“事鬼”这一祖先崇拜传统所遗留的宗教神权政治观，又有周人“尚文”而形成的以礼乐为中心的制度化政治成就。

春秋战国是西周分封制向秦汉大一统转型的时代，这期间不仅在政治实践中创设了大量影响至今的政治制度，如官僚制度、郡县制度、户籍制度等，而且出现了包括政治研究在内的学术上的“百家争鸣”：儒家的孔子、孟子、荀子，倡导礼教、德政和人治；墨家的墨子则主张“兼爱”“非攻”；道家的老子、庄子，倾向于无为而治；法家的商鞅、韩非子，提出变法维新，采用严刑峻法治理民众。他们的后学门徒和其他如阴阳家、名家、纵横家、兵家等学派，均为此后的华夏遗胄留下了光照千古的华美篇章，他们对政治研究贡献的智慧至今仍让我们叹为观止。

公元前221年秦统一后，秦始皇焚书和项羽火烧咸阳宫室这两大事件导致先秦文献的巨大损失，百家争鸣时代所遗存的大量私家著述和战国诸侯保留的官修史册大多付之一炬，这不仅给战国政治史的研究带来了难以弥补的损失，也不同程度上使得先秦诸子中有大量学派归于湮灭。汉初休养生息和学术恢复时，儒、道、法三家开始成为当时主要的学术流派，到汉武帝时，在董仲舒的献议下，开始推行“罢黜百家，独尊儒术”的政策，儒家思想由于和经学的研究最为密切而成为此后的主流政治思想。秦汉的大一统局面造就了政治思想上的统一，但更重要的是，由秦开辟的专制主义中央集权政治至汉时日渐完善，它构成了此后中国政治的基本形态。

魏晋时期，佛教大举东传并在当时的政治和学术中产生了极大的影响。到隋唐重建大一统国家后，在王通、韩愈、柳宗元等的提倡下，儒学为主体的政治研究体系重新占据了政治研究的中心地位。宋代儒学中出现了心性之学和理学的争论，其中朱熹创立的理学被南宋王朝钦定为正统官学，理学更支配了元、明、清三代的政治思想，理学为宋、元、明、清专制主义政治所利用，而明、清两朝更使古老的专制主义政治臻于极致。

届晚清之时，面对西方国家的坚船利炮，一些开风气之先的中国人为了救亡图存而展开了向西方学习的活动，西方近代政治思想在严复等人的译介下对近代国人产生了极大的影响，康有为、梁启超等推动的“百日维新”就力图吸收西方政治学说的有益之处，而在孙中山领导的资产阶级革命过程中，西方政治思想和政治创制在《中华民国临时约法》等民国法制中与国家政治建设实践结合在了一起，成为西方政治学说中国化的重要尝试。

（二）中国现代政治研究

中国古代的政治实践和政治研究均极为丰富，这构成了现代中国政治学的重要研究对象。现代政治学传入中国时，又恰逢马克思主义在中国的广泛传播。马克思主义政治学建立在辩证唯物主义和历史唯物主义的基础之上，立足生产关系和阶级关系来考察人们的政治关系，从而为人类确立了科学的政治观。随着马克思主义在中国的传播并与中国革命实践相结合，马克思主义政治学在中国形成了广泛的影响。马克思主义政治学构成了现代中国政治学的重要理论渊源。

由于中国古代学科分化并不明显，再加上古代的政治研究长期受儒家思想的影响而偏重伦理研究，且强调政治研究的实际应用功能，而不重视对政治研究的理论深化，因而历代政治研究并没有明确的学科意识，政治研究在中国取得独立的学科地位还有待于20世纪的到来。

在中国，政治学课程最早于1903年出现在京师大学堂，其所用教材为1898年一位德国教授讲演录的翻译本。1904年初，清政府颁布《奏定学堂章程》，规定大学分八科，其中包括法政科。但京师大学堂直到1910年才开办分科大学，其中法政科分为法律门和政治门。事实上，清末的法政教育主要依附直隶法政学堂、京师法政学堂等法政专门学校，它们都设立了政治学课程，1907年成立的京师法政学堂设立了政治门。清末法政教育深受日本影响，学科体制和课程设置主要模仿日本大学，法政教员基本上由日本教习和留日学生担任，法政教科书也基本采自日本。①

辛亥革命后，随着现代教育的迅速发展，政治学课程在国内各大学纷纷开设，北京大学、清华大学、复旦大学、南开大学等还相继成立了政治学系或设立了政治学专业，到1932年，全国已有近30所大学设立了政治学系。为适应教学需要，国内学者如张慰慈、李剑农、邓初民、萧公权等撰写了一些当时颇有影响的政治学教材，国内学者还适时翻译介绍了一定数量的西方政治学著作。随着政治学学科体系的日益完备，国内有关人士于1932年9月1日在南京成立了中国政治学会，会员八十余人。中国政治学会分别于1935年、1936年和1942年召开了三届年会，其议题主要涉及政治学学科建设和政府内政外交政策。② 政治学研究以自身的成就博得了社会科学界的重视，萧公权和钱端升这两位政治学家即膺选1948年第一届中央研究院院士，其中萧公权还是促成政治学中国化的首要代表。③

超链接

中国社会科学院政治学研究所：http：//chinaps. cass. cn

在马克思主义政治观的传播方面，李大钊的《我的马克思主义观》阐述了马克思主义政治观的基本原理；1920年《共产党宣言》翻译出版，这一阐明马克思主义政治观的重要著作推动了一些具有初步共产主义思想的知识分子用马克思主义的观点来讲授政治学，如瞿秋白和张太雷在上海大学分别主讲的《社会科学概论》和《政治学》，恽代英在中央军事政治学校和广州农民运动讲习所主讲的《政治学概论》。马克思主义政治观在当时的政治学教材中也得到了重视，例如，邓初民的两部政治学教材，即1929年

① 孙宏云．中国现代政治学的展开：清华政治学系的早期发展：1926～1937．北京：三联书店，2005：70-71.

② 《中国大百科全书》编辑部．中国大百科全书：政治学卷．北京：中国大百科全书出版社，1992：16-17.

③ 刘建军．昨日院士萧公权．读书，1998（8）：109-114.

出版的《政治科学大纲》和 1939 年出版的《新政治学大纲》中，都体现了马克思主义的世界观和方法论，并比较系统地阐述了阶级、革命等马克思主义政治研究范畴的基本原理。

马克思主义同中国革命实践的结合还促成了中国共产党开始运用马克思主义政治研究范畴中的阶级分析等方法，以此考察中国革命中的具体问题，其中如毛泽东的《湖南农民运动考察报告》《新民主主义论》《论人民民主专政》等均是这方面的重要著作。在长期革命斗争中，中国共产党创造性地将马克思主义政治理论同中国的具体情况结合起来，形成了自身对中国革命道路、国家性质、政权组织形式和具体政治制度的科学看法，它们又在中华人民共和国成立后的国家建设过程中得到了较好的落实。①

（三）中国当代政治研究

1952 年全国进行院系调整，大学政治系被取消，政治学教学和研究工作随之基本停止。这一状况直到“文化大革命”结束后才有所变化，在 1979 年 3 月党的理论工作务虚会议上，邓小平作出了“政治学、世界政治等社会科学学科需要赶紧补课”的重要讲话，这就促成了政治学研究的迅速恢复和发展。1980 年，中国政治学会在北京成立，从 1981 年起，北京大学、复旦大学、吉林大学相继设置了政治学专业。这些都为中国政治学最近 20 余年来的发展创建了良好的开端。

中国政治学的恢复与发展得益于作为其历史背景的改革开放和政治发展进程，其历程可以划分为以下四个阶段：

（1）恢复学科时期（1977—1984 年），主要集中于政治学的“基础设施”建设，如成立中国政治学会，建立政治系、所等政治学教学和科研机构，开设专业，培养专业骨干，创办杂志。

（2）转换范式时期（1985—1987 年），即突破传统的马克思主义思想政治教育和科学社会主义的学科体系，在明确政治的含义并确定政治学研究对象的基础上，拓展学科研究的领域，借鉴国外比较政治学等研究成果，谋求学科范式的转换；注重运用政治学的理论逻辑和范畴体系，运用规范的政治学概念来思考政治学问题，谋求研究范式的转换。

（3）确定价值时期（1988—1991 年），主要是确立中国政治学的价值定位，强调中国政治学的价值系于研究中国政治、推动中国政治发展，强调把中国政治学研究的价值取向定位在“民主”和“发展”上。

（4）发展学术时期（1992 年至今），在社会主义市场经济建设的大背景下，强调中国政治学的理论意义和现实意义，强调学术研究的深度，并在政治学的研究态度、研究方法上取得较大进步。②

---

① 《中国大百科全书》编辑部．中国大百科全书：政治学卷．北京：中国大百科全书出版社，1992：17.

② 林尚立．政治学与政治发展：中国政治学发展 20 年．政治学研究，1998（2）：1-11.

进入21世纪后，政治研究与政治实践之间的关系日益紧密，一方面，有更多的学者从不同角度对当代中国政治制度的发展、政府模式的转化、公共政策的得失等相关议题进行了深入的研究，为政治实践提供了学术支持；另一方面，党和政府的改革与创新，也在指导着政治研究，为政治研究指明方向、确立选题，从而形成理论与实践相结合并相互促进的良好局面。近年来国内政治学界关于社会主义政治文明，以及国家治理体系和治理能力的研究就是这方面的很好例子。中国共产党第十六次代表大会报告开创性地提出："发展社会主义民主政治，建设社会主义政治文明，是全面建设小康社会的重要目标。"2013年，党的十八届三中全会提出："全面深化改革的总目标是完善和发展中国特色社会主义制度，推进国家治理体系和治理能力现代化。"将建设社会主义政治文明、国家治理体系和治理能力写入党的重要文献，显然吸收了学界的研究成果；将建设社会主义政治文明作为全面建设小康社会的重要目标，以及把推进国家治理体系和治理能力现代化作为全面深化改革的总目标，则有力地促进了相关研究，对于中国的政治发展，具有重大而深远的理论意义和现实意义。

第三节 政治学的研究内容和研究方法

一、政治学的研究范围和研究内容

政治学是研究政治现象及其规律的科学。在西方学者看来，作为一门学科，政治学(political science)"力求系统地描述、分析和解释政府制度和公开的政治性组织的运作，加之所有那些有助于确定合法权威所作出的具有约束力的分配方案或决策的社会活动和互动关系；以及那些展示有关这些制度、决策和分配的各种论点的价值观、人性观和各种描述性理论"①。可见政治学的研究内容十分广泛并且带有很大的综合性，也正是由于这一点，美国学者伊斯顿提出了政治体系（或政治系统，political system）的概念，试图以"系统"一词一网打尽政治学的所有研究内容，但20世纪70年代以来的学科发展则证明，政治体系的外延过于广大，反而造成了政治学流于泛泛而谈，此后，国家这一政治学的传统研究对象重新成了政治学研究的重心所在。

国家是政治学研究的重心所在，在现代国家中，国家的活动不仅涉及国内政府，即立法机关、行政机关和司法机关的行为、关系和制度等形式，而且涉及国内政治性组织（如政党、利益集团）乃至公民个人对政府事务的参与、影响。同时，国家间关系也构成了国家活动的重要组成部分，在国际关系上，国际政治的行为主体也不限于主权国

① 米勒，波格丹诺．布莱克维尔政治学百科全书．邓正来，译．北京：中国政法大学出版社，2002：614.

家，国际组织乃至跨国公司都对国际关系有着重大的影响。因而，把政治学的研究范围仅仅限定在国家之上，就不能涵盖所有的政治行为主体。现代政治以权力为核心范畴，在美国的行为主义政治学看来，以公共权力这一概念来涵盖所有的政治行为主体更符合政治学研究的需要。如此一来，政治学不仅可以研究像政府这样的公共权力拥有者，而且可以研究所有与公共权力发生关系的行为主体以及与公共权力有关的任何现象，只要人类的行为、事务、关系涉及公共权力，它就构成政治学的研究对象。在当前政治学研究中，一般把对国家的活动、形式、关系及其发展规律的研究称为政治学的狭义范围，而把对社会公共权力的活动、形式、关系及其发展规律的研究视为政治学的广义范围。①

在明了政治学的研究范围后，政治学的研究内容也就不难确定了。当前国内外对于政治学研究内容的表述虽然存在着一些分歧，但总体上都认为应包括如下内容：

（1）一国政治理应区分为国内政治和国际政治。

（2）国内政治首先涉及国家的整体状态，这包括国家性质、社会政治结构、政治发展、政治文化、政治稳定与不稳定、政治变迁、政治环境等内容，它们构成了宏观政治研究的基本内容。

（3）在宏观政治之外，政治活动、形式和关系也有微观的层面。宏观研究是指从总体上对政治现象的研究，一般而言，主要涉及的是国家层面的政治现象，但它又往往可以在微观，即国家中的一个较小地区或范围内具有解释力，如政治文化，既可以指一个国家，又可以指小范围内的亚文化或次文化。在当前政治学中，比较明确的微观政治研究通常包括政治心理、政治人格、政治社会化、政治录用、集团理论、组织理论等。

（4）国内政治又可以区分为政府政治和非政府政治。前者主要涉及政府体制的设置原则，政府机构的具体组成及其制度设计，政府的公共政策制定及其作用；后者则包含政党、利益集团、公共舆论等及其与政府的互动关系，以及各种组织和公民个人的政治参与。

（5）无论国内政治还是国际政治，都应包括理论研究和应用研究两大块。前者主要探讨政治活动的价值取向和基本原则，或为政治活动提供解释模型，其特征是总结政治活动的基本规律，为政治学研究确定基本概念和范畴；后者则是分析历史和现实政治活动、形式和关系的缘起、发展及其演变趋势，其特征为对政治活动、形式和关系的介绍和描述。

（6）在学科发展过程中，政治学研究也形成了较完善的研究方略或政治学方法论，政治学研究的基本方法和具体方法也构成了政治学的基本内容。

二、政治学的研究方法

（一）马克思主义的方法论

在西方政治研究的历史上，曾出现伦理学方法论、神学方法论、法学方法论和社会

---

① 《中国大百科全书》编辑部．中国大百科全书：政治学卷．北京：中国大百科全书出版社，1992：1；王邦佐，等．新政治学概要．上海：复旦大学出版社，1998：8.

学方法论等四种主要的政治学方法论，它们都在现代政治学中有着深远的影响。在当代中国，马克思主义政治学构成了政治学研究的基本特色，辩证唯物主义和历史唯物主义也就是当代中国政治学的根本方法论。这一方法论的基本要求是：

1. 建立唯物政治观，以此作为政治研究的根本出发点

这就要求政治学不应停留于事物的表层分析上，而应立足于揭示历史发展、社会现象和政治活动的基本动机和发展规律。历史唯物主义要求我们把社会政治现象看作社会整个发展的组成部分之一，要求从社会发展的客观条件来认识社会政治现象，要求从社会物质关系中，从人们生产物质、生活资料的基本方式，以及对这一基本方式的演变产生了决定作用的经济利益中去认识社会政治现象。因此，唯物政治观强调运用经济分析和阶级分析的方法，即认为政治是经济的集中表现，政治归根结底是经济的反映，要求从人们在生产关系中的地位、从社会阶级关系的演变来解释人们的社会政治活动。历史唯物主义强调社会本身的发展是不断运动的，当生产方式发生变化时，必然引起政治上层建筑的相应变化，因而唯物政治观也强调用运动和发展的观点来分析社会政治现象。①

2. 掌握和运用政治辩证法

唯物辩证法的基本观点是把普遍联系的客观世界视为一个不断运动和不断发展的过程，将这一基本原理应用于政治研究领域而形成的基本原则就是政治辩证法。它的基本内容包括：社会政治生活是一个运动的过程，政治和社会发展有着普遍联系，政治中贯穿着辩证法的质量互变、对立统一和否定之否定这三大基本规律，政治学中体现辩证法的基本范畴，如原因和结果、必然性和偶然性、可能性和现实性、形式和内容、现象和本质等。②

（二）政治学研究的基本方法

经过近现代的学科发展，特别是当政治学在改革开放的历史条件下获得了前所未有的进步之后，现代政治学的基本概念和范畴已经在我国政治学中得到了广泛的运用，与此同时，现代政治学的大量方法也在中国政治学中发挥了重要的作用。当前政治学研究中的基本方法主要包括：

1. 规范研究法

规范研究立足解决政治的价值判断问题，要求政治研究必须首先着眼于辨明政治的是非，对政治“应该如何”的问题形成较为明确的答案。规范研究法也就是定性分析的方法，是对政治活动、行为、形式的善恶、优劣作出判断并决定取舍。确定政治“应然”的规范研究立足于对政治现象的价值判断，而所谓价值有道德上的善恶之分和可行性或适用性上的优劣之分，在伦理价值和实用价值这两者中，是非曲直的判断是更为根

---

① 王沪宁．政治的逻辑——马克思主义政治学原理．上海：上海人民出版社，1994：33－36.

② 同①38－42.

本的，它构成了政治研究的终极关怀。

2. 经验研究法

经验研究立足于刻画政治的事实状况，要求人们对政治“是什么”的问题形成明确的认识。经验研究法通常建基于调查研究，要求理论联系实际，通过具体问题具体分析来了解政治活动、行为、形式的真相，往往采用实证主义和定量分析的具体方法，如观察法、实验研究法、模拟研究法、分类和测量等。定量分析就是要在具体数量的统计分析基础上明确政治现象的事实。确定政治“实然”的经验研究要求研究者祛除一切成见、偏见，不能从自身的好恶出发先入为主地对政治现象加以判断，而应严守价值中立的原则，从政治现象本身的内在逻辑中归纳出经验事实。

3. 比较研究法

比较研究法立足于对同一范畴的事物加以比较，力求从中找出该事物的规律性。比较的最直接成果是事物的分类，分类必然涉及有关事物在不同时间、地点上的相同和相异之处，而这种同异也就构成了事物的一定规律性。在政治学中，常见的比较研究包括国别比较或地区之间的比较，如复旦大学曹沛霖教授主持的对英国、法国、德国、意大利、瑞典等国政府体制的比较研究就属此类，这种国别比较在第二次世界大战之后兴起的发展政治学中得到了大量的运用。国别比较侧重同一时段上不同地点的比较，可谓横向比较，而下文所述的历史研究法则侧重不同时间上的纵向比较。当然不同时间和不同地点的比较往往穿插在一起，构成不同程度的综合比较。

4. 历史研究法

亦称纵向研究法，是指按照编年史的方法，在整理、分析大量历史材料的基础上，辨明历史事实，并根据丰富的史实描述政治活动的产生、发展和变化，其目的在于找出各种历史事件的因果关系，并据此推断未来的发展趋势。历史研究法常把“历史是过去的政治，政治是现在的历史”这一名言当作座右铭，通常须涉及历史上不同时期的同类政治现象的比较研究。由于制度具有相对的静态特征，因而在政治研究中，历史研究法常被运用在政治制度的比较研究上。历史研究法侧重政治制度、事件的静态描述，难以总结不同历史事件之间的内在逻辑，国内学者刘建军认为应提倡历史政治学的方法，恢复历史的生动本相，同时也增强历史研究成果的解释力——“历史政治学不是对过去的政治事件的描述，而是对政治事件如此展开的动因给予科学的解释”①。

5. 制度研究法

顾名思义，制度研究法显然以政治制度为其研究重点，它强调对政治制度的描述和比较研究，力图从制度出发来解释政治现象的发生和演变。制度研究法注重对立法、行政、司法等政府正式机构的分析，把宪法、法律和政府运作过程中产生的其他正式文书视为政治研究的主要资料，力图从这些正式文书中总结出政治制度的来龙去脉和实施效果，并往

---

① 刘建军．中国现代政治的成长．天津：天津人民出版社，2003：67.

往把制度的成效当作判断制度优劣的出发点。一般认为，在把这种实用价值运用于不同制度的比较时，应重视制度的社会基础，重视制度背后的制度精神或终极关怀，以免导致偏差和谬误。制度研究法由来已久，可上溯到古希腊思想家对城邦政体的研究。我国古代的制度研究也留下了丰硕的成果，《史记》中的“书”，如《礼书》《律书》《平准书》《封禅书》，《汉书》的“十志”，以及历代正史中的“志”或“书”，均为制度方面的著述，而唐代杜佑《通典》、南宋郑樵《通志》与元代马端临的《文献通考》，以至后世所谓的九通甚或十通，则均为政治制度方面的专著。当行为主义政治学兴起时，美国政治学界曾主张用政治行为代替政治制度成为政治研究的重点，这一情况在 20 世纪 70 年代以后逐渐得以改正。20 世纪 80 年代，美国兴起了新制度主义这一政治学流派，主张超越原有制度主义的静态描述，在制度的运动中探求制度与行为和观念的相互关系。

最后，在现代政治学的发展过程中，政治学和其他学科的关系日益紧密，许多社会科学和自然科学学科都对政治学研究产生了重要的影响。学科之间的交叉、互动为政治学研究增添了大量边缘学科，如政治心理学、政治社会学、政治生态学、政治人类学、地缘政治学、计量政治学等，学科的交叉也表明多学科综合研究的方法在政治学研究中得到了大力运用，有效地吸收其他学科的研究方法对政治学的发展大有裨益。

三、学习政治学的意义

在现实生活中，我们每天都会接触到形形色色的社会现象，其中自然包括大量的政治现象。加强政治学的学习，最基本的是要掌握政治学的基础知识，从而使我们能够比较准确地了解这些政治现象，但更重要的，则是要树立正确的政治观，形成对政治现象的准确判断，用以指导、调整自身的情感、言论和行为。具体而言，这包括：

（一）树立唯物政治观，自觉维护社会主义政治制度

马克思主义政治学的产生使政治学走向了科学，其基本原因就在于，马克思主义政治学建立在辩证唯物主义和历史唯物主义的基础上，有了这一科学的方法论，人们才能探寻到政治活动的基本规律，并正确地运用这些规律，用于指导人们的政治实践。社会主义政治制度正是马克思主义基本政治原理同我国国情相结合的产物，相对于资本主义政治制度而言，具有极大的优越性。要自觉维护社会主义政治制度，自然需要我们加强政治学的学习，在比较的基础上，真正树立唯物政治观，充分认识到资本主义政治制度的阶级性，即其服务于资产阶级利益的根本属性。

（二）树立政治责任感，积极履行自身的政治权利

这可以通过选举来很好地说明。选举是每位公民日常生活中亲密接触的重要政治活动，在我们国家中，公民常常要参加人大代表的选举、基层自治组织的选举、工会组织的选举等各种各样的选举活动，如果能够充分地掌握选举制度和具体操作方面的基本知识，了解选举对于国家政治生活的重要意义，了解行使政治权利对于维护人民民主的重

要作用，那么在一个良好的选举制度下，广大公民的政治责任感自然就会大大增强，从而激发出政治参与的热情，而政治参与水平的提高必将促进政治民主化，增强对政府的监督，最终增进人民的福利。

（三）树立政治归属感，形成对政治共同体的强烈认同

任何政治共同体，从世界共同体，到国家和民族，再到政党或其他政治组织，乃至一个居民或村民自治组织，都必须获得共同体成员的广泛认同，才能长期维系内部的团结，获得持久的生命力。在学习政治学原理的过程中，我们可以增强对政治共同体属性的了解，增强对维系政治共同体正常运转的各种具体制度和机制的认识，自觉地形成对这些具体制度和机制的认同感，从而自觉地参与到维护政治共同体的活动中去，最终促成整个政治共同体的内部和谐，保持政治共同体的良好秩序。例如，爱国主义从来就不是空洞的，对国家的热爱往往要通过对宪法和法律、对政府、对具体政治制度形成强烈认同而建立起来，而有了关于政府构成和运行、宪法和法律以及政治体制的必要知识，在良好的政治制度环境中，这就必然会增进对它们的认同感，最终形成对国家的热爱之情。

本章小结

政治就是获取、组织和掌握国家政权，并以决策为核心内容来谋求人民利益的一切形式和行为。

西方的政治学家从不同角度表述了“政治”的含义。而马克思主义将“政治”概念界定为：(1)“政治是经济的最集中的体现”，这揭示了政治的本质。(2)“政治就是各阶级之间的斗争”，这确定了政治的属性。(3)“政治就是参与国家事务，给国家定方向，确定国家活动的形式、任务和内容”，这描绘了政治的基本内容。(4)“政治是一门科学，是一种艺术”，这表明了政治的特征。

西方的政治研究可大致划分为古希腊、古罗马时期，中世纪时期，文艺复兴时期和现代时期等几个阶段。马克思主义政治学产生于19世纪40年代，是一个全新的体系。

思考题

1. 西方政治学家对于政治的含义的表述有哪几种？
2. 马克思主义政治学如何界定政治的概念？
3. 西方政治学和马克思主义政治学的政治概念的区别有哪些？
4. 政治学发展各历史阶段的代表人物及其论著主要有哪些？
5. 在你看来，学习政治学对于日常生活有什么样的意义？

第二章　马克思主义国家学说

引　例

2017年1月17日，国家主席习近平在世界经济论坛2017年年会开幕式上发表了题为“共担时代责任　共促全球发展”的主旨演讲。演讲中，习近平主席指出，“中国的发展，关键在于中国人民在中国共产党领导下，走出了一条适合中国国情的发展道路。”这条道路，是一条从本国国情出发确立的道路，是一条改革创新的道路，是一条在开放中谋求共同发展的道路，更是一条把人民利益放在首位的道路。“中国秉持以人民为中心的发展思想，把改善人民生活、增进人民福祉作为出发点和落脚点，在人民中寻找发展动力、依靠人民推动发展、使发展造福人民。中国坚持共同富裕的目标，大力推进减贫事业，让7亿多人口摆脱贫困，正在向着全面建成小康社会目标快步前进。”把人民利益放在首位、以人民为中心，正是社会主义国家人民共和国本质的体现。

由此，我们应该进一步思考：国家是什么？国家怎么产生的？国家具有什么样的职能？

政治是与社会公共权力相关的现象，而社会公共权力的主要载体是国家，政治是以国家活动为中心的。列宁认为，国家问题“是关系全部政治的主要的和根本的问题”，这个问题“比其他任何问题更加牵涉到统治阶级的利益（在这一点上它仅次于经济学中的基本问题）”[①]。在西方，20世纪50年代之后，随着行为主义政治学的兴起，政治学研究的中心从传统的国家问题转向政治行为，“国家”甚至一度因“政治系统”这一分析概念的兴起而遭受冷遇。但是，20世纪70年代以后，国家问题又重新成为政治学研究的热点，国家理论重新取得了其在政治学中不可替代的重要地位。本章首先介绍一般意义上的国家概念，进而阐述马克思主义政治学关于国家起源、国家历史类型的学说，最终落脚于马克思主义国家学说的核心——国家的本质，揭示马克思主义政治学的特定的“国家”含义。

---

① 列宁．列宁选集：第4卷．3版．北京：人民出版社，1995：26.

第一节　国家及其基本要素

一、国家的概念

政治活动是以国家为中心的，国家问题是政治学的一个核心问题，正因如此，国家概念也就成了政治学领域最容易引起争议的问题。在不同历史时期，在各种不同的文化以至各种理论流派中，人们对国家概念都有不同的理解，国家概念所指的对象有着很大差异。列宁曾经指出："未必还能找到别的问题，会像国家问题那样，被资产阶级的科学家、哲学家、法学家、政治经济学家和政论家有意无意地弄得这样混乱不堪。"[①] 从历史上看，东西方文明中出现过类型迥异的国家层面的政治共同体，它们有着不同的名称，有着各自的特点，随着西方政治研究的理论成果向全球推广，我们开始把它们统一到了"国家"这个政治学概念上。今天政治学理论所讲的国家概念，在狭义上仅指现代民族国家，在广义上则包括了从古代城邦、中世纪王国、传统帝国到近代以来的民族国家以及殖民地国家等诸多政治共同体形态。

（一）中国古代"国家"概念

资料 2.1

中国古代的"国家"名称

毫无疑义，"国家"是一个现代词汇。那么在中国古代，"国家"这一词汇所涵盖的政治共同体的名称是什么呢？在古代史上，一个王朝的最高统治者（殷人称"后"、周人称"王"，秦以后称"皇帝"）所直接和间接管辖，甚至被认知到但并未实施任何管辖的地域被统称为"天下"，对于我们来说，"国家"首先要对应到这一层次上去。在商周两代的封建秩序下，在"天下"之内又划分为最高统治者直接管辖的王畿和大量裂土分疆而形成的诸侯国，这是另一层次的"国家"。这一"国家"在古代的名称经历过一个历史演变过程，大致上说，这就是：殷人称"方"，周人称"邦"或"国"，汉人则统称"国"。殷商时期，在王畿之外存在着大量的"方"，如"羌方""鬼方""土方"等，这种"方"在周代被称为"邦"或"国"，当汉代时，为了避汉高祖刘邦的名讳，"邦""国"在名称上被统一为"国"，但这时的"国"已被置于中央专制王朝的直接管辖之下。

---

① 列宁．列宁选集：第 4 卷．北京：人民出版社，1995：25.

在中国古代的典籍中，诸侯的封地称为“国”，大夫的封地称为“家”，皇帝统治的“天下”为国家。在我国的先秦时代，“国家”就是一个专门术语。《左传》上说：“国家之败，由官邪也”；荀子说：“国家无礼则不宁”等。不过，今天汉语中的“国家”概念是用来翻译近代以来西方传入中国的国家概念的，与中国古代的“国家”概念在含义上有很大区别。西方观念中的“国家”实际上仅指“国”而无“家”之含义，国家恰恰是破除血缘家族共同体的产物。现代汉语中出现“国家”概念，乃是近代西方文明传入的产物，当然，这一新概念又必须能够与中国的传统政治共同体达成概念上的沟通，因而我们今天言及“国家”，并不能把中国古代的“国”或“天下”排斥在外。这也说明古今中外不同类型的“国家”一定具有某些共同的构成要素。

大致在晚清戊戌变法前后，中国开始逐渐形成了现代民族国家观念。它是应对西方文明挑战的产物，是对传统国家观念的超越，但又必然蕴藏着中国传统文明的长期影响。一方面，中国近代以来的国家观念完全不同于“家天下”的传统王朝观念，只有破除了建基于血缘的王朝观念，才能产生现代国家观念；另一方面，中国传统王朝的“家国同构”形态，又仍然在深深地影响着现当代中国人对国家的理解。

（二）西方“国家”概念

在西方语境中，作为一个政治术语的国家概念也是近代才形成的，“国家”被用来指正在成长的一种世俗的政治共同体，它既区别于古代城邦和帝国，又区别于中世纪的宗教团体。在英语中有三个词汇“state”“nation”和“country”被用来指国家。它们是有区别的，“country”是领土意义上的国家，“nation”是民族意义上的国家，“state”是政权意义上的国家。政治学理论中通用的国家一词是指“state”。作为一个政治术语的“state”首先出现在16世纪意大利思想家马基雅维里的名著《君主论》中，马基雅维里致力于建立一种不同于宗教势力统治的、世俗的、统一的政治共同体。“state”源自拉丁语中的“status”，本意指的是某种状况、条件、身份、地位等，作为政治术语，它既指统治者的独立地位和条件，又指整个世俗政治共同体的地位和独立身份。在当时，由于教会统治的影响，世俗统治者以及世俗政治共同体都是没有完整的独立身份和地位的。后来，通过17世纪法国思想家布丹的工作，肇始于马基雅维里的国家概念与主权概念联系起来，现代意义上的国家概念才正式产生。布丹把国家看作一定领土内最高政治权力的所有者，即对内对外的主权者。布丹明确地把国家与统治者个人区别开来，他称宣布君主意志的“命令书”为“国家诏书”，以此表明发布诏书的威权属于国家。布丹认为，国家是所有公民效忠的机构，谋反罪不是反对统治者而是反对国家。这种国家概念在中世纪晚期帮助君主们获得了权力，因而，国家概念也就被广泛地接受了。此后，经过资产阶级启蒙思想家洛克、孟德斯鸠、卢梭等人的理论完善工作，现代国家概念就完全确立起来了。

一般而言，现代西方政治学认为，一个典型的现代国家应该包括领土、人民、政府、主权四个基本要素，国家指的就是某种具有领土、人民、政府和主权的特殊政治共同体。马克思主义国家学说在使用“国家”这一概念时，对于国家的上述基本含义是认同的，但特别强调国家的阶级属性，也即国家的本质。

二、国家的基本要素

现代国家概念与中国古代对国家的理解有相似之处。中国古代的“國”字实际上是由“一”（土地）、“口”（人口）、“戈”（武力）三个部分组成。可见，古文的国字包含了国家的若干要素。当然，我们不能把中国古代的国家与现代意义上的国家等同起来，二者的实际内容是有很大区别的。

（一）领土

领土是国家的基本要素，一定的国家总有一定的领土，拥有固定的疆域。恩格斯在《家庭、私有制和国家的起源》中，就将按地域而非血缘关系来划分共同体范围，作为国家区别于原始氏族制度的两个基本特征之一。恩格斯指出，“国家和旧的氏族组织不同的地方，第一点就是它按地区来划分它的国民”[①]，“这种按照居住地组织国民的办法是一切国家共同的”[②]，而原始的氏族组织是以血缘关系来维持的。当然，具有完整、明确国界线的领土特征仅仅是现代民族国家才有的，古代国家的边界有的往往很模糊，有边陲而无国界，如古代中国；有的相互交叉、渗透和重叠，同一块地可能同时属于两个以上的国家，在一定领土内往往存在不属于自己的飞地等，如西欧中世纪的封建王国；有的领土很不稳定，经常变动，如古代非洲的部落王国。领土这一构成要素对于现代国家有着极端重要的意义。我们只要看一看今天非洲各国间由殖民者留下的笔直的国界线，以及亚洲地区吵扰不休的边界争端，就可以明确地认识到这一点。

（二）人民

一定的国家必定由一定的人民所组成，没有人民这个基本要素，当然就没有国家。在古代国家，在生产力低下、科学技术不发达的情况下，人口的多少对于社会的发展和战争的胜败往往具有决定性意义。因而，古代国家都非常重视人民因素，中国古代典籍就经常提到“国以民为本”。现代国家的人民往往以地域为基础划分，而且具有明确的隶属身份，这就使它与古代氏族组织以及传统形态的国家区别开来。古代的氏族组织往往把自己的名称以及崇拜的神与人民紧紧联系在一起，不管他们迁徙到什么地方，氏族名称和崇拜的神是不变的。欧洲中世纪王国的人民也往往没有明确的隶属身份，部分人民所在的地域往往不属于对这些人进行管辖的王国。

---

① 马克思，恩格斯．马克思恩格斯选集：第4卷．2版．北京：人民出版社，1995：170.

② 同①171.

（三）政府

拥有一定的管理公共事务的机构是国家产生的重要标志之一。一定的国家总有一定的政府，在这里，政府是所有国家机构的总和。在古代的专制国家中，由于统治者把国家看成是自己的私有物，所以管理公共事务的政府机构与管理统治者个人及其家属生活的宫廷机构往往混淆在一起，现代政府是从统治者的宫廷中逐步分离出来的。当然，只要是国家就必然存在管理公共事务的机构，因而即使是极其专制的国家，统治者也不可能完全用为自己服务的私人机构取代政府。管理公共事务的政府的存在意味着，国家必须以税收作为自己运作的基础，稳定持续的税收机制的形成是国家产生的必要条件。现代国家的国家机构通常包括国家元首、立法机关、行政机关和司法机关，后三者构成广义的政府。政府是国家体系中最重要的组成部分，是国家的代表和国家权力的行使者。政府与国家共始终，没有政府的国家是难以想象的。

（四）主权

主权是构成国家最重要的要素，是国家区别于其他社会共同体和其他社会管理组织的一个标志性特征。所谓主权，就是一个国家所拥有的独立自主地处理其内外事务的最高权力。对内方面，国家在以下方面都拥有最后决定权，即制定或废除法律，决定国家的组织原则，决定国家的政治、经济、文化、社会等方面大事，统率军队等；对外方面，国家独立决定自己的外交方针、政策，自主处理国际事务，享有国际权利并承担国际义务，而不受其他国家或实体的干涉和影响。在一切人类社会的共同体中，只有国家才是主权的拥有者。正因为如此，某一个国家被别的国家占领，丧失了自己的主权，就不是一个真正意义上的完整国家。当然，典型的主权特征是现代国家才有的，而且主权概念本身也在不断受到实践和理论两方面的挑战。欧洲中世纪的王国是没有自己的完整主权的，国王处处受到教皇的制约；古代中国的藩属国以及近代世界各地的殖民地国家也没有自己的完整主权；随着经济全球化的发展和科学技术的突飞猛进，跨国公司和各种国际组织也在不断地挑战国家主权；欧洲联盟的产生和发展更是表明，现代国家的主权概念正在逐步被修正。

第二节　国家的起源与历史类型

一、国家的起源

（一）历史上关于国家起源的学说

对于国家的起源问题，历史上的许多思想家都作出了不同的探讨，包括自然生成论、君权神授论、社会契约论、暴力征服论和社会分工论等，这些探讨都在历史上产生了一定影响，具有一定的价值。

1. 自然生成论

由亚里士多德最早提出的一种国家起源论。他认为国家的生成来自人类的社会天性，国家作为一种社会共同体，是从家庭、村落自然发展起来的，就像橡树子自然长成橡树一样。人类有过共同生活的合群的天性，故而天然倾向于过城邦生活。自然生成论看到了人的社会性对于国家起源的意义，但是，仅仅是人的社会性还不能促进国家的产生。因为除了国家以外，其他社会共同体也立足于人的社会性，而国家与其他社会共同体却存在着本质上的区别。自然生成论主要是一种理想的规范论述，它对于引导国家的发展方向也是有意义的。

资料 2.2

从氏族到国家：血亲组织的削弱

在西方，从氏族社会到国家的发展，总的趋势是一个削弱血亲组织的过程。约从公元前 8 世纪起，古希腊人就力求摆脱他们自古以来即生存其中的氏族社会，而转入以地域和财产为基础的政治社会。在雅典，根据传说，这一发展过程始于瑟秀斯的立法，以后则在公元前 624 年克里斯蒂尼的改革中得到了集中反映。克里斯蒂尼改革中，按地域将阿提卡全境划分为一百个村社，称为“德莫”，即希腊语“民主”的词根。同时，在“德莫”的基础上再进一步建立行政区和大行政区，这样便用地域标准代替了血缘标准，个人对氏族的人身依附关系转变为依赖国家的城邦公民。摩尔根认为这一转变为以后希腊城邦民主制的兴盛奠定了基础。

古罗马从氏族社会转变为政治社会，同样是以削弱血亲关系为标志的。据传说，罗马城建立时，就将氏族和部落结合为一支人，集中统一于一个政府之下，开始了用地域和财产为基础的组织逐渐取代以氏族为基础的原始社会组织的伟大运动。罗马的基础就此奠定。在公元前 576 年左右，由于人口和财产的增加，古罗马又对氏族组织进行了一次根本性的改革，废除氏族制而创立了以地域和财产为基础的政治社会。

考察日耳曼人、法兰克人的历史，同样可以看到类似古希腊和古罗马的上述转变过程。当然，在中世纪，整个欧洲出现了家族统治和权力世袭，贵族血统关系成为封建王权统治的基础。这一血亲关系笼罩政治的局面直到文艺复兴才出现改观。文艺复兴，连同以后的资产阶级革命、工业革命，对血亲关系进行了一次又一次的涤荡，现代国家也随之一步一步地确立了起来。

2. 君权神授论

君权神授论主张君主的权力来源于神、上帝或上天，认为国家是根据神的意志建立的，统治者的权威是神授予的。中国古代的皇帝自称“天子”，古埃及的法老自称为

"太阳的儿子"，欧洲中世纪的阿奎那宣称"没有权柄不出于神"，这些都是典型的君权神授论。君权神授论有欺骗人民、维护阶级统治的一面，但也提出了国家起源的复杂性和必然性问题，在人类认识很不发达以及人类理性本身具有局限性的情况下，君权神授论也有一定的积极意义。

3. 社会契约论

长期以来，社会契约论曾是现代国家起源的理论基石。以卢梭为代表的资产阶级启蒙思想家认为，国家是通过人民之间或者人民与统治者之间相互订立契约而建立起来的。在国家产生之前，人类社会处于没有政府、没有政治权力的自然状态，每个人都享有自然权利，由于自然状态存在不方便、不安全的缺陷，人们便互相订立契约，让渡自己的部分自然权利，由此产生了政府的权力，形成了国家。社会契约论主要是一种规范理论，虽然它提出了人的主观能动性及其实践活动对于国家产生的意义，但是很显然，历史上没有一个国家的产生是通过人们订立契约的结果。1620 年"五月花"号船上的英国清教徒在登上美洲大陆前所订立的契约，虽然对美国的形成具有重要影响，但是美国的诞生背景远远不是这一契约所能完全说明的，同时，美国的形成对于国家的起源来说并不具有典型意义。尽管如此，社会契约论对于现代国家的形成和发展所具有的巨大意义仍然是不容否认的。

4. 暴力征服论

德国的杜林和奥地利的巩普洛维奇都将国家的起源归结为暴力征服的结果。这种观点认为，在历史上，较强的原始部落借助暴力对较弱的原始部落进行掠夺、征服、兼并，从而形成了国家，国家是对外战争的结果。暴力征服论将暴力视为整个社会发展的决定因素是违背客观事实的。正如卢梭所说，"即使最强者也决不会强得足以永远做主人，除非他把自己的强力转化为权利，把服从转化为义务"①。不过，在国家的产生过程中的确是借助了暴力作用，因此，马克思才把暴力说成是催生国家的助产婆。

5. 社会分工论

早在古希腊，柏拉图就把国家看成是分工的产物。不少现代西方政治学者，如帕森斯、卢曼等人也把国家看成社会分工的结果，他们所讲的国家起源实际上只是现代国家的形成。他们认为现代工业社会的分工使得政治过程专门化、自主化、制度化，分工使专门化的组织发展成为国家，它具有自己独立的政治功能，其作用是调整、减缓社会各部门之间的紧张冲突关系，维持整个社会的存在。社会分工论看到了社会分工的发展必然催生专门从事公共政治管理的机构的客观事实，说明了分工的发展对于国家起源的推动作用。但是，社会分工论显然无法解释历史上存在于国家内部的激烈的阶级斗争，无法解释政治领域的分工为什么充满了暴力。

---

① 卢梭．社会契约论．北京：商务印书馆，2001：12.

（二）马克思主义国家起源理论

在马克思主义看来，以上观点虽然解释了国家起源的某些制约因素，但都回避了国家的本质性因素对于国家起源的根本性意义，因而只有结合国家的本质，才能合理说明国家的起源。恩格斯在论述国家的起源时说："国家是社会在一定发展阶段上的产物；国家是承认：这个社会陷入了不可解决的自我矛盾，分裂为不可调和的对立面而又无力摆脱这些对立面。而为了使这些对立面，这些经济利益互相冲突的阶级，不致在无谓的斗争中把自己和社会消灭，就需要有一种表面上凌驾于社会之上的力量，这种力量应当缓和冲突，把冲突保持在'秩序'的范围以内；这种从社会中产生但又自居于社会之上并且日益同社会相异化的力量，就是国家。"①

资料 2.3

摩尔根的《古代社会》

《古代社会》（*Ancient Society*）是美国著名人类学家摩尔根（Lewis Henry Morgan，1818—1881）历经 40 年的研究、考察、搜集资料于 1877 年著成，在这部著作中，摩尔根根据对美洲各地印第安人的考察，对古代希腊、罗马历史的研究，对亚洲、欧洲、澳洲部落制度的了解分析，证明了氏族是原始社会的基本组织；确定了人类社会最初都是母权制的，从母权制转为父权制是一个历史发展的过程；说明了家族随着社会发展而演进，从血缘家族、群婚家族、对偶家族、父权家族，到单偶家族，是以经济条件为基础的。

这本书出版后产生了很大的影响，它以原始社会历史研究的具体资料，丰富和证实了马克思主义的唯物史观，因而得到马克思和恩格斯的高度重视和评价。为此，马克思写了详细的摘要和批语。恩格斯的《家庭、私有制和国家的起源》是执行马克思的遗言，就摩尔根的研究成果而作的。他赞扬"摩尔根在他自己的研究领域内独立地重新发现了马克思的唯物主义历史观，并且还对现代社会提出了直接的共产主义的要求"。

资料 2.4

恩格斯的《家庭、私有制和国家的起源》

《家庭、私有制和国家的起源》是马克思主义经典作家恩格斯的一部关于古代社会发展规律和国家起源的著作，是马克思主义国家学说代表作之一。副标题为"就路易斯·亨·摩尔根的研究成果而作"。原著以德语写于 1884 年 3 月至 5 月间，同年 10 月在瑞士苏黎世出版单行本，后被译成多种语言文字。1892 年恩格斯写了《新发现

---

① 马克思，恩格斯．马克思恩格斯选集：第 4 卷．2 版．北京：人民出版社，1995：170.

的群婚实例》一文，作为该书的附录。全书包括2篇序言，9章正文。

恩格斯以唯物史观阐释摩尔根的研究成果而提出：由于劳动生产力的发展，产生了私有财产，因此形成了阶级和阶级对立；由于各阶级的冲突导致以血亲家族为基础的旧社会被炸毁，被组成国家的新社会所取代；家庭制度受所有制支配。恩格斯根据摩尔根对美洲印第安人社会的研究，补充他本人对古代罗马、希腊和日耳曼人社会的研究材料，论述了人类早期原始社会阶段和奴隶社会早期国家形成的历史，后来科学考古的发现也证明了恩格斯的基本论点是正确的。本书是恩格斯运用唯物史观研究国家的重要成果，它科学地阐明了家庭、私有制、阶级的起源与国家产生的关系，极大地丰富了马克思主义的政治学说。

马克思主义是从社会分工的发展与社会阶级分化两个角度相结合来说明国家起源的。在国家产生之前的原始社会，就存在一定的公共事务和公共利益。起初，这些公共事务和公共利益是由社会所有成员来共同承担和共同维护的。但随着生产的发展，社会生活规模的扩大和复杂化，社会就需要赋予个别成员以某种全权，执行维护社会共同利益的社会职能。这也就是说，当社会需要赋予个别成员以全权来处理社会公共事务、维护社会公共利益时，从事单纯体力劳动的群众与从事管理事务的少数成员之间的分工开始出现。这种分工的出现为国家和国家权力的形成提供了可能。因为，国家一直是由一批专门从事管理、几乎专门从事管理或主要从事管理的人组成的。

社会经济的发展不可避免地导致大规模社会分工的出现：农业与手工业的分工，手工业与商业的分工，商业与航海业的分工。大规模的连续不断的社会分工导致两个后果的出现：第一，专门掌握管理公职的特殊阶层出现。大规模的社会分工，冲垮了旧的社会结构，在社会利益的分解和重组中，社会开始划分为阶级与阶层。随着社会生活的日益复杂化和利益多元，专门从事社会公共管理的阶层开始形成。这些阶层被赋予全权的职位，并逐步随着社会分工的展开，从为社会服务的角色上升为管理社会的角色。于是，执行社会公务，维护社会公共利益的管理活动和工作，就从社会独立出来。在社会划分为阶级的条件下，这种公职多由在经济上占主导地位的人担当。第二，专门从事社会公共事务管理的机构出现。社会分工的深入和展开，必然导致城市的出现。而城市的出现加速了社会从部落制度向国家的过渡。因为，随着城市的出现也就需要有行政机关、警察、赋税等，一句话，就需要有公共的政治机构，也就是说需要政治。这些机构的出现意味着国家的最终形成也为时不远了。因为，这些机构的出现使得那些在社会分工中专门承担社会公职的人，将获得特殊权力，从而在原先经济上获得主导地位的基础上，在政治上也获得了统治地位。这样，执行维护社会公共利益的社会职能的人员的专门化和机构的专门化，就使得社会职能对社会逐渐独立化。当社会因分工发展而分裂为不可调和的各个阶级，其中经济上处优势地位的阶级独自全权掌握社会职能时，社会职能也就上升为对社会的统治，国家也就正式产生了。

在马克思主义对国家起源的阐释中，核心要点有以下三点：

第一，国家是一个历史范畴，它并非从来就有，也不是永远存在的。国家的产生是生产力发展到一定阶段的产物，同时又是生产力发展不足的结果。原始社会的生产力水平十分低下，这决定了原始社会实行生产资料和劳动产品的原始公有制，与原始公有制经济基础相适应的是氏族社会组织的原始民主制。没有私有制，没有阶级，也就没有国家。只有在原始社会末期，随着劳动生产率的提高，社会分工和交换得以进一步发展，从而有了剩余产品的出现，一部分人占有另一部分人的劳动产品的剥削才成为可能。只有社会经济生产有了剩余，一部分人才能脱离生产劳动，专门从事公共管理。国家由此而产生。同时，马克思主义又认为，当社会发展到一定阶段，随着生产力的极大发展和社会产品的极大丰富，一部分人占有另一部分人的劳动产品已经没有必要，社会将实行按需分配，这个时候国家就会走向消亡。

第二，国家的产生与私有制的发展密不可分。没有私有制观念，国家是不会产生的，因为在缺乏私有观念的条件下，个人不会试图诉诸权力去攫取自身的利益。在原始公有制的条件下，氏族首领虽然具有管理公共事务的权威，但是这种权威只具有道德性质，而没有特权。氏族的所有成员都是平等的，人人享有平等的权利，没有军队、监狱、法庭、警察等暴力机关，这种原始民主制只是原始社会的社会管理形式，而不是一种国家形式。由于生产力的发展产生了剩余，财富集中到少数人手上，从而引起了生产资料私有制的出现，导致了阶级的分化，只有在阶级分化的基础上才会产生国家。因为，为了保证自己的特权和财富的安全，享有特权的阶级就会成立军队、警察、法庭、监狱等暴力机构来防止另一部分人侵犯他们的财产，正是这些暴力机构的产生决定了国家的起源。

第三，国家是从社会中产生的，但又表现为一种与社会相异化的力量。由于社会的阶级冲突陷入了不可解决的自我矛盾，就需要有一种凌驾于社会之上的力量，来把社会冲突保持在一定秩序以内。国家机构也是逐步由原始社会的社会管理机构演化而来的，但是它很快就打破了氏族管理机构的父亲般的道德权威性质，改变了氏族组织之间以及氏族成员之间的平等关系，成为一个维护少数特权者利益的工具，成为一个等级森严的官僚组织。国家相对于社会的异化性质源于国家的本质，是无法彻底消除的。只有在消灭了私有制和阶级以后，公共事务的管理职能回归社会，这种异化才会随着国家的消亡一起消亡。

有必要指出的是，在国家的起源和发展过程中，不同的国家所呈现出的具体形态有着很大的差异，这在东西方国家的比较中有着显明的反映。马克思主义注重从国家的本质考察国家的起源问题，认为国家的历史形态与社会演进图式是相应的，即历史上的国家可以分为奴隶制国家、封建制国家、资本主义国家和社会主义国家，然而，马克思并没有把任何国家的产生和发展都归入到这个演进图式中去，马克思对“亚细亚生产方式”的关注就说明了这一点。因而，我们就必须从国家的起源开始，对历史上出现过的不同形态的国家加以具体分析，当然，这就必须考察具体的、复杂的历史条件和诸多因素。

二、国家的历史类型

随着人类文明的进步，在不同的历史时期，国家的具体形态也在不断演变。在马克思主义政治学中，往往根据社会形态来划分国家的历史形态，即根据社会经济结构性质将国家划分为奴隶制国家、封建制国家、资本主义国家和社会主义国家。由于国家政权的本质是由社会经济结构所决定的，以社会形态来界定国家政权的历史形态，具有一定的合理性。

然而，过分强调从国家本质的角度划分国家的历史类型，往往容易忽视各个文明中国家形态的巨大差异，简单地把差异极大的国家形态等同起来。例如，西欧中世纪的封建王国与中国秦汉以后的专制主义中央集权国家就有着明显的差别，把它们一同划归封建制国家，就很容易抹杀两者之间的巨大差异。从国家形态本身来看，近代民族国家的兴起是国家形态发展的分水岭。因此，在下文关于国家历史类型的概述中，我们既以马克思主义国家学说的国家历史类型为基础，又注重介绍当代政治学研究中衍生出来的新分类。我们把国家的历史类型划分为传统国家与现代国家两大类。其中，传统国家形态包括奴隶制国家和封建制国家，它们又各有其具体形态，即古代城邦国家、古代帝国、中世纪封建王国、专制国家等几种具体形态。有的具体形态既为奴隶制国家所用，又为封建制国家所用。而现代国家，随着国家的发展，其具体形态也呈现出较大的差异性。

（一）传统国家形态

1. 奴隶制国家

奴隶制国家是人类历史上出现最早的国家类型，是奴隶社会的国家形态。四大文明古国，即古巴比伦、古埃及和古印度，以及战国以前的中国，都是奴隶制国家。最为典型的奴隶制国家是古罗马和古希腊。

奴隶社会的经济基础是奴隶主占有生产资料和占有作为生产工具的奴隶。奴隶社会的两大社会阶级为奴隶主阶级和奴隶阶级，此外还有自由民阶层。奴隶主阶级是统治阶级，奴隶则只是“会说话的工具”，自由民阶层的地位比奴隶要高，但也受到奴隶主的剥削。这样的经济基础和阶级结构决定了，奴隶制国家是经济上占统治地位的奴隶主阶级对被统治阶级的专政。

奴隶制国家依靠极端残酷的暴力方式实施统治。古罗马著名的斯巴达克斯起义，就是对暴力统治的反抗。这次奴隶起义被镇压后，竟有 6 000 名俘虏被活活地钉死在十字架上，暴力统治之残酷可见一斑。

世界不同地区出现的奴隶制国家，其统治形式不尽相同，这是由生产力水平不同，以及社会发展的具体情境不同等因素决定的。东方的奴隶制国家实行君主制，世袭的君主代表奴隶主阶级掌握全部的国家权力。而在西方，统治形式更为多样。如古希腊城邦雅典发展出了“直接民主制”，即城邦公民（成年男子，但不包括奴隶、外邦人）组成

"公民大会"，通过选举或抽签产生公职人员，进而管理城邦。共和时期的古罗马则实行贵族制，最高国家权力掌握在贵族组成的元老院手中。当然，无论君主制、贵族制，还是所谓的民主制，其实质都是奴隶主阶级统治和压迫奴隶阶级的工具。

资料 2.5

城邦国家

城邦国家是大约公元前 8 世纪古希腊建立的一种国家形态，最著名的是雅典和斯巴达。早期罗马也是一个城邦国家。此外，中世纪西欧的某些城市，如意大利的威尼斯和佛罗伦萨等，也获得了自治权，建立了城市共和国。

城邦国家的基本特点是：

第一，城邦是一种微型共同体，或者说是一个城市。古希腊的城邦称为 polis，意指构筑围墙而保卫一定人群安全的城市。城市的规模可以从城邦公民的数量上反映出来。据学者们的考察，雅典的公民人数最多时也仅仅在 1 万人到 1.5 万人之间，斯巴达的公民人数最多时只有 9 000 人左右，最少时不足 700 人。

第二，城邦普遍实行民主制度。凡具备公民资格的人都要参加公共政治生活。城邦公职的产生也通过直接选举和抓阄儿产生。参与公共生活纯粹是一种义务，不领取任何报酬。古希腊政治生活主要体现为在集市广场集会，公开讨论城邦公共事务。在公民集会中每个公民都有均等的发言机会。在雅典，对那些给民主制度带来威胁的人实行"陶片放逐法"，即通过抓阄儿的方式将其驱逐出城邦。在共和时期的古罗马，元老会议是最高权力机构，为了制约执政官与平民的冲突，还设置了保民官。当然，城邦民主是一种有限民主，因为只有公民才能参与公共生活，而公民仅限于拥有公民权的成年男子，妇女、未成年人、外邦人、奴隶都是没有公民权的。在雅典，公民人数仅仅占全部居民人数的 1/20 左右，就是在罗马，公民人数也仅仅占总人口的 1/10。

第三，城邦是相对封闭的。城邦的人口必须相对同质，为了保持人口的同质性，就绝对不能让外邦人和奴隶享有公民权。在城邦与城邦之间也经常发生残酷的战争。城邦必须限制商业发展的影响，因为商业的漫无节制会使人民腐化。城邦还不容许思想的自由传播，因为某些思想会使公民放弃责任并鼓励腐败。城邦的存在要依靠宗教、道德和风俗，为此，注重"神道设教"、注重感染公民心灵的艺术教育、注重风俗的纯化，是城邦国家的共同特点。即使是相对开放的中世纪城市共和国，在漫长的封建时代也是很封闭的，其典型表现就是普遍实行相当严格的行会制度。

时至今日，城邦国家已经彻底消失了，但是城邦国家对自由和平等的追求，对公共利益的强调，以及城邦公民人人参与公共生活的图景，对人类的政治发展产生了很大的激励作用。

资料 2.6

古代帝国

古代帝国主要指的是以某一政治共同体为基础，通过武力扩张，把不同的民族纳入同一个统治者统治之下的国家形态。古代帝国包括罗马帝国、奥斯曼帝国、莫卧儿帝国、古代阿拉伯帝国等，最典型的是罗马帝国。

古代帝国的基本特点是：

第一，帝国是通过武力征服建立起来的，武力统治是帝国的基础。对其他民族进行武力征服的民族往往是全民皆兵的，以这些民族的军队为核心构成了一支非常庞大的军队。在第二次布匿战争时，罗马经常准备着 22 个到 24 个军团。① 因此，帝国的建立过程就是不断的征战过程，这一过程充满了血腥和残酷。一旦战争进程受到阻碍或者遭遇到重大失败，帝国很快就会土崩瓦解。因此帝国的建造者必须不断地征战。罗马人认为，相信一个敌人，就意味着使自己丧失各种各样的物品、人口、土地、城市、庙宇、甚至坟墓。

第二，帝国的地域辽阔，民族成分复杂。每一个帝国都横跨几大洲，包括了非常辽阔的地域范围。罗马帝国横跨亚、非、欧三大洲，包括了今天西欧的全部、非洲北部以及亚洲的西部。成吉思汗建立的帝国甚至包括了几乎整个亚洲和欧洲的大部分。穆罕默德建立的阿拉伯帝国则包括了亚洲中西部的全部地区、西欧的一部分以及非洲北部的广大区域。在广大的帝国范围内，存在着众多的民族，其文化、语言、宗教、风俗习惯等各不相同。帝国的存在为不同文化之间的交流提供了机会，对促进整个人类文明的发展起了重大作用。同时，帝国居民被分成很多等级，帝国的存在使一些民族沦为被奴役和被压迫民族，给这些民族的人民带来了很大的灾难和痛苦。

第三，帝国的控制是松散的。每一个帝国都有一个最高的统治者②，统治者享有最高的权威，是帝国统一的象征。但是同时，在帝国内往往存在着很多次一级的政治实体，这些政治实体具有相当大的独立性，一旦有机会它们就可以挑战最高首领的权威。事实上，由于帝国统治者不得不依靠其他被征服民族的军事力量，统治者对帝国的控制不可能是很严密的。罗马人每征服一个地方，都把被征服民族的神搬到罗马来，而且对原来民族的风俗习惯往往是保留和尊重的。实际上，只要被征服者承认帝国统治者的最高权威，并且缴纳一定数量的捐税，征服战争就告一段落了，从事具体治理的往往还是这些民族的人。这种松散的控制为帝国的前途埋下了隐患，一旦某个享有崇高威望的统治者离开人世，如亚历山大大帝，那么他所统治的帝国就有可能迅速分崩离析。

---

① 孟德斯鸠．罗马盛衰原因论．北京：商务印书馆，1995：18.

② 罗马帝国也曾经同时存在过四个皇帝甚至八个皇帝。

2. 封建制国家

封建制国家是奴隶制国家崩溃后出现的又一种剥削阶级专政国家。在欧洲，从公元476年西罗马帝国灭亡到17、18世纪爆发资产阶级革命，封建制国家的历史长达1 300年左右。在中国，秦代形成了统一的封建制国家，秦汉一直到唐宋元明清，均无改于封建制国家的本质。

封建制国家的经济基础是地主阶级占有土地这一最重要的生产资料。无论欧洲的封建领主占有制，还是中国的地主占有制，都是土地占有者占有土地，而农民则耕种土地占有者的土地，并在超经济强制下把自己的剩余劳动无偿交给享有特权的土地占有者。因此，在封建社会的两大社会阶级中，地主阶级是统治阶级，而农民阶级则是被统治阶级。这两大社会阶级之间的矛盾，构成了封建社会的主要矛盾。

君主制是封建制国家的基本统治形式。当然，由于生产力水平和具体历史情境的不同，东西方的君主制有着不同的具体内容。在东方，大多数封建制国家实行的是专制君主制，而在西方，除了专制君主制外，还出现过封建割据君主制、等级君主制等形式。中世纪欧洲的威尼斯、佛罗伦萨等城市，还出现过城市共和国。当然，无论统治形式为何，封建制国家的本质都是地主阶级统治和压迫农民阶级的工具。

资料 2.7

封建王国

封建王国指的是统治者通过层层分封建立起多级相对独立的政治实体，这些政治实体之间通过一定的权利和义务关系连接起来，形成一种多元、多级的国家形态。封建王国的典型例子为西欧中世纪的王国。西欧的封建制王国是从公元476年神圣罗马帝国灭亡之后形成的。在罗马帝国统治的数百年间，来自各地的移民不断涌入，他们起初被罗马政体所吸纳，后来又破坏和瓦解了罗马政体。他们在乡村建立了自己的领地，每块领地上都矗立着一个国王，国王周围是一批有权有势的贵族，他们共同构建了封建制度和基于封建制度形成的封建王国。

封建王国的基本特征①是：

第一，层层分封的等级制。从国王到大贵族，从小贵族到骑士，都以服军役为主要条件，将土地连同其行政司法权，依据效忠仪式和双边契约的形式层层分封。封君有保护、帮助和尊重封臣的人身、家庭和财产的义务，同时具有对封臣的继承、监护、婚姻的干预权。封臣对封君要效忠和服从，按规定服兵役和缴纳“帮助金”。这就形成了欧洲中世纪等级分明的、以领主—附庸关系为主导的封建国家形态。

第二，领主—附庸关系是一种互惠的契约关系。尽管存在着严格的等级结构，但是附庸具有一定的自主性。一方面，领主若是没有尽到保护责任或是侵犯附庸的权利，

① 孙关宏，等．政治学概论．上海：复旦大学出版社，2003：93.

附庸在原则上可以拒绝履行义务直至解除封建关系；另一方面，由于存在“我的附庸的附庸不是我的附庸”的原则，附庸相对于隔一层的领主而言是独立的，加之附庸可以同时是几个领主的附庸，这种错综复杂的分封导致附庸在领主侵权时有诉诸更强有力的领主的可能。这样，领主与附庸之间实际上形成了相互制约的关系。这种关系对后来西方社会法治观念和契约观念的形成都具有重要的影响。

第三，封建王国之间长期的争战使整个社会常年处于动乱之中。由于小国林立，没有统一的权威，或者统一的权威处于虚置状态，各个王国为了争夺王权或满足糜烂的宫廷生活的需要，不得不经常发动战争，掠取土地和财富。而且，由于在财政上和军事上都依赖于封臣的税收和赋役，大的领主不得不赋予其封臣较大的自主权，为了维持自身权力的稳定，大的领主往往在其封臣之间加以调唆，使其不断处于斗争状态，以收渔翁之利。所以，西欧的封建时期，战乱频仍，民不聊生。

资料 2.8

专制国家

在古代，欧洲之外所形成的国家形态大多是专制国家，尤以中国为典型。西欧只是在封建制解体向现代国家过渡的过程中存在过专制国家形态，其时间较短，大约持续了两个世纪的时间。中国的专制国家建立得早，持续时间也极长，从公元前221年秦始皇统一六国到清王朝解体，存在了两千多年。

中国的专制国家形态具有四大特征[①]：

第一，建立了中央集权制度。秦统一之后中国便取消了分封制度，代之以郡县制度，其中地方政权受中央政权统制，中央政府委派地方官员管辖地方事务，从而形成了金字塔式的国家权力结构。

第二，确立了绝对的君主专制统治。国家权力归君主私人所有，并通过世袭制来延续君主的家族统治。君主权力具有至高无上的绝对性，成为一切政治权力的权威源泉，国家的政令和法律均源于此。国家形态的权威结构是“家国同构”，即国家权威来自血缘宗法关系，在意识形态上尤为强调祖先崇拜和传统礼制。

第三，形成了严密而庞大的官僚机构。君主专制统治往往都依赖于官僚体系的运作，由后者执行和贯彻君主的意志，协助君主管理社会公共事务。

第四，公共领域完全覆盖私人领域。君主专制意味着“家天下”，在“普天之下，莫非王土；率土之滨，莫非王臣”的观念支配下，土地、人口等都归君主所有，民众只有占有权和使用权，因此不存在严格意义上的私人领域，国家权力覆盖了整个社会，形成了从上到下的“权力本位”政治文化。

① 孙关宏，等．政治学概论．上海：复旦大学出版社，2003：94.

超链接

秦始皇兵马俑博物馆：http：//www.bmy.com.cn
故宫博物院：http：//www.dpm.org.cn

（二）现代国家形态

现代国家形态就是民族国家，它最早出现于16世纪左右的欧洲。1648年的《威斯特伐利亚和约》是现代民族国家体系形成的标志性事件。现代国家的具体形态包括资本主义国家和社会主义国家，其中资本主义国家又可分为早期自由资本主义国家和晚期资本主义国家，而在第二次世界大战期间，资本主义国家更是发展出了极端的法西斯国家。

1. 资本主义国家

现代民族国家产生的深层次原因是资本主义生产方式的发展。随着资本主义商品经济的发展，资本的运动要求一个统一的市场，而封建割据却阻碍了统一市场的形成。加之专制君主需要摆脱教会控制，获得世俗的权力，于是君主与资本联合起来推动了欧洲国家形态的彻底变革。在中世纪晚期，教会在世俗事务中的力量也日益式微，国家政权掌握在世俗君主和行政官僚手中。君主不再将自己视为封建领主的代表，而是更高、更广泛的公共权力的所有者。君主大权独揽，不断强化国家的行政、军事、司法和税务机构。在君主专制政体建立以后，君主又与市民社会产生了冲突，在二者的长期冲突中，逐步产生了完整意义上的现代民族国家。此后，随着资本主义国家的对外侵略和殖民，这一国家形态逐步传播到了世界各地。

资本主义国家建立在资本主义生产方式和资产阶级占有生产资料的基础之上，是资产阶级剥削和压迫另一大社会阶级——无产阶级的工具。按历史顺序来看，资本主义国家又可分为早期自由资本主义国家和晚期资本主义国家。

早期自由资本主义国家建立在绝对主义（absolutism）国家的废墟之上。随着资产阶级革命逐步在欧洲各个国家和美国取得胜利，专制君主逐渐成为虚位君主，甚或被废除，在国家政权组织形式上，专制君主制逐渐成为历史的陈迹，取而代之的是以人民主权原则为基础的现代代议民主制。

早期自由资本主义国家的基本特点是：

第一，从法律上确定了公共领域和私人领域的界分。随着市场经济的发展，资产阶级市民社会逐渐取得了完整的财产所有权和独立的经济活动权，形成由自由平等的契约关系所调节的自发秩序。国家政权以宪法的形式规定和保护公民的基本权利，这些基本权利构成了对公共领域政治权力的限定。在观念上，自由资本主义奉行“私有财产神圣不可侵犯”以及“管得最少的国家是最好的国家”的原则。

第二，实行普选制度，公民权利得到了广泛普及。在法律上，自由资本主义国家取消了传统社会的等级制度，实行法律面前人人平等的原则。从最初实行有限制的自由选举到逐步取消选举权的财产、种族、教育背景、宗教等各项限制，选举制度的完善前后经历了 150 多年的时间，到两次世界大战后，自由资本主义国家完全确立了普选制度。同时，人人平等的原则已经深入人心，人权观念也得到了广泛承认，公民权利得到了较好的保障。

第三，建立分权制衡的政治制度。自由资本主义国家均以代议民主制为基础，建立了立法、行政、司法三权分立的制度。尽管由于制度传统和制度设计的原因，各国三权之间的关系并不完全一致，但自由资本主义国家都不同程度地形成了国家权力分立和制衡的格局。

第四，政党成为国家政治生活中的重要力量。作为国家政权与社会力量最为重要的联系机制，现代政党逐渐走向成熟。政党最初是议会斗争和选举的工具，随着现代国家的成熟和代议政治的完善，政党最终发展成为驾驭整个国家政权的政治力量。在自由资本主义国家中，各政党在议会选举或总统选举中展开竞争，角逐执政党的地位，以期实现执掌国家政权的目的。政党是培育、遴选政治领导人，整合社会利益进而操纵或影响政府政策的重要工具。此外，政党还是现代社会中实现政治社会化的重要途径，人们通过加入政党或参与政党的各种活动，实现政治参与，培养政治意识。

总的来说，自由资本主义国家的特点在私有制、代议制、普选制、分权制衡和政党制度等国家经济政治基本制度和原则中得到了集中体现。

晚期资本主义国家又称福利国家。晚期资本主义是相对应早期资本主义而言的，它表明资本主义已经发展到了成熟阶段。晚期资本主义国家发端于 1847 年后英国政府对贫困问题的关注，至 20 世纪 30 年代美国“罗斯福新政”时已经得到了一定程度的发展。1948 年英国工党政府首次宣布建成福利国家，到 20 世纪 70 年代，几乎所有西方资本主义国家基本上都演变成为福利国家这一资本主义国家的晚期形态。

晚期资本主义国家又被称为“福利国家”，其基本特点是：

第一，大面积的国家干预。早期资本主义国家中公共领域与私人领域的截然界分至此已经不复存在，公共领域的政治权力开始全面干预私人领域的事务，私人领域的个人幸福成为公共领域最为关心的问题。消极国家或最小政府的观念业已被放弃，积极国家或最大政府成为普遍的选择。国家政权以民众福利为其目标，国家几乎涉足了个人从摇篮到坟墓的所有私人事务。

第二，高度的行政集权。随着国家全面干预市场和社会，社会管理日益复杂化，政府职能日益泛化和细化，代议制政府内部的权力关系发生了根本性变革。三权分立和制衡的具体内容发生了重大变化，行政权力日益扩大而隐然有凌驾于其他政府权力之势，三权之间的关系从早期资本主义时代的议会至上逐渐变为高度的行政集权。这样，政府权力结构就从以议会为中心转变为以行政为中心，呈现出“行政集权民主制”的特征。[1]

第三，随着资本主义国家机制的高度完善和成熟，资本主义国家也在走向衰败。20世纪70年代后期，福利国家开始面临严重危机，福利国家所依赖的财政赤字政策和信贷膨胀政策，实际上造成了高财政赤字、高通货膨胀、高失业率和高利率同时并存的局面。福利国家的政府在日益膨胀的同时更被少数技术专家所操纵，社会力量对国家政权的大众化控制越来越弱。福利国家本身所固有的种种矛盾积累到一定程度，将使晚期资本主义国家面临严重的合法性和有效性危机。

资料 2.9

法西斯国家

法西斯国家是资本主义国家的一种变态形式，它直接导因于20世纪二三十年代的世界经济危机，其典型就是德、意、日三个法西斯国家。从比较研究的角度来说，法西斯国家与晚期资本主义国家都是为了不使现行经济形态全部毁灭，通过强化国家行政干预职能，实行行政集权和行政首脑专权，以求摆脱困境。但不同的是，后者仍然保留着代议民主制的一切设施，并仍按常规运转。前者则公开或事实上完全抛弃了代议民主制的普选、议会等一切民主政治机制。法西斯政权是资本主义越出常轨的表现，本质上是资本主义严重危机的产物。当时，面对经济危机，德、意、日三国一方面国内资源比较有限，另一方面又在国际市场上受到英、美等国的强大限制，因而几乎没有回旋余地，最终走上了对外疯狂扩张的不归路。

法西斯国家的共同特点是：第一，在事实上取消了议会和一切的公民权利制度；第二，法西斯党支配一切，实行极权统治；第三，行政首脑作为国家的独裁者，具有无限的权力，集立法、行政、司法、军事、外交等一切权力于一身；第四，整个政府就是一部进行强制性管制和血腥统治的军事官僚机器。在这些特点中，法西斯国家与一般资本主义国家的关键区别，就在于行政集权后的体制是否还保留着代议民主制的运行机制，法西斯一党极权、党魁个人独裁和对内血腥统治、对外疯狂扩张等特点，都因民主机制付之阙如而得以长期存在。

超链接

人民网“纪念中国人民抗战暨世界反法西斯战争胜利70周年”专栏：http：//politics. people. com. cn/GB/8198/395920/

---

① 曹沛霖，徐宗士．比较政府体制．上海：复旦大学出版社，1993：10.

资料 2.10

欧洲国家主权债务危机

欧洲国家主权债务危机是国家信用问题，即政府的资产负债表出现了问题。

2008 年 10 月，冰岛主权债务问题浮出水面，其后是中东欧国家，由于救助及时未酿成较大的国际金融动荡。2009 年 12 月，全球三大评级公司标普、穆迪和惠誉分别下调希腊的主权债务评级，此后欧洲多个国家也开始陷入危机，葡萄牙、意大利、爱尔兰、希腊、西班牙等国的信用评级被调低，经济下滑，债台高筑，整个欧洲面临严峻考验。

为了应对来势凶猛的主权债务危机，2010 年 5 月 10 日，欧盟 27 国财长被迫决定设立总额为 7 500 亿欧元的救助机制，帮助可能陷入债务危机的欧元区成员国，防止危机继续蔓延。尽管如此，还是难以彻底解决主权债务问题。

美国著名的经济史学家查尔斯·P. 金德尔伯格（Charles Kindleberger）在其名著《世界经济霸权 1500—1990》中曾意味深长地说，一个国家的经济最重要的就是要有"生产性"，历史上的经济霸权大多经历了从"生产性"到"非生产性"的转变，这就使得霸权国家有了生命周期性质，从而无法逃脱由盛到衰的宿命。实际上，这种"生产性"不仅是霸权国家盛衰的重要基础，也是一般国家经济繁荣与衰退的基础。

欧洲国家的主权债务危机有其历史、体制和自身的原因，但最根本的原因是这些国家的经济失去了"生产性"。在希腊发生的金融危机严重影响居民消费，导致经济下滑，货币高估使得出口始终较差，而没有灵活的货币政策，政府不得不依靠投资和消费拉动经济，赤字不断累积。赤字与出口下滑的恶性循环最终使得希腊的主权信用风险逐步积累，并在这次经济危机中完全暴露出来。

2. 社会主义国家

社会主义国家是现代社会出现的一种崭新的国家形态，也是一种处于摸索过程中的有待完善的国家形态。按照马克思主义经典作家的设想，社会主义阶段是资本主义社会走向共产主义社会过程中的过渡阶段，社会主义国家实行无产阶级专政，当无产阶级专政完成其消灭阶级等任务之后，社会主义国家将很快和国家本身一起走向消亡。然而，社会主义国家并没有像马克思、恩格斯所预料的那样，产生于发达资本主义国家的废墟之上，而是产生于社会经济发展相对落后的地区，首先出现于资本主义发展链条上的最薄弱环节。苏联、中国以及其他社会主义国家都没有经过一个发达的资本主义发展阶段，因而虽然无产阶级专政可以在社会主义国家内很快消灭阶级，但却无法超越生产力的发展阶段，促使社会主义社会很快走向物质生活资料极大丰富的共产主义社会。这就意味着社会主义国家将长期存在。

社会主义国家的基本特点主要是：

第一，社会主义国家实行无产阶级专政，国家仍然具有相当强的作用。资本主义国家形态是在封建制国家解体、市民阶层上升的条件下形成的，故形成了公共领域与私人领域的分离。而社会主义国家由于建国后都面临着变革既有社会经济结构的任务，面临着消灭阶级和发展社会生产力的伟大使命，因此在很大程度上强化了国家政权的作用。

第二，社会主义国家在经济上实行生产资料公有制，在政治上坚持人民民主的原则。生产资料公有制是社会主义国家的经济基础，公有制意味着社会资源归社会全体成员所有。相应地，社会主义国家的政治权力来源于人民，其政权组织形式是通过自下而上层层委托的方式建立起来的，必须保证人民主权原则的真正实现。

第三，社会主义国家一般都实行一党领导制或一党领导的多党合作制，无产阶级政党是社会主义国家的执政党。无产阶级政党的执政地位是由其代表最广大人民利益的性质所决定的，只有坚持无产阶级政党的执政地位，才能确保人民民主的真正实现。

第四，社会主义国家建设是一项需要不断探索的伟大事业。20 世纪 80 年代末 90 年代初，全球社会主义事业遭遇了非常严重的挫折，面对苏东解体的严重局势，中国坚持改革开放，坚持以经济建设为中心，坚持走有自身特色的社会主义建设道路，为社会主义国家建设这项伟大事业提供了有益的经验。在经济上，中国选择了发展社会主义市场经济的道路，随着市场经济的发展，形成了以公有制为主体的混合多元的社会经济结构，在国家与社会以及政府与市场的关系上，逐渐从政府垄断社会资源转变为政府以宏观调控方式管理社会经济。在国家治理方式上，中国选择了依法治国的战略，不断健全社会主义法律体系和政治制度，扩大了公民参与，强化了公民监督。在国家的领导力量方面，中国共产党日益重视党内民主建设，重视加强执政能力建设，巩固和加强了党的执政地位。

超链接

越南共产党电子报：http：//www. dangcongsan. vn/chinese

第三节　国家的本质与职能

马克思主义政治学与西方政治学的关键区别就在于对国家本质问题的研究。西方政治学抛开国家的本质属性，即阶级性质来研究国家的起源、政体及其他属性，来揭示国家产生和存在的根本原因。

一、国家的本质

从词源学意义以及构成要素方面来探讨国家，仅仅是对国家现象的描述，它并没有揭示国家的本质。因而，要进一步认识国家这一政治现象，就必须深入认识国家的本质。揭示国家的本质，才能回答“人类为什么要建立国家”的问题。

从思想史上看，最初对国家本质的探讨往往将国家的本性与人的本性或理想的国家联系在一起。柏拉图指出，城邦的本性乃是正义，正义就是根据每个人的特质承担不同的任务，从而组成一个共同体。亚里士多德则称“人是天生的城邦动物”，而城邦生活就是最高的善，人们组成城邦就是为了追求最高的善。中世纪基督教神学家奥古斯丁将国家政权视为“世俗之城”，认为世俗世界中无善可言，人们只有在宗教社会的“上帝之城”中才能获得拯救。近代以来，西方思想家逐步将个人的善与国家的运作区分开来，把国家看成是人们为了实现个人的利益而实现的某种联合；国家本身没有自己的善的目标，国家甚至是一种“必要的恶”。资产阶级启蒙思想家的社会契约论集中反映了这种思想。在中国传统政治文化中，国是家的放大。专制统治者认为，国家是实现统治者个人及其家族利益的工具，“打天下者坐天下”；而儒家学者则认为，国家是通过施行教化达成伦理生活的共同体，等等。

马克思主义对国家本质的理解不是从抽象的人性或者理想的国家出发，而是根据历史唯物主义的基本原理认为，国家是一种政治上层建筑，它的本质必须到其经济基础中去寻找。在阶级社会中，人们基于社会经济生活中的不同地位而分属于不同的阶级，国家反映的正是阶级之间的统治和被统治关系；国家的权力不过是阶级统治权力的具体落实。因此，国家的本质是阶级统治，国家是实行阶级统治的政治组织，是为统治阶级服务的，是阶级统治的工具。列宁指出：“国家是一个阶级压迫另一个阶级的机器，是迫使一切从属的阶级服从于一个阶级的机器。”①

对于马克思主义关于国家本质的这一基本原理，可以从以下四个方面来理解：

第一，国家的产生是基于统治阶级的意志。马克思主义认为，国家的产生并不像契约论者杜撰的那样，是基于全体人民的同意，而恰恰是发端于当时社会上最强大、占有最多财富的那个阶级的意志。建立国家，是为了把社会冲突控制在一定范围内，无非是把对统治者有利的社会秩序固定下来而已。在那样的情况下所建立起来的国家，是统治者的统治工具，对被统治者而言，则是一种强制和压迫的力量。国家从它产生的那天起，就不可避免地打上了阶级统治的烙印。国家的发明者是统治阶级。

第二，国家政权始终掌握在统治阶级手中。国家是适应统治阶级的需要，依照统治阶级的意志建立起来的。那么，在国家建立以后，统治阶级就要牢牢掌握住政权。恩格

① 列宁．列宁选集：第 4 卷．3 版．北京：人民出版社，1995：33.

斯指出，由于国家是从控制阶级对立的需要中产生的，同时又是在这些阶级的冲突中产生的，所以，它照例是最强大的、在经济上占统治地位的阶级的国家，这个阶级借助于国家而在政治上也成为占统治地位的阶级，因而获得了镇压和剥削被压迫阶级的新手段。因此，古代的国家首先是奴隶主用来镇压奴隶的国家，封建国家是贵族用来镇压农奴和依附农的机关，现代的代议制的国家是资本剥削雇佣劳动的工具。

第三，国家权力始终是用来为统治阶级的利益服务的。马克思主义认为，统治阶级之所以要把国家政权掌握在自己手中，归根结底是要利用这个政权来为本阶级的利益服务。因而，国家的目的并非像统治阶级所声称的那样，是为了公共的善或为了全体人的幸福。国家在改变其阶级剥削和压迫的性质之前，始终是为少数人谋私利的工具。恩格斯揭露剥削阶级国家的性质时指出："在历史上的大多数国家中，公民的权利是按照财产状况分级规定的，这直接地宣告国家是有产阶级用来防御无产阶级的组织。在按照财产状况划分阶级的雅典和罗马，就已经是这样。在中世纪的封建国家中，也是这样，在那里，政治的权力地位是按照地产来排列的。"① 在资本主义国家里，"已经不再正式讲什么财产差别了。在这种国家中，财富是间接地但也是更可靠地运用它的权力的。其形式一方面是直接收买官吏（美国是这方面的典型例子），另一方面是政府和交易所结成联盟"②。

第四，国家是有组织的暴力。国家的阶级统治本质最集中地体现在国家的暴力特征上。国家的阶级统治要依靠暴力或者以暴力为后盾来实现，国家就是对一定范围内合法使用暴力的垄断。国家权力具有高度的强制性，它的权力的行使是以暴力强制为基础的，所以任何国家都具有军队、警察、法庭、监狱等暴力机关。列宁把国家称为特殊的武装队伍，是一种特殊的暴力机器。系统地使用暴力和强迫人们服从暴力的特殊机构就叫作国家。国家的暴力本性在对各种反抗力量进行压迫时体现得最鲜明。如中国古代的专制统治者就曾使用极其野蛮的刑罚镇压农民的反抗，仅死刑就有车裂、破腹、枭首、腰斩、抽筋、肢解、镬烹等十几种之多。欧洲在法国大革命前夕，也普遍存在各种酷刑，如绞死、溺死、分尸、挖心肝、暴尸街头示众等刑罚。现代国家大多废除了这些酷刑，但是日益庞大的军队、人满为患的监狱、连绵不断的战火、日益严密的监控措施等，处处都显示了国家的暴力特征。

二、国家的相对自主性

国家是统治阶级的统治工具，但是，国家一旦产生就具有一定的自主性，即国家在实质上脱离社会而相对独立，在形式上脱离阶级冲突而相对独立。这种实质上的自主性与形式上的自主性一般情况下是共生的。就是说，国家作为统治机器越是脱离社会公共

①② 马克思，恩格斯．马克思恩格斯选集：第4卷．2版．北京：人民出版社，1995：173.

利益，它就越是倾向于从属于某一特定阶级；相反，国家越是试图接近社会公共利益，它就越是独立于社会上的各个阶级。我们这里所谈国家的相对自主性，即国家在形式上脱离阶级冲突而作为整个社会利益的代表的属性。国家在形式上的自主性对于全面理解国家的本质是很重要的。因为国家相对自主性及其发展使国家表现为一种超越社会各阶级甚至统治阶级的形象，很容易掩盖国家的本质。

国家是从社会中产生的，国家必须体现社会存在与发展的各种要求，它是以维护社会公共利益的名义而萌芽的。仅此而言，国家是没有力量与社会相脱离的；相反，它应在社会之中，成为社会保持自身的存在和发展的工具。同时，国家作为统治阶级政治统治的工具，也是不能脱离统治阶级的控制的。

那么，国家的相对自主性是怎么产生的呢？马克思主义经典作家主要分析了产生国家相对自主性的两种情况：

第一，国家处于某种危机状态时会表现出很强的自主性。作为从社会分化出来的管理机构，国家必须执行管理社会的职能，维护社会的某些共同利益，免遭内部和外部的侵犯。因此，当国家处于危机状态时，尤其是处于外部侵犯所造成的危机状态时，任何统治阶级都会将国家上升为整个社会的代表，以国家利益的名义来指导和组织社会各阶级的力量，维护国家这一共同体。当然，这种努力的最根本目的还是维护统治阶级的统治和利益。因为，阶级的统治是以这种国家形式的存在为前提的。

第二，国内各阶级的斗争处于势均力敌的状态时，国家也会表现出较强的自主性。任何国家都是统治阶级的国家，当统治阶级和被统治阶级之间的斗争，或统治阶级内部各派别的斗争处于势均力敌的状态时，掌权的阶级或某一派别就往往努力使国家权力成为表面上的调停人，独立于各阶级或各派别之外，从而使阶级或派别的冲突得到缓和。

资料 2.11

国家相对自主性的实例

第一次世界大战期间，资产阶级就曾利用“民族”观念和“保卫祖国”的口号来调动和组织社会各阶级，包括与之对立的无产阶级，支持维护国家安全和国家利益的“正义”战争。此时，国家完全成了全社会的象征，成了全社会各阶级都应极力维护的象征。第一次世界大战的爆发，使得各个国家的工人阶级分别参加了本国军队的对外战争，这直接导致了“第二国际”的破产。被统治阶级参加统治阶级的对外战争，这种情形在历史上也得到了无数正反事实的证实。在中国的春秋战国时期以及古代希腊和罗马时期，统治者在共同体面临被外敌毁灭的危险时刻，往往释放关押在牢狱中的罪犯充军，击退来犯之敌。而 1937 年“卢沟桥事变”之后形成的国共合作局面及中国人民抗日民族统一战线更是说明了这一点。

希腊学者波朗查斯根据马克思主义关于资本主义国家是“集体资本家”“管理资产

阶级共同事务的委员会”的基本原理，进一步论述了国家相对自主性的一般规律。他认为，国家是维护统治阶级根本政治利益而不是一般经济利益的，所以，国家可能在一定时期与统治阶级个别成员的经济利益产生冲突，在特殊时期甚至会与整个统治阶级的经济利益产生冲突。国家相对自主性是实现统治阶级根本利益和长远利益的表现，因而构成了一条具有普遍意义的规律。阶级差别与阶级对立既是国家产生与存在的核心前提，同时又是促使国家与社会相脱离的关键因素。这里的逻辑是，首先，随着社会的分化发展，在原始氏族社会公共利益之外产生了与社会公共利益相对立的私人利益，正是由于这些私人利益的发展壮大才产生了私人利益与社会公共利益的冲突，这些私人利益为了保护自己的特权建立了各种保护机构，以镇压反对者。但是，如果不把冲突控制在一定的秩序范围内，这些私人利益仍然不能得到实现，因而这些新产生的私人利益就把自己打扮成社会公共利益，以第三者的名义来治理社会。显然，前一个公共利益是真实的社会共同利益，后一个公共利益是一部分人的私人利益的共同利益。这两个公共利益既有差别，也有一定的重叠，它们一起促成了国家的相对自主性特征。

对于国家的相对自主性，我们可以从以下三个方面来理解：

第一，国家是代表整个统治阶级来实行阶级统治的。马克思、恩格斯在《共产党宣言》中称资产阶级的国家“不过是管理整个资产阶级的共同事务的委员会罢了”，也就是说，国家是统治阶级的共同意志和利益的体现。因此，代表整个统治阶级的国家有可能与统治阶级的个别成员存在冲突，在一定的特殊时期甚至可能与整个阶级的经济利益产生冲突，从而使国家具有相对自主性。相对自主性表明国家代表的是统治阶级的根本政治利益，而不是统治阶级的个别成员的利益以及一般的经济利益。因而当统治阶级队伍中的个别人犯了罪，危害了统治阶级的整个秩序，也要受到法律惩处。另外，即使统治者在主观上把国家看成自身或其所属家族的私有财产，但国家的本质规定性，即国家乃是整个统治阶级的统治工具，却不会就此而更改，因而任何一个政权要实现稳定的统治，都必须代表一定阶级的整体利益。

第二，在形式上，国家是以第三种力量的面目出现来实施阶级统治的。在统治阶级和被统治阶级的对立中，国家是以第三种力量，即以整个社会的代表的面目出现的，这样它才能取得统治阶级和被统治阶级这两大力量的共同认可。如果公开站在统治阶级一边，国家就无法取得被统治阶级的认可，从而就会加大统治成本，难以实施有效的阶级统治。马克思主义认为，国家是阶级矛盾不可调和的产物，即在社会对立阶级之间的利益冲突已经无法通过社会经济结构内部的机能实现自我解决时，为了维护既有的社会经济结构，使之不至于在冲突中被摧毁，便产生了国家这种介于对立阶级之间的力量，它以公共利益的名义行使一定的权力，以图缓和阶级冲突，重新实现政治秩序。国家政权以其相对自主性维持了国家作为政治共同体的外观，这主要表现在国家的法律对于全体公民普遍适用，国家权力的行使往往须经由公共权威机构的官僚。正因为国家表面上是以第三种力量的面目出现的，所以有人将国家看作社会的代表，是社会的公证人。这就很容易掩盖国家的本质，即国家是统治阶级利益的代表。

第三，国家利益不仅在形式上，而且在一定程度实质上也具有社会公共利益的性质。在明确国家的阶级本质时，不能片面否认统治阶级与被统治阶级的利益也会有一致的一面。从辩证法来说，任何对立面都有其统一性的一面，国家本身的存在就表明相互冲突的阶级之间具有一定的共同利益。首先，任何统治阶级为了自己和整个国家的生存，必须履行一定的社会公共职能，例如，维护正常的社会秩序等；其次，统治阶级与被统治阶级在某些根本性的问题上以及在某些特定的情况下可能有一致的利益，如发展经济、繁荣科技、普及教育等；再次，某些被统治阶级的利益与统治阶级的眼前利益是对立的，但从长远看，实际上并未对立，如义务教育、卫生保障、良好的社会风俗、繁荣的文化艺术等；最后，国内阶级斗争的激化及阶级力量的消长常常促使统治阶级不得不作出种种让步，以满足被统治阶级的利益，如福利国家的发展就与第二次世界大战后的冷战格局以及西方资本主义国家的工人运动分不开。当然，国家利益具有公共利益的性质与国家的阶级统治本质并不矛盾。实际上，任何对立面都必须在一定的统一的共同体中才是现实的，政治现象也是如此。①

必须承认，由于管理现代化大生产的需要，更由于推行以普选制度为主要内容的民主政治，现代国家的相对自主性得到了空前的发展。这种国家自主性的发展，对于舒缓国家的压迫强度是有意义的。从长远看，现代国家自主性的发展为公共事务的管理职能回归社会，以至为国家的最终消亡创造了条件。

三、国家的职能

马克思主义认为，国家的职能是国家本质的内在要求和具体表现，是国家在实施阶级统治过程中所具有的职责和功能。国家职能与政府职能是既有联系又有区别的一对概念。政府职能是国家职能的基本内容和主要表现，但国家职能不等于政府职能，二者的侧重点和内涵是不一样的。政府职能反映的是政府这一公共管理机构与公民之间的关系，侧重国家的公共管理活动；而国家职能指的是整个国家机器对社会的作用，它不仅指政府的管理活动，还包括与国家机器相联系的市民社会的作用，侧重国家的整个阶级统治活动。马克思主义政治学侧重研究国家职能，而西方政治学则仅从政府职能角度进行研究。

（一）国家的政治统治职能与社会管理职能

从国家的本质来看，国家的基本职能包括政治统治的职能和社会管理的职能。

1. 政治统治职能

国家最根本、最重要的职能是政治统治的职能。作为阶级统治的机器，国家的核心

① 俞可平．权利政治与公益政治——当代西方政治哲学评析．北京：中国社会科学文献出版社，2000：132－133.

任务是维护和实现阶级统治。完成这一任务的一个重要途径是对被统治阶级实施残酷的镇压。因此，政治统治的职能又被称为镇压职能。列宁则把剥削阶级国家的这方面职能形象地称为“刽子手职能”。随着阶级社会的发展，国家的社会管理职能将逐步扩大，但是，这并不意味着否定或削弱国家的政治统治职能。国家社会管理职能的扩大，是社会发展的必然要求。在国家社会管理职能扩大的情况下，国家的政治统治职能不会被削弱，但其实现方式将在一定程度上发生变化，即由原先比较单一的阶级镇压方式，转化为阶级镇压与社会管理相结合的方式。这种转化是由国家的本质决定的。国家是阶级统治的工具，因而无论执行政治统治职能，还是执行社会管理职能，其最终目的都必然是服务于统治阶级的利益。在社会主义国家，政治统治职能将随着社会的发展、阶级差别的消失和阶级斗争范围的缩小而逐渐缩小其作用范围，但在发展社会生产力的要求下，社会管理职能则将深入到越来越多的领域。

2. 社会管理职能

国家是从社会分化出来的公共管理机构，因而任何国家都必然具有社会管理职能。国家是阶级矛盾不可调和的产物，国家的“发明”，在很大程度上是为了协调社会各阶级的关系。同时，在社会分裂为阶级之后，社会公共事务并不会因此而减少或消失，相反，随着生产的发展、社会交往的扩大，社会公共事务的内容和形式只会日益丰富、日益复杂。因此，被“发明”出来的国家在协调社会阶级之间的关系时，也必然要承担起管理社会公共事务的职能。在资本主义社会以前的各阶级社会中，国家所承担的社会管理职能是比较有限的，这与这些社会的生产发展水平不高和生产与生活方式简单有关。但到了近代，资本主义兴起后，随着大工业生产的发展，新兴城市不断涌现，加之民主政治的推行使得国家需要不断对社会的需要作出及时的反应，资本主义国家的社会管理的范围、深度和方式与前资本主义国家的社会管理相比，有了很大发展。到了这时，“资本主义社会的正式代表——国家终究不得不承担起对生产的领导。这种转化为国家财产的必然性首先表现在大规模的交通机构，如邮政、电报和铁路方面”①。在 1848 年欧洲革命后，由于民主价值深入人心，成为社会潮流，国家对社会的管理也一下子得到了极度扩张。“在这里，国家管制、控制、指挥、监视和监护着市民社会——从它那些最广大的生活表现起，直到最微不足道的行动止，从它的最一般的生存形式起，直到个人的私生活止”②。

总之，国家自从产生时起就同时具有政治统治职能和社会管理职能。统治阶级的利益既要通过政治统治职能来实现，也要通过社会管理职能来实现。国家的政治统治职能和社会管理职能是相互依存、密不可分的。一方面，社会管理职能是政治统治职能的基础。这正如恩格斯所说：“政治统治到处都是以执行某种社会职能为基础，而且政治统

① 马克思，恩格斯．马克思恩格斯选集：第 3 卷．2 版．北京：人民出版社，1995：752.

② 同①624.

治只有在它执行了它的这种社会职能时才能持续下去。”① 国家只有通过社会管理职能处理好各种社会公共事务，缓和阶级冲突，才能保证自己的政治统治。另一方面，政治统治职能又是国家的社会管理职能的前提，国家只有有效地镇压敌对阶级的反抗，才能保持社会秩序的稳定，从而才能有效地完成社会管理职能。同时，政治统治职能对于社会管理职能具有优先性，社会管理职能本质上是服务于政治统治职能的，当二者发生尖锐冲突时，统治者就会毫不犹豫地优先考虑政治统治职能的实现。

资料 2.12

政治统治必须执行其社会职能：马克思的论证

马克思在《不列颠在印度的统治》一文中分析道，在亚洲，从很古的时候起，一般说来只有三个政府部门：财政部门，或称为对内进行掠夺的部门；军事部门，或称为对外进行掠夺的部门；公共工程部门。气候和土地条件，使利用渠道和水利工程的人工灌溉设施成了东方农业的基础。但由于文明程度太低，幅员太大，东方社会不能在这个问题上像西方社会那样，产生自愿的联合，所以就迫切需要集权的政府来干预。因此，亚洲的一切政府都不能不执行一种经济职能，即举办公共工程职能。但是，不列颠人在东印度从他们前人那里接收了财政部门和军事部门，却完全忽略了公共工程部门。结果，不能按照不列颠的自由竞争原则——听之任之——来发展的农业便衰落下来了。经常发生的饥荒，才使他们最后发现，他们忽视了唯一能使他们在印度的统治至少获得同他们前人的统治具有同等法律效率的那种行动。恩格斯由此得出结论认为，政治统治只有在它执行了它的这种社会职能时才能继续下去。

值得注意的是，在对现代资产阶级国家的研究中，有人认为，由于其管理社会公共事务的职能日益扩大，现代西方国家的阶级统治本质已经改变，成为“全民国家”了。其实，不管现代资产阶级国家所行使的社会管理职能怎样扩大，管理得怎样完善，它的“资本家的国家”这个阶级属性也是不会改变的。国家为管理公共事务而采取的行动，并不仅仅是为了解决社会问题。它更是垄断资产阶级运用国家机器调节经济、解救危机的重要手段，其目的在于把阶级冲突限制在“秩序”范围之内，以维护其赖以生存的资本剥削制度。资本主义国家加强社会管理职能，不过是运用国家的力量把 19 世纪的野蛮的剥削方式变成具有现代特点的文明剥削罢了。另外，在现代发达的资本主义国家中，还有一些由于高度现代化生产而带来的所谓纯社会性的公共事务，如治理污染、保护环境、管理自然资源、保护生态平衡等。尽管这类公共事务是社会上各阶级都希望政府管理的，但是，资本家的政府却仍是本着自身的利益而采取的行动。这一点，可以从现代资产阶级国家行使社会管理职能的实际情况中看出来。事实表明，西方国家的议会

① 马克思，恩格斯．马克思恩格斯选集：第 3 卷．2 版．北京：人民出版社，1995：523.

和政府可以为治理影响整个社会的环境污染、保护自然环境和生态平衡（包括短期的和长期的计划）成万成亿地拨款，但却不会因为下层劳动人民居住在环境恶劣的贫民窟中而拨付微不足道的款项，致使底层民众的生活环境长期得不到改善。西方国家的政府和议会之所以厚此薄彼，其原因正在于影响整个社会的环境污染和生态失衡是关系到统治阶级自身利益的问题，人民大众不过是从中分享到所谓"普遍利益"而已。联想到发达资本主义国家的政府鼓励或默认跨国公司把污染严重的工厂迁往第三世界国家的种种措施，那就更加容易理解以上的道理。资本主义国家治理环境污染的行动，从本质上说只是为了资本家阶级自身的利益，不影响资本家阶级利益的环境污染，资本主义国家就会置若罔闻。

（二）国家的内部职能与外部职能

任何国家的活动除了在国内表现为政治统治职能与社会管理职能外，还表现为对内对外两种基本职能的划分。外部职能的主要任务是防御外来侵略，保卫国家安全，以及参与国际社会的管理。也就是说，国家的外部职能也是与内部职能相对应的，具有政治职能和社会管理职能两个方面。

1. 内部职能与外部职能的关系

当今世界，随着全球化的发展，国家的内部职能与外部职能的界限逐渐模糊，对于美国这类高度全球化的国家来说，国家的内部职能与外部职能往往有着大量的重合之处。因此，在全球化日益发展的时代，重视国家外部职能的研究具有重要现实意义。在今天，在具体的国家活动中，国家的内部职能与外部职能是密切联系在一起的。一方面，只有加强内部职能，不断增强自己的政治、经济和军事实力，才能顺利实现国家的外部职能；另一方面，对外职能的实现，如成功的外交活动与和平谈判，主动参与国际事务的管理，对国内政治、经济、社会的发展以及政权的巩固都起着重要的作用。

当然，对于国家活动来说，尤其对于阶级统治来说，内部职能与外部职能相比，内部职能是主要的。因为，任何国家的统治阶级如果不首先巩固自己在国内的统治地位，不首先推动国内的经济与社会发展，就没有足够的社会政治条件和物质力量来保卫国家、进行对外交往以及参与国际事务的管理。因此，国家的内部职能在国家活动中起主导作用。但是，另一方面，也应看到，随着全球化的发展，国家的外部职能对内部职能的影响越来越深入和巨大，而且在一定历史条件下，如战争时期，外部职能可能上升为主要职能。在战争这样的特定时刻，外部职能执行的情况如何，不仅影响国际社会，而且影响到国内政权的巩固和社会发展。如果说在一般时期，内部职能的执行是外部职能执行的主要决定因素，那么，在战争这样的特定时期，外部职能的执行将是内部职能执行的主要决定因素。

2. 内部职能与外部职能的本质

国家是阶级统治的工具，所以，国家的外部职能和内部职能一样，具有很强的阶级性。不同阶级国家的外部职能的性质和内容是不同的。马克思主义认为，剥削阶级的本性决定了剥削阶级国家的外部职能具有侵略性和扩张性。剥削阶级国家的内部职能建立在私有制和阶级剥削的基础上，因而具有压迫性和剥削性。上述侵略性和扩张性正与这种压迫性和剥削性相对应。这种相对应性主要体现在两个方面：

（1）国内的阶级压迫和剥削，最终将发展为对外的侵略和扩张。这是由统治阶级实施阶级压迫和剥削的经济动机所决定的。这在资本主义国家的殖民制度上体现得尤为明显。根据世界体系论的观点，世界范围内的民族剥削制度只不过是西方发达国家集体扮演了剥削者，而第三世界国家集体承担了被剥削者的身份而已。马克思和恩格斯指出：现存的所有制关系是造成一些民族剥削另一些民族的原因。这就是说，民族剥削的根源是阶级剥削。

（2）为了巩固内部的阶级统治，而采取对外侵略和扩张。这是由阶级压迫和剥削的政治动机决定的。恩格斯在分析俄国沙皇政府的对外政策时指出，为了在国内实行专制统治，沙皇政府在国外应该是绝对不可战胜的；它必须不断地赢得胜利，也应该善于用沙文主义的胜利狂想，用征服越来越多的地方来奖赏自己臣民的无条件的忠顺。列宁在分析俄国对中国的战争时也指出：“凡是只靠刺刀才能维持的政府，凡是不得不经常压制或遏止人民愤怒的政府，都早就懂得一个真理：人民的不满是无法消除的，必须设法把这种对政府的不满转移到别人身上去。”① 实际上，几乎所有的剥削阶级统治者都经常在国内出现政治危机的时刻，通过制造一个外部的敌人，以达到转移国内不满的目的。毕竟，内部的凝聚往往可以通过树立一个外在于自身的对立面而确立起来。

资料 2.13

国家在资本原始积累中的作用

在以地理大发现为起点、以圈地运动与海外掠夺为基本内容的资本原始积累过程中，国家的作用耐人寻味。无论是更早一些的葡萄牙人航海活动，还是迪亚士、达·迦马、哥伦布和麦哲伦的地理大发现，都是在葡、西王室的支持下进行与完成的。在随之而来的海外殖民掠夺与对外贸易过程中，国家更是起了主导作用。以下就是原始积累运动中英国政府的基本表现。

从 1553 年到 1680 年，英国政府特许成立了 49 个具有贸易垄断权的商业特许公司。这些贸易特许公司不仅成为对外贸易迅速发展的主要工具，而且也成为对外殖民掠夺的急先锋和基本组织形式。如通过战争，东印度公司在印度“由一个商业强权变成了一个军事的和拥有领土的强权”。

---

① 列宁．列宁选集：第 1 卷．3 版．北京：人民出版社，1995：281.

英国还积极保护和支持“海盗”行为。在这种庇护和支持下，据估计，“仅在伊丽莎白女王统治时期，英国海盗掠夺的赃物价值高达 1 200 万英镑”。英国通过一系列海上战争建立了海上霸权，为资本积累与扩张准备了外部前提条件。正是在国家的积极推动下，奴隶贸易大大发展。1713 年《乌特勒支条约》签订后，英国开始垄断奴隶贸易。

四、现代西方国家的国家职能变迁

（一）社会职能的分化与发展

1. 分化产生经济职能

在自由资本主义时期，政府的职能主要是以“法律和秩序”保护资产阶级的私有财产，为维护资本主义的自由竞争创造“外部”条件。进入垄断资本主义时期以后，由于国家与私人垄断资本的结合，政府的社会职能，特别是其中的经济管理职能明显地扩大，政府的经济管理职能从社会职能中分化出来的趋势更加明显和突出。政府的经济管理职能明显突出的新情况，使经济管理职能具有相对独立的意义，成为政府权力容量扩大的重要标志。

第二次世界大战以后，西方国家政府加大了对经济事务的干预力度，政府的经济管理职能大大地加强了，这主要表现在政府直接控制、管理、计划、调节资本主义再生产的过程。政府除了运用立法、行政、司法权力和政策手段之外，还凭借国家占有的垄断资本与私人资本结合起来的力量，推动或抑制资本的社会运动。这样政府不得不作为总资本家直接参加资本的社会运动，在生产方式内部执行新的经济管理职能，进行生产关系的调节。这是因为国家垄断资本主义的发展，导致了资本主义矛盾的进一步尖锐化，资本主义政府再也不能像以往那样仅仅提供外部条件了，政府从幕后走到了台前。

2. 一般的社会职能进一步扩大

随着政府经济职能的扩大与分化，当代西方国家政府的社会职能已不完全是原来意义上的社会职能，因为原有的社会职能是包含了经济职能的。但是，经分化后的社会职能并未因此而缩小，反而更加扩大了。其原因在于，社会现代化的发展、城市的迅速崛起、新科学技术的应用和产业结构的调整等因素，造成了生产和劳动力的相对过剩，这就使得资本主义社会的固有危机日趋尖锐化，其集中表现就是当代西方国家中以失业为中心的一系列社会问题日益严重和复杂化。显然，要缓和社会矛盾，解决急需克服的社会问题，资本主义国家的社会管理职能只会进一步扩大。进一步说，政府的社会职能和政府的经济职能是并行不悖的，社会职能同经济职能相辅相成，共同保证资本主义的扩大再生产和劳动力再生产。社会职能还辅助政治职能，为资产阶级创造着“安定的社会条件”。当前，西方国家的社会职能主要体现在大量社会公共事务上，如公共教育、消防、交通管制、医疗、社会保险、贫困救济等。

3. 分化产生生态与环境保护职能

在资本主义发展的过程中，一种特殊的社会管理职能从原有意义上的社会职能中分化出来。这种特殊的社会管理职能就是生态与环境保护的职能。它的出现主要是因为资本主义国家在迈向现代化的过程中，出现了诸如环境污染、生态失衡等问题。为解决在现实生活中出现的人与自然的关系问题，避免人和社会在与自然的冲突中无谓地牺牲，政府相应地采取一些管制政策，并成立了相关机构来专门承担解决这些问题的重任，结果政府的生态与环境保护职能便产生了。

当代西方国家社会职能的扩大和分化，呈现出一种内在的发展逻辑。首先，经济职能的扩大和强化，为国家的政治统治提供了强大的物质基础；其次，社会职能的扩大和分化，一方面体现在社会保障制度的建立和发展，调节了资本主义社会中人与人的关系，为缓和资本主义社会的固有矛盾发挥了巨大的作用，另一方面体现在科学、教育和文化等事业的发展，能有效地提高人本身的素质，从而为资本主义社会的发展提供源源不断的高素质的劳动力，社会职能的这种扩大和分化，能够确保资本主义国家的“长治久安”；最后，特殊的社会管理职能的扩大和强化，是为了解决在社会发展过程中出现的人与自然的紧张关系问题，其根本目的也是为了确保资产阶级赖以生存的自然环境不至于在人们的短视中被彻底地毁灭。国家的经济职能、社会职能、生态与环保职能实质上是三位一体的，在当代资本主义国家中，它们共同构成政治统治的基石。

（二）政治统治职能的强化

应该看到，在现代资产阶级国家机器的发展过程中，发展最快、最完善、最现代化的主要还是暴力机关。例如，在英国文官队伍中，1978 年的科学技术类人员比 1968 年增加了一倍，但其中 60%是受雇于国防部的。列宁早就指出，一切剥削阶级的国家，为了巩固政权，它的强制机关总是把“同每个时代的技术水平相适应的暴力机构把持在自己手中”①，同时他还认为，国家作为强制机构，“不管这种加之于人的暴力表现为原始时代的棍棒，或是奴隶制时代较为完善的武器，或是中世纪出现的火器，或是完全利用现代技术最新成果造成的、堪称 20 世纪技术奇迹的现代化武器，反正都是一样”②。国家的镇压机关和管理机关，无论其专门化和技术化的程度如何，总是一个阶级压迫另一个阶级的工具。专门化和技术化水平的提高，只能意味着国家政治统治职能的强化。

---

①② 列宁．列宁选集：第 4 卷．3 版．北京：人民出版社，1995：31.

资料 2.14

美国二战以来海外军事扩张及其重组

当今，美国的军事部署是全球性而非内部性的。据不完全统计，截至目前，美国在世界70多个国家维持着约800个军事基地及军事设施，与数十个国家维持着军事同盟关系，并在超过150个国家有军事力量存在。以美国国防部公布的官方数据来看，截至2016年年底，约有23.98万的美国空军、海军陆战队等各兵种军人及国民警卫队、预备役等军事人员长年驻扎在海外基地或者在世界各个角落执行任务。

美国将包含本土在内的全世界（包括南北极在内）划分为六大战区，即本土的北美战区（NORTHCOM），以及海外的中央司令部（CENTCOM）、太平洋司令部（PACOM）、非洲司令部（AFRICOM）、欧洲司令部（EUCOM）、南方司令部（SOUTHCOM）。这种全球性的军事部署使得美国更像是“世界警察”，而非一个捍卫美国国民安全和利益的现代民族国家。

美国的这种全球性军事部署的战略收益也显而易见：首先，在关键时期，美国各个海外战区的军队会直接参与本战区的军事行动。其次，威慑及安全保障。一方面，数以百计的海外军事基地能够直接威慑潜在的敌国；另一方面，美国海外军事基地的存在还能体现其履行对盟友安全承诺的决心，能够给其盟友以信心。最后，在和平时期，美国常驻海外军事人员还能与其他国家开展军事演习、军事训练、反恐等安全合作，也能与相关国家开展海上救援等非军事性合作。

美国的人均军费开支也远超其他主要军费开支大国。根据斯德哥尔摩国际和平研究所的数据，2015年，美国人均军费开支大约1 854.4美元。而与之对应，英国、韩国、德国的人均军费开支则仅为854美元、719.65美元、482.25美元。同年度的俄罗斯以及中国的人均军费开支更是低至454美元和156.21美元。

资料来源：澎湃新闻网，2017-03-15.

随着阶级矛盾日益尖锐，国家需要强大的暴力机关来行使其镇压职能，这就是军事官僚机构为什么在国家机器中首先得到加强的重要原因。虽然各个资本主义国家的军事官僚机关形成和发展的历史不尽相同，但是进入垄断资本主义时期，所有帝国主义国家的“国家机器”都空前庞大起来了。在这个发展过程中，两次世界大战可以说是现代资产阶级国家的“国家机器”空前庞大和强化的两个新起点。在主要资本主义国家中，美国的军事官僚机关是形成最晚的，但经过两次世界大战，美国却迅速拥有了世界上最庞大的军事官僚机构。

现代资产阶级的“国家机器”，就像现代化的工厂一样，分工也越来越细了。在暴力机关日益强化的同时，行使经济和社会公共事务管理职能的机构也着实膨胀了起来。然而，我们不能据此认为现代资产阶级国家中凭权力管理的范围缩小了，而凭技术管理的范围扩大了。事实上，资产阶级政府的任何一个职能部门，任何一个管理机构，都是执行资产阶级意志的，是根据资产阶级制定的法律行事的。换句话说，政府的管理机构总是要执行统治阶级制定的政策的，其中尽管有些是关于“公益”的政策，但归根结底仍然是统治阶级的政策。当前，在国家垄断资本主义发达的国家中，为适应垄断资本运用国家机器干预经济的需要，确实设置了为数不少的专门从事经济管理的机构，并且雇用了大批经济学家和各类技术专家，进行着科学计算和管理。但这些专门机构和专家绝不是为经济而管理经济，更不是为社会“普遍利益”而管理经济，它们刺激或调节经济，不过是为了预防资本主义经济危机或反经济危机而已，其最终目的，正在于稳固资产阶级的统治。因此，这些专门机构和人员的设立与配置，恰恰反映了资产阶级统治权力的扩张，而非统治权力的削减或弱化。

总之，现代资产阶级政府权力集中和分工的发展，是资产阶级国家机器进一步完善和更加巧妙的表现，是资产阶级专政强化的表现。尽管随着政府权力分工的发展，有些政府机构和人员专门行使着社会公共事务的管理职能，而与政治统治职能没有直接的关联，但是在一部完整的资产阶级国家机器中，其主要部分仍然是强制性的暴力机关。这才真正反映了现代西方国家中国家职能变迁的实质。

本章小结

国家指的就是某种具有领土、人民、政府和主权的特殊政治共同体。

国家的起源理论包括自然生成论、君权神授论、社会契约论、暴力征服论和社会分工论等。马克思主义是从社会分工的发展与社会阶级分化两个角度相结合来说明国家起源的。国家的历史类型分为传统国家与现代国家两大类。其中，传统国家形态包括奴隶制国家与封建制国家等；现代国家形态包括资本主义国家以及社会主义国家。

国家的本质是阶级统治的工具，但是，国家在特定条件下具有脱离阶级冲突而为全社会利益服务的相对自主性。国家的基本职能从本质来看，包括政治统治的职能和社会管理的职能；从范围来看，可以分为对内职能和对外职能。现代西方国家职能发生了比较明显的变迁。

思考题

1. 如何理解国家起源理论中的“社会分工论”？
2. 现代国家的基本构成要素有哪些？
3. 如何理解国家的相对自主性？
4. 现代国家的形态有哪些？
5. 现代西方国家中，国家职能发生了什么样的变化？

第三章　国家统治形式与国家机构

引　例

2017 年 4 月 16 日，土耳其举行了修宪公投。此次公投涉及 18 项宪法修正条款，其中最具争议的条款是将土耳其共和国政体从议会制改为总统制。该宪法修正案由执政的正义与发展党 2016 年 12 月提交到议会，在 2017 年 1 月的议会表决中，由于支持的票数未达到修正案获得直接通过所需的议会三分之二票数，这一修正案需通过全民公投方式决定是否实施。

2017 年 4 月 27 日，土耳其最高选举委员会公布修宪公投正式计票结果，宪法修正案以 51.41%的支持率获得通过。正式计票结果显示，支持修宪阵营获得 51.41%的选票，反对修宪阵营获得 48.59%的选票。修宪公投投票率为 87.45%。宪法修正案获得通过，意味着土耳其将从 2019 年总统选举和议会选举后正式实施总统制。

此前，为了获得海外侨民的支持，土耳其高级官员奔走欧洲多国进行拉票，引起欧洲许多国家的抵制。荷兰还因为拒绝让土耳其外交部长入境拉票，引发了两国外交纠纷。这让土耳其总统埃尔多安（Recep Tayyip Erdogan）很恼火，他的一些激烈言论使得土耳其与欧盟以及欧洲的关系进一步恶化。

土耳其政体的变化到底意味着什么？欧盟为何对此如此反感？

前一章我们主要依据马克思主义国家理论，对国家的本质问题进行研究。而西方政治学向来只研究国家统治的形式问题。国家统治形式包括两方面内容，一是国家政权组织形式，即政体，是指一个国家采取什么样的形式来组织国家权力机构，具体表现为国家权力的横向配置关系，即同一层级上不同国家权力机构之间的关系模式；二是国家结构形式，是指国家的中央权力机构与地方权力机构，也即国家的整体与部分之间关系的构成方式，即国家权力的纵向配置关系，具体表现为国家的整体与部分，或中央国家权力机构和地方国家权力机构之间的关系模式。

此外在我国政治学研究中，国家的本质被称为国体，国体是指一个国家由哪个阶级来统治，反映国家的阶级本质。而政体则是指统治阶级采取什么样的政权组织形式来保卫自己并镇压被统治阶级的反抗。国体决定着政体，当然，一国的政体除了取决于其国体之外，还要受到其历史条件和具体国情的影响，这也正是今天各国之间在政体上存在巨大差异的重要原因。本章从政体、国家结构形式及国家机构等方面来研究国家政权的运作方式。

第一节　政体的分类

政体问题早在古希腊就已经成为哲人们关注的焦点。英语中政体 regime 一词在古希腊人那里就是指 polity，即城邦（polis）的形式，所谓政体问题，在古希腊人那里就是什么是最好的城邦的问题。在柏拉图和亚里士多德之前，已经有众多的思想家探讨过这一问题了，而且在柏拉图和亚里士多德的著作中可以看出，当时讨论政治问题的公民对于政体的许多观念是相当熟悉的。不过，在古希腊，首先是柏拉图和亚里士多德发展了最为成熟的政体理论，并对后世发生了重大影响。不过，对于当代中国政治学研究来说，政体的含义直接来自马克思主义政治学，也即毛泽东在《新民主主义论》中指出的："所谓'政体'问题，那是指的政权构成的形式问题，指的一定的社会阶级取何种形式去组织那反对敌人保护自己的政权机关。"①

柏拉图在《理想国》中总结出当时的古希腊城邦存在五种政体，分别是君主政体、贵族政体、寡头政体、民主政体和僭主政体，而这五种政体之间呈现为一种内在的循环过程，从前一种政体向后一种政体的蜕变是人的本性堕落的结果。在此基础上，亚里士多德进一步深化了对政体的分类研究。他撰写的《政治学》提出了一般的技术性分类标准，即根据统治者人数的多寡把政体分为君主政体（一个人统治）、贵族政体（少数人统治）和共和政体（多数人统治）；同时又提出道德性分类，如果统治者不是追求公共利益，而是为个人、私人或党派利益而统治，则形成与前述正宗政体相对应的变态政体，亦根据统治者人数分为僭主政体、寡头政体和平民政体（见表 3-1）。此后，波利比乌斯利用古希腊的政体理论解释罗马共和制的成功，认为古罗马的政体是混合了君主制、贵族制和民主制三者的优点而创造出的完美政体。

表 3-1　亚里士多德的政体分类

利益人数	正宗政体	变态政体
一个人统治	君主政体	僭主政体
少数人统治	贵族政体	寡头政体
多数人统治	共和政体	平民政体

① 毛泽东．毛泽东选集：第 2 卷．2 版．北京：人民出版社，1991：677.

资料 3.1

斯巴达的共和政体

现代政治理论家通常把雅典的直接民主制作为现代民主政治的渊源，但实际情形却是，在整个19世纪以前，被作为古希腊政治成就代表的不是雅典，而是斯巴达。古代希腊城邦与我们现代的国家存在重大的差异，城邦与全体公民是同一个意思。在每个城邦，全体公民参与政府的所有工作，而不需要雇用诸如文官、法官或职业军人之类的人。全体公民参与集体决策、司法审判和战争。斯巴达政治的制约和均衡体系在当时的世界上可以说是前所未有的。斯巴达人保留了古代的世袭国王以适应战争需要，因为富有军事经验的最高领袖是战场上所必需的。但国王不是一位，而是两位。当战争来临时，全体斯巴达公民参加的公民大会决定由哪位国王来率军作战。被任命的国王拥有军事全权。非战争时期政府的工作完全依靠三个机构一起发挥作用。这三个机构是长老会议、公民大会和监察官。长老会由30人组成，即两位国王和另外28名成员，这些成员都是年逾六十的贵族，由公民大会选出终身任职（整个古代世界最年长的人总是被认为最有经验最聪明的）。长老会议的工作是提出议案，交由公民大会投票表决。公民大会通常有8 000人左右，这样庞大的人数不可能自己制定议案。监察官共有5人，由公民大会每年选一次，他们是公民大会所通过的议案的执行者，并处理所有司法事务，主持与外邦人的谈判。

资料来源：勒纳，等．西方文明史．北京：中国青年出版社，2003：106-108.

资料 3.2

罗马的共和政体

罗马最初的政体是君主政体，国王对整个罗马城的成员拥有司法权，就像家长对家族内的成员一样。但同时还存在长老会议或称为元老院，由整个罗马城邦内各氏族首领组成。元老院如果认为必要，可以否决国王的行动，在王位空缺时由元老院直接进行统治。公元前510年，罗马人打倒了当时的伊达拉里亚暴君塔克文，并颠覆了君主政体，进入共和时期。罗马共和国以由选举产生的两名“执政官”取代国王，每位执政官都拥有以前国王所支配的全部行政和司法大权，而彼此之间拥有对对方行动的否决权，如果他们两人之间发生冲突，就要召集元老院集体作出裁决。如果处于危急的非常时刻，元老院就会任命一位执政官担任独裁官，但任期不能超过六个月。平民抗议贵族对权力的垄断，他们成功地使贵族同意由公民大会选举产生若干名“保民官”，后者有权否决贵族的不法行为，保民官的住宅全天敞开大门，受到威胁的平民只要跑到保民官住所内，贵族就不得侵犯。由贵族和平民各半组成的公民大会通过的法案，不管元老院是否同意，都具有效力。执政官、元老院、公民大会、保民官共同分享政治权力，相互之间既有一定的权力分工，又互相制衡。

资料来源：勒纳，等．西方文明史．北京：中国青年出版社，2003：166-168.

现代政治学的政体分类学说继承了亚里士多德的政体分类思想，但做了较大程度的修正。道德性分类在现代政体分类上体现为按照国家与社会的关系进行的分类；技术性分类则表现为按照国家机构之间的关系进行的分类。此外，马克思主义政治学按照社会性质对政体进行分类，产生了社会主义政体类型。

一、以国家与社会的关系为依据分类

以国家与社会的关系为依据对政体进行分类，即依据国家对社会管制程度的宽严、社会自治和公民自由程度的高低，来划分政体的民主与否。

（一）民主政体

民主政体基本是以英、美、法这些发达资本主义国家的政权组织形式作为标准而予以界定的。主要有以下特征：

第一，竞争性的选举制度。自由、公正和定期的选举被认为是判断一个政治体制是否民主的基本前提。这种选举包括这几个标志，即所有的成年公民均有权利参加选举和竞选公职，选举必须是竞争性的，民众的参与渠道必须是多元的。

第二，立法、行政和司法各权力部门之间的相互制衡。“政治权力本身必须受到制约”在西方共和政治观念中是一个公认的原则。这在近代，则更进一步发展为必须“以权力制约权力”。政府内部不同职能部门之间的权力分立和制衡就成了“以权力制约权力”的主要内容。

第三，公民社会的独立性。公民社会主要是指由家庭、经济领域、文化活动和政治互动等社会生活领域构成的社会自组织系统。它是国家控制之外的个人和团体之间自然存在或者自愿组织起来的自治网络。公民社会为公共讨论、公共价值、公共语言的发展和公民的发展提供了空间。这一空间与正式的被国家权力和政党支配的政治领域相分离，并可能力图控制国家权力。

第四，在意识形态领域倡导多元价值并存。以公民个人的自由和公民社会的独立为前提，必然要求在意识形态领域持一种开放的态度。现代民主政体反对树立一种绝对的意识形态来要求所有人服从。

（二）威权政体

通常把存在于当今世界众多发展中国家的各种既非民主又非极权的政权形式都归结为威权政体。威权政体严格管制社会的政治参与活动，但对于非政治性的社会活动和社会生活空间则给予相当的自由。统治者要求的是政治上的消极与服从，而非热情参与和动员。西方学者将威权政体进一步划分为五种亚类型：

（1）君主统治型。君主统治型的威权政体主要指以家族势力为依托的传统君主制。例如，沙特阿拉伯王国。

（2）个人统治型。这种类型的威权政体主要是在亚洲和非洲由一些具有英雄特质的政治领袖发动大众推翻殖民统治之后建立起来的，这种统治特别依赖人们对英雄的个人崇拜或者以统治者为中心建立起来的庇护关系网络。

（3）支配政党型。支配政党型的威权政体不同于民主政体的根本特征在于这一处于支配地位的政党控制了几乎全部的公共资源，并且极力限制和排斥其他政治力量对公共资源的影响和渗透。

（4）宗教控制型。这主要是指伊斯兰教基要主义控制下的政权形态。由宗教的最高领袖掌握最高政治领导权，这种类型以伊朗为典型，并对利比亚、巴基斯坦都有影响。

（5）军人政权型。这类政权有可能是通过军事政变实行直接的军人统治，也可能是军人和文官交替执政的文官—军人政权。

威权主义国家是一种过渡性的政治形态。一方面，它有积极的作用和应有的历史地位，在革命后的现代化时期，能集中资源解决国家最急迫的问题；但是另一方面它的作用又是有限的，它依靠人治而不是法治进行国家建设，最终只会削弱和消耗公民政治参与的积极性。由于实行高度的人治，威权统治会造成复杂的裙带关系和腐败的社会网络，明智的统治者必须在统治集团尚未腐化、统治结构没有瓦解之前进行改革，促成政治结构的转型，成功过渡到民主化阶段，否则就会在社会矛盾激化时，面对严重的社会动荡。众多发展中国家是在尝试过西方的民主政治体制之后走向了威权政体，看来这种选择具有相当的历史合理性。

资料 3.3

韩国的威权政治与经济发展

第二次世界大战之后，韩国在形式上建立起来了一个民主政治的制度框架，但直到 1993 年完成民主化转型之前，无论是在李承晚时期，还是在朴正熙时期，除了短命的九个月的张勉政府之外，实行的都是限制民众参与，限制政治自由的权力高度集中的威权体制。李承晚一心宣扬要反攻北方统一朝鲜，缺乏发展经济的企图和能力。1962 年韩国国民生产总值为 23 亿美元，人均国民生产总值为 87 美元。朴正熙时期（1961—1979 年），在政府的极力推动下，韩国的经济获得飞速发展，从而使贫穷落后的韩国一跃成为新兴工业化国家。20 世纪 80 年代至 90 年代，朴正熙之后的全斗焕、卢泰愚政权基本沿袭了朴正熙时期的政治经济政策，虽然国内民主化运动受到严厉压制，但经济依然获得了快速的发展。到 1991 年，韩国的国民生产总值达 6 316 亿美元，人均国民生产总值达约 7 000 美元，韩国与中国台湾、新加坡、中国香港一起，被称为“亚洲四小龙”，是第二次世界大战以后仅有的几个通过经济发展，迅速从较为落后的状态达到接近发达国家水平的国家和地区。在此期间，韩国人民不甘于独裁政权的统治，开展了不屈不挠的民主运动，直到 1993 年，韩国终于结束了军人政权的统治，进入到民主政治的行列。

（三）极权政体

简单来说，极权政体“把整个社会囚禁在国家机器之中，是指对人的非政治生活的无孔不入的政治统治”①。意大利法西斯头目墨索里尼在 20 世纪 20 年代使用了极权政体这一政治术语，用以指法西斯国家对社会的全面和强大控制。第二次世界大战后，研究者将两次世界大战之间的一些独裁体制，如意大利的法西斯主义和德国的国家社会主义归入了极权政体这一类型。② 极权政体的核心特征就是总体的渗透与扩散，就在于它拥有在政治上改造社会所有组织和个人，以实现一个千年至福社会的性质。

二、以国家机构间的关系为依据分类

对于当前世界各国来说，君主制和共和制的区别限于国家元首的产生方式和有无任期限制，而不再涉及君主制和共和制的参与政权者人数和统治目的问题，其原因就在于当前的君主制国家大多实行立宪君主制，奉行人民主权原则，准许公民广泛参与政治过程。因此，对于现代国家而言，各国政权组织的核心在于其中央国家权力机构，以中央国家权力机构之间的关系为依据，可以把现代政体划分为不同的类型。在现代各国，公认为比较成功的、有代表性意义的具体政权组织形式主要有议会内阁制、总统制、半总统制、委员会制。在这里，不同政体的主要特征可以通过国家元首是否掌握实权和行政机构与立法机构之间的关系这两个方面加以说明。

（一）议会内阁制

议会内阁制包括议会君主制和议会共和制两种情况。立宪君主制分为二元君主制与议会君主制两种类型。二元君主制的情况下，君主权力大于议会，各种主要法令都要经其签署，并且常有权委任首相和上议院议员，某些国家还有君权神授色彩，而不是政教分离的。在议会君主制的情况下，君主交出所有的权力，议会是立法机构，首相是国家的主要行政首脑，君主不再掌握实权。当今绝大多数君主制国家实行的是议会君主制。议会共和制与议会君主制的区别仅在于有无君主。

在不考虑国家元首的产生方式与任期的情况下，议会内阁制的特征可以归纳为四个方面：

---

① 萨托利．民主新论．北京：东方出版社，1998：223.

② 孙关宏，等．政治学概论．上海：复旦大学出版社，2003：149.

第一，国家元首为虚位元首，国家元首是国家的象征和代表，但不掌握实际的政治权力，通常也不承担政治责任。在不同的国家，国家元首的产生办法和有无任期限制是不同的。在英国、日本等国家，国家元首为君主，君主世袭并终身任职；而在德国、印度等国家中，国家元首为民选总统，有一定任期。

第二，内阁与议会相结合。内阁是国家最高行政机构，由议会选举产生。若某个政党或政党联盟获得议会绝对多数席位，那么该党的领袖就自然出任行政首脑，并负责组织内阁。多数议会内阁制国家中，内阁成员本身即是议员，但也有少数国家中内阁成员不得兼任议员。但无论是否为议员，在议会开会时，内阁成员都可以出席会议，报告情况，说明政策，并在必要时参加议会讨论，保证内阁与议会之间的充分沟通。

第三，内阁与议会存在制衡关系。若议会反对内阁的政策，议会可以提出不信任议案，要求内阁辞职；这时，内阁拥有向国家元首提请解散议会并提前举行大选的权力；若重新选举后产生的新一届议会再次对内阁提出不信任案，那么内阁必须辞职。有必要说明的是，由于议会内阁制下议会和内阁都控制在执政党手中，内阁与议会的这种制衡关系要得到体现，就必须借助执政党与反对党的制衡关系，否则内阁将对议会占据主导地位。

第四，内阁集体对议会负政治责任。议会督促内阁的方法主要有质询、审查、预算表决和不信任投票等制度。若议会对内阁表示不信任，而内阁必须辞职时，内阁必须集体辞职。

超链接

中国社会科学院日本研究所：http：//ijs. cass. cn

同济大学德国问题研究所：http：//www. tjdgyj. com

资料 3.4

英国的议会

英国是现代议会制度的创始地。英国的议会称为 parliament，音译为巴力门。在 13 世纪时，议会还只是帮助国王征集税收的组织，其成员为社会各个阶层，即贵族、教士、各郡的骑士以及乡镇居民的代表。这些代表常常划分为两大阵营，贵族和高级教士聚集在一起，而乡绅、市镇代表和不很重要的教士则聚集在另外一处，由此形成两院制，即贵族院和平民院。1688 年光荣革命后，议会通过权利法案，确立了议会至上的原则。1742 年，议会通过对沃尔波首相的不信任案，迫使后者辞职，开创了内阁向议会负责的规则。在十七、十八世纪，贵族院的权力高于平民院，但 19 世纪几次选举改革扩大了平民院的代表基础，平民院逐步扩展权力，并逐渐占据上风。时至今日，内阁只由下院（平民院）产生并只对下院负责。下院设 650 个席位，由全国 650 个选区选出，每区产生一名议员。公民通过选举议员作为自己的代表来间接参与国家政治生活。获得下院过半数席位的政党就成为执政党，该党领袖即为首相，首相负责组阁。在今天的英国，上院的权力和威望都明显衰落了，但它仍享有相当的影响力。上院（贵族院）没有席位限制，凡是贵族就是上院的当然成员。上院拥有对下院通过的法案进行审议和修正的权力，并有一定的否决权。上院组成司法终审机构，议长同时担任首席大法官，审理终审案件。

当今世界实行议会内阁制的国家众多，尤其是欧洲国家更是以议会内阁制为主。议会内阁制的优点首先在于其具有相当的灵活性。另外，议会内阁制下，政治争论集中在议会的会议上，议会成为反对党和执政党面对面争辩的场所。这种争辩可以为民众提供更为充分和经过考量的信息，选民由此可以在多个政治选择中作出判断。

（二）总统制

以美国为代表的总统制，凸显了总统的行政首脑地位，使其成为实权元首，处于国家行政权力中心位置。总统制的特征可以归纳为四个方面：

第一，总统身兼国家元首、行政首脑和三军统帅。总统拥有广泛的权力。作为行政首脑，总统有权提名各部部长并在议会同意后任命，各部部长对总统负责；对议会通过的法案，总统拥有签署权和否决权；总统有权提名最高法院法官，并在议会同意后任命。作为国家元首，总统对外代表国家，在国外享有元首的待遇，在国内接见外国使节。

第二，行政机构与立法机构相互分立。总统与议会议员都由选民直接选举产生，都有固定任期。总统不对议会负责，议会也不能解散政府。总统及各部门首长都不得兼任议会议员，议会议员也不得兼任行政首长及官员。议会独立行使立法权，但不能对总统提出不信任案，迫使总统辞职。

第三，行政机构与立法机构相互制衡。议会有立法权、弹劾权、任命同意权以及条约批准权以制衡行政机构，总统有法案否决权以制衡立法机构。

第四，司法独立与制衡。司法独立本来为民主政治中的必然要素，但在总统制之下，司法独立还有其独特的形式，即最高法院拥有宪法解释权、违宪审查权和行政审判权，从而具有较强的地位来制衡其他两个部门，形成司法机构与立法机构、行政机构三足鼎立之势。

美国是最早实行总统制的国家，是总统制的典型。拉丁美洲的墨西哥、巴西、阿根廷、智利，以及二战前后深受美国影响的菲律宾、韩国等国家，均实行总统制。

超链接

中国社会科学院美国研究所：http：//ias. cass. cn

复旦大学美国研究中心：http：//www. cas. fudan. edu. cn

（三）半总统制

半总统制结合了议会制和总统制各自的一些内容，因此，又常常被称为半总统制半议会制。半总统制具有总统制的两个特点，即作为国家元首的总统掌握国家最高行政权力，以及总统由全民直接选举产生，议会不能利用不信任投票迫使其辞职；同时，半总统制又体现了议会制的两个特点：政府由在议会中占多数席位的政党来组成；政府向议会负责，议会有权向政府提出不信任案，议会有倒阁权、质询权，反过来行政机构拥有解散议会的权力，内阁成员得列席议会发言。具体而言，半总统制的主要特征可以归纳为以下三点：

第一，总统是国家元首，总统在宪法规定的范围内享有广泛的权力，包括任免内阁总理的权力，对国家重大事务提请人民复决的权力，实施紧急措施的权力，解散议会、公布法律、发布命令、任命官员、主持国务会议、统率军队的权力，以及有权任命作为宪法解释机构的宪法委员会。政府实际上实行二元领导体制，总统和总理分别是国家元首和政府首脑，共同行使行政权，但总的来说，总统的权力大于总理。

第二，内阁与议会分离，内阁的成员不担任议员。内阁总理由总统任免，其他国务委员则由总理提名而由总统任免。

第三，内阁又需向议会负责。议会可以谴责投票的方式来决定内阁的去留，如果议会通过谴责动议，或者内阁提出的施政计划、重大政策不被议会接受，则内阁总理需向总统提交辞呈。议会对内阁也有质询权。

法兰西第五共和国和当前的俄罗斯是实行半总统制的典型国家。半总统制的权力中心在总统，而不在内阁和议会。这在法国具体表现在：法国总统任期七年，又没有不得连任的规定限制；总统还有解散议会、提交人民公决等权力；同时，他又不必受到议会和最高法院的牵制。

资料 3.5

从政要头衔识别政体

世界很大，国家很多，要一一记住每个国家的政体，确实不容易。在日常生活中，特别是看新闻的时候，我们会看到、听到关于各国政要的报道。事实上，从这些政要的头衔入手，可以快速识别各国的政体。

议会内阁制国家的国家元首是虚位元首，政府首脑才是政治权力的中心，其出镜率显然比国家元首要高得多。所以，除了英国女王、日本天皇等少数虚君外，我们较少听到议会内阁制国家的国家元首，如德国总统、意大利总统的报道，而更多地是耳闻目睹其总理或首相的风采。

总统制国家的总统拥有“帝王般的”权力，当然是政治明星，一再出现在人们的视野中。总统制的一大特点是总统身兼国家元首和政府首脑，因而一般无总理这一职位。半总统制下的总统当然如总统制下的总统一样，吸引了人们的大量注意。但半总统制的另一半是议会内阁制，因而设置了总理这一职位，作为政府首脑。于是，当我们经常听到俄罗斯总统普京的报道，又对俄罗斯总理梅德韦杰夫耳熟能详时，就可以做出初步判断：俄罗斯系半总统制。有无总理成了区分半总统制和总统制的一个简易方法。当然，要知政体究竟为何，还是应核查后才能下最终判断，因为现实中往往存在大量的例外。例如，大多数总统制国家不设国务总理，但韩国却是个例外。

超链接

华东师范大学俄罗斯研究中心：http：//www. rus. org. cn

（四）委员会制

瑞士是实行委员会制的典型国家。在委员会制中，行政权既不是掌握在总统手上，也不是掌握在内阁手上，而是掌握在委员会手上，委员会由地位平等的若干委员组成。设立委员会制的本意就是为了防止专制统治，因此，委员会内才保持委员之间的地位平等，以免权力集中于一人之手。委员会制的特征是：

第一，委员会由议会选举产生，其任期与议会的任期相同。在议会每次改选之后，委员会也相应改选。各委员地位平等，权限相同，在委员中通常会推举一人担任主席，主席有任期限制，期满不得连任。委员会主席对内主持委员会的会议，对外代表委员会出席各种外交仪式。在瑞士的委员会制中，委员会主席的任期为一年，由各委员按入选委员会的时间先后依次担任，也就是说，各委员均得担任委员会主席，因此，委员会实际就是集体形式的国家元首。

第二，委员会以合议制形式行使行政权。委员分掌各部事务并兼任部长职务，但各部事务均须经委员会开会集体决定，并以委员会的名义执行。重要国事须经议会讨论决定；委员会决定的政策议会可以推翻或者变更。因此，委员会实际上是议会的执行机构。

第三，委员会各委员不负政治责任，若其违反法律，议会当然可以追究，但委员一经选出，议会就不能像议会内阁制中那样，通过不信任投票要求其辞职。一般情况下，即使委员会提出的重要政策为议会所否决，委员会也不必辞职。

在委员会制中，没有一位委员拥有突出的权力，同时，行政权不与立法权分离，更不能同立法机构相对抗，这些安排都有助于防范专制的发生。这是委员会制的主要优点。但其缺点也由此而生，由于一切重要事务都须经议会决定，在紧急情况下，委员会这一执行机构就无力采取必要的措施，容易导致问题恶化。在这样的情况下，若不得已而赋予某些委员以自由裁断的权力，那么反而很容易走向专制。另外，由于各委员之间职权完全平等，责任没有明确的归属，在意见难以达成一致的情况下，委员会内部容易互相推诿，出差错则互相推卸责任，导致行政效率低下。

资料 3.6

瑞士的委员会制

瑞士的联邦委员会有七名成员，这些委员先由参加政府的四个政党提名，再经各党、各邦的协商，最后由联邦议会选举产生。按照政治惯例，这七名成员分别为激进党两名，基督教民主党两名，社会党两名，中间民主联盟一名。联邦委员会设有主席和副主席各一名，由七名联邦委员轮流担任。主席任期一年，期满不得连任，而由副主席接替，而副主席的接替则根据当选联邦委员的时间顺序确定。根据联邦宪法，联邦委员会主席在形式上是最高行政长官，但这一职位没有任何实权，主席在决定联邦事务上没有超出其他委员的任何特殊权力。联邦委员会实行的是集体领导，具体表现为集体议事和集体负责。集体议事是指联邦委员会以会议的形式制定政策决议；集体负责是指只要当选为联邦委员，就不再以政党的身份进行工作，联邦委员会一经作出决议，任何委员不得公开反对。联邦委员会的任期与联邦议会相同，均为四年一届，可以连选连任。

三、社会主义共和制和我国的政体

（一）社会主义政体是新型民主共和制

社会主义国家的政体均为民主共和制，但基于在国体上与资本主义国家有着本质区别，社会主义国家的民主共和制形成了自身特点。从历史上看，除了巴黎公社外，在苏联、东欧八国、中国等社会主义国家中，民主共和制都利用了代议制的形式，是一种新型的共和制。社会主义共和制的基础也是代议制和普选制，但它与同样采取代议制的西方国家议会制有着本质区别，正如马克思主义经典作家早已指出的那样，资本主义国家议会制在本质上是为资产阶级服务的。列宁指出："每隔几年决定一次究竟由统治阶级中的什么人在议会里镇压人民、压迫人民，——这就是资产阶级议会制的真正本质，不仅在议会制的立宪君主国内是这样，而且在最民主的共和国内也是这样。"[①] 同时，马克思主义经典作家并没有一味否定议会制，而是在肯定资产阶级在历史上的革命作用、肯定代议制对于民主政治发展和无产阶级革命斗争的有益性之后，站在国家与社会的关系这一高度对议会制进行了扬弃。基于对资产阶级议会制的批判，马克思、恩格斯充分认识到无产阶级国家只能实行民主共和制政体，并把争取建立无产阶级的社会共和国的斗争提高到了"现代革命的总的内容"[②] 这一高度，而1871年的巴黎公社运动则为无产阶级的社会共和国提供了第一个实例，公社正是这种共和国的一定形式。通过总结、分析公社的实践经验，马克思肯定了构建社会主义国家政体应采取的议行合一、撤换制、普选制、廉价政府、地方自治等重要原则，这就为后来社会主义国家建立新型的议会共和制确立了理论基石。

从巴黎公社确立第一个社会主义民主共和制政体以来，社会主义民主共和制在不同

---

① 列宁．列宁选集：第3卷．3版．北京：人民出版社，1995：150.
② 马克思，恩格斯．马克思恩格斯选集：第1卷．2版．北京：人民出版社，1995：591.

的社会主义国家中呈现出了不同的具体模式，如苏联的苏维埃制、南斯拉夫的代表团制、中国的人民代表大会制等，它们都是在各国历史环境和具体国情作用下形成的新型议会共和制。

（二）社会主义政体遵循“议行合一”原则

社会主义议会共和制的重要特征即实行“议行合一”的国家政权组织原则。“议行合一”的最核心特征，就在于把议会，即立法机关塑造成了最高国家权力机关，这是社会主义议会共和制与资本主义国家议会共和制的本质区别所在。

从字面上说，“议行合一”更主要体现在立法机关和行政机关的关系上，指议决权与执行权合二为一，由一个机关行使，或者由一个机关为主来行使。在中国，这就表现为全国人民代表大会是既是最高国家权力机关，也是立法机关；国务院既是最高国家行政机关，同时又是最高国家权力机关的执行机关，由全国人大产生，对其负责，受其监督。也就是说，行政机关与立法机关之间不存在分权的关系，行政机关必须服从立法机关。这样的“议行”关系可以确保人民的意志得到有效、高效的执行。

超链接

中国人大网：http：//www. npc. gov. cn

（三）我国的政体是人民代表大会制度

我国的国体是人民民主专政，政体是人民代表大会制度。乡、镇、区、县人民代表大会是由全体选民直接选举产生的人大代表组成的；各级地方人民代表大会逐层选举上级人大代表而最终组成全国人民代表大会，把国家权力集中在全国人民代表大会及其常委会上，真正体现了“主权在民”的现代民主理念和宪法原则。

在我国，全国人民代表大会及其常委会是最高国家权力机关，其他最高国家机关，包括最高国家行政机关、最高检察机关、最高审判机关、最高国家军事领导机关、国家元首，均由全国人大选举产生，它们都对全国人大负责，受其监督。这就表明，在国家权力的横向配置上，全国人民代表大会处在最高国家权力机关的位置。同时，各级人民代表大会之间实行下级服从上级的原则，加之地方各级人大与同级行政机关、检察机关、审判机关之间也是领导与被领导的关系，这就确保了在国家权力的纵向配置上，全国人民代表大会也拥有最高国家权力机关的地位。

第二节 国家结构形式

在当今世界政治舞台上，最为活跃的国家都是人口和规模甚为庞大的国家。按照中国的传统政治经验，如果一个国家人口众多、地域广阔，但却没有一个强大的中央政府，其结果必然是地方割据甚至四分五裂，而割据和分裂将直接导致战乱不已。因此，在中国人的传统观念中，由中央统一控制的单一制国家是保障社会秩序的最为自然合理的形式。事实上，这一看法非为中国人所独有，如果对世界各大文明古国做一简单考察，那么我们就会发现，它们基本上都是采取单一制的国家结构形式。只有在13个英属北美殖民地获得独立，并在邦联的基础上进一步结合成一个统一的美利坚合众国之后，一种不同于单一制的国家结构形式才被创造出来，这就是联邦制。此后，联邦制才得以为许多国家所效仿。

一、单一制

单一制是指由若干地方行政区域或自治区域组成单一主权国家，地方政府由中央政府授权，并须服从中央政府领导的国家结构形式。单一制的主要特征有：第一，地方政府的权力是由中央政府授予的，中央政府对地方政府通常有较高的控制能力。中央和地方政府拥有大体相同的职能部门划分，中央政府与地方政府之间是领导与被领导的关系，中央各职能部门与地方相应职能部门之间也存在垂直的领导与被领导或指导与被指导关系。中央政府根据情况需要和管理上的便利划定行政区域，有权根据法律规定在适当的时候变更行政区域的疆界及其权力。第二，拥有统一的宪法和统一的法律体系。地方政府和中央政府都在统一的宪法和法律规范下实施管理。第三，国家的主权高度统一。中央国家机构代表国家统一行使外交权，地方政府没有外交权。

当前，英国、法国、日本、中国等国家都实行单一制。但不同的单一制国家中，中央政府对地方事务的控制能力有着一定的差别。例如，英国的地方政府对地方事务的管辖权和自主权相对较大，而法国的中央政府则保持着对地方政府的较强控制。因此，人们把英国的单一制称为“地方分权型”的单一制，而把法国的称为“中央集权型”的单一制。出现这样的差别，是与不同国家的历史条件和具体国情存在差异联系在一起的。英国一直有非常强大的地方自治传统。在英国，几乎所有的乡村和市镇都选举带有常务委员会性质的地方议会来处理各个地区的公共事务，警察、教育、卫生和福利等事务往往是由地方自己掌管的。

二、联邦制

资料 3.7

美国的 state 是州还是邦？

state 是指统治国家的政权，以政府为代表的整个上层建筑体系，是政治学意义上的“国家”。美国的全称为美利坚合众国，所谓合众国（The United States），字面意思就是联合起来的国家，这就是说，美国拥有50个州，其实质含义即指美国是由50个“国家”组成。当然，这50个“国家”在组成一个新的统一的国家之后，虽然在联邦内部还保留了相当的主权，但在外交和军事方面则完全放弃了作为一个独立单位的主权。所以美国的state按理应该翻译为“邦”才对，但清朝时中国人完全无法理解联邦制形态，即一个国家之下还存在许多“国家”，所以才会按照传统的单一制国家结构形式，把美国联邦之下的state翻译为作为地方行政区划的“州”。后来由于广泛流传，“州”这一称呼也就约定俗成，使用至今。美国的50个州都有自己的宪法，州的立法机关可以在任何领域进行立法而不用得到联邦政府的同意。教育、福利、民事、征收财产税和颁发营业执照等职能都由各州自主行使。

联邦制是指由若干成员单位（邦、州、加盟共和国等）联合组成统一国家的国家结构形式。其关键特征在于代表国家整体的联邦政府的权力是由各成员单位让予的，各成员单位拥有高度的自治权。当前，美国、瑞士、印度、俄罗斯、加拿大、墨西哥和德国等国家都实行联邦制。

从历史经验来看，较早建立起联邦制的几个国家中，如美国、瑞士和1871—1934年间的德国，联邦的各成员邦原本都是独立的国家。为了某些方面的缘故，这些独立国家自愿结合起来形成一个新的国家，在新的国家形成时，各成员邦将一部分统治权授予联邦，但保留了一部分原有的统治权。不过，现在有些联邦制国家，如巴西和墨西哥，是从单一制国家转变过来的，就不同于上述情况。因此，是否由独立的国家自愿结合而成不能构成是否为联邦制的判断标准。

联邦制国家的主要特征是：第一，联邦拥有统一的宪法和基本法律，但各成员单位都有各自的宪法和法律，当然，其成立的前提是符合联邦宪法和法律的基本原则与精神。第二，联邦政府的权力是由各成员单位让予的，这集中表现为联邦政府的权力是由宪法列举的，凡宪法未列举的权力，均由各成员单位保留。由于宪法列举权力时多限于原则性的规定，而政府的权限又随着社会经济的发展而趋向于不断扩张，因此，联邦与各成员单位之间必然会出现权力划分的争端。此时，即需通过联邦最高法院的宪法解释或违宪审查来作出界定，这也意味着，在不同的国家，或某个国家在不同的时期，联邦政府和各成员单位政府之间的权力划分存在着一定的差异。第三，联邦拥有统一的政府，但其管辖权主要涉及影响整个国家的事务，或发生在若干成员单位之间、影响成员单位间关系的事务。一般而言，联邦政府在外交、国防和货币方面拥有全部权力，而各成员单位政府则控制着内部的教育、卫生、警察和交通等事务。第四，联邦政府对外代表整个国家，统一行使外交权，但各成员单位在外交上拥有一定的独立性，也可在宪法允许的范围内，与某些国际政治行为主体签订协定，并在本单位区域内实施。

在不同的联邦制国家中，成员单位的参政权有着不小的差异。例如，成员单位选出的代表人数可能相等，也可能不同；成员单位选派到全国性议会中的代表，既可能由其内部选民直接选举产生，也可能由成员单位的议会选举产生；由各成员单位代表组成的全国性议会，在职权的范围和大小上也有着很大的差别。

资料 3.8

美国的参议院

美国的参议院代表各州，而众议院按照比例代表全体国民。参议院中，不分大州小州，每州选派两名代表，50 个州共选出参议员 100 名。参议员任期为六年，每两年改选三分之一，这样可以维持参议院的稳定、独立，并促进参议员积累经验。参议员最初是由各州议会选举，1913 年国会通过宪法第十七条修正案，由此改为各州选民直接选举产生。由于参议员代表各州，所以他们对本州或有关团体的利益特别敏感。依照宪法，参议院设置议长一人，由副总统兼任。副总统不是参议员，不参加院内讨论，但当参议院表决中出现赞同与否决票相等的情况时，副总统对法案可以投出决定性的一票。当前，参议院下设 15 个常设委员会，分别是：(1) 农林委员会；(2) 拨款委员会；(3) 国防委员会；(4) 银行委员会；(5) 哥伦比亚特区委员会；(6) 政府工作委员会；(7) 财政委员会；(8) 外交委员会；(9) 内政及属岛委员会；(10) 州际及国际贸易委员会；(11) 司法委员会；(12) 人力资源委员会；(13) 邮政及文官委员会；(14) 公共工程委员会；(15) 程序及行政委员会。除了和众议院一样行使立法权之外，参议院还享有重要公职人员的任命同意权及条约批准权。

在中国传统观念中，单一制的国家结构形式被视为理所当然，被认为是唯一合理的国家结构形式。联邦制的出现，则为中国人认识和思考国家结构形式提供了新的参照系。除了单一制和联邦制之外，还存在所谓的邦联制。在邦联制之下，各个成员国保留自己的全部主权，保留了退出邦联的权利。可见，邦联实际上是主权国家之间的联合体，邦联制并不体现主权国家内部的整体——部分关系，并不属于国家结构形式的范畴。

三、中国在国家结构形式上的探索和实践

（一）我国实行具有中国特色的单一制

在单一制下也可以容纳相当大的地方自主权，而在联邦制国家中，联邦政府也可能掌握相当强的控制能力。美国政治学者罗斯金指出，当今时代的一个有趣的趋势是：单一制努力向稍带联邦制的方向转变，而联邦制国家则向更加单一的方向缓慢演进。[①] 不过，要说这两种体制会走向一个相同的折中混合，则还缺乏足够的理论和经验支持。一个单一制体系过多过快地向联邦制转变，可能导致社会冲突和社会失序，使得社会稳定

① 罗斯金，等．政治科学．北京：华夏出版社，2001：203.

遭到威胁；而一个联邦制国家如果过多向中央集权转变，无疑会遭到成员单位的普遍抵制和愤恨。每一个国家都需要在自身原有的制度体系内不断调整其权力分配方式，修正不再适合需要的制度和结构，发现和创建新的运作方式，这样既能维护地方和区域政治单位的自主权和积极性，又同时维护整体上的协调和统一。

清末民初，首先了解西方联邦制形式及其含义的革命家和知识分子曾极为推崇这一国家结构形式所具有的意义，并由此反思中国传统政治的症结，认为中国传统政治的根本症结可以概括为三个方面：第一是在政府的不同部门之间缺乏分权，从而导致专制体制；第二是在中央与地方关系上长期奉行中央集权体制；第三在于政府对于民间事务有着控制一切的占有者心态，这表现在观念上就是全能主义。在当时许多人的观念中，这三个方面都需要进行民主化：第一个方面是通过政府机构之间的分权来实现制衡，第二个方面则通过联邦制来纠正集权，第三个方面则通过限制政府的权力行使范围来转变政府。可见，联邦制构成了近现代中国政治现代化的重要一环。

在当时的看法中，相对于中国传统的郡县制，联邦制提供了另一种可行的选择方案，它既能保证统一，又可以保障自由。从 1912 年民国成立到 20 世纪 20 年代初，无论梁启超、孙中山、章太炎这些革命家，还是北洋时期的各省军阀，都在宣扬和支持联邦制。然而，在军阀混战的情况下，联邦制非但无法充当限制军阀和统一国家的助力，反而为军阀拥兵自重提供了借口。因而，到了 20 世纪 20 年代中期，孙中山和中国共产党人都逐渐放弃了联邦制的想法，北伐的胜利更使得联邦制的构想陷入沉寂。中华人民共和国成立后，在坚持单一制的前提下，逐步发展出了一套适合于我国历史文化特点的政治制度，使我国的单一制国家结构形式形成了自身的特点和优势，这主要体现在民族区域自治制度和特别行政区制度上。

（二）民族区域自治制度

我国历来是一个多民族共处的国家，历史上各朝各代都设有管理民族事务和处理民族关系的专门机构。不同的民族在文化上存在着较大的差异，出于中央政府本身控制能力和控制成本的考虑，各朝各代普遍实行一方面维护国家统一，另一方面又尊重民族地方的自主性的政策，赋予民族地方政权以相当大的统治权和管理权。

在 1938 年 10 月中国共产党六届六中全会以前，中国共产党的民族政策强调“民族自决权”，主张“联邦制”。六届六中全会之后，中国共产党转而从实际出发，强调“民族自治权利”，主张建立统一的国家，实行民族区域自治。此后，特别是中华人民共和国成立以来，民族区域自治制度得以建立、推广、发展和完善。

民族区域自治是指在国家的统一领导下，在各少数民族聚居的地区，建立自治机构，行使自治权。它主要包括三个方面：第一，以国家统一为前提。实行民族区域自治的地方，都是国家领土不可分割的组成部分，各级自治机构同时也是国家一级地方政权机构。第二，民族区域自治机构依法享有自治权。第三，民族区域自治不仅是民族自治，也是区域自治，是民族自治与区域自治的结合。

超链接

广西壮族自治区政府网：http：//www. gxi. gov. cn
内蒙古自治区政府网：http：//www. nmg. gov. cn
宁夏回族自治区政府网：http：//www. nx. gov. cn
新疆维吾尔自治区政府网：http：//www. xinjiang. gov. cn
中国西藏新闻网：http：//www. chinatibetnews. com

民族区域的自治权主要包括：(1) 民族区域自治地方的立法权。民族区域自治地方的人大有权依照当地民族的政治、经济和文化特点，制定自治条例和单行条例。无论是自治条例还是单行条例，在一定范围内，可以对国家法律和政策作出变通性规定。(2) 变通执行权。即民族区域自治机构可以报经上级国家机构批准，变通执行或停止执行上级国家机构的不适合民族自治地方实际情况的决议、决定、命令和指示，可以依照当地民族的特点对法律、行政法规的规定作出变通规定。(3) 财政经济自主权，即在财政支出、执行国家税法以及经济、外贸活动中，自治地方机构享有较一般地方政府较大的自主权。(4) 少数民族干部培养使用权。(5) 地方公安部队组建权。(6) 社会事业自治权。(7) 自治机构组织和工作规则设定权。(8) 民族语言文字使用优先权。

(三) 特别行政区制度

20 世纪 50 年代初，中国共产党就针对台湾问题创造性地提出了“一国两制”的初步设想和提议，提出除外交外，台湾的军政大权、人事安排由台湾当局自理的和平统一政策。到了 20 世纪 80 年代，我国政府正式提出“一国两制”的基本概念，来解决台湾、香港和澳门问题。所谓“一国两制”，即“一个国家，两种制度”，“一国”是指中华人民共和国，“两制”是指在中华人民共和国的不同地区实行两种不同的社会制度，在台湾、香港和澳门继续维持原来的资本主义社会经济制度，而在大陆地区维持原有的社会主义制度不变。这一方案体现了政治上的灵活性和创造性，1997 年香港回归祖国和 1999 年澳门回归祖国之后，“一国两制”的方案都得到了具体落实，香港和澳门两地的实践也为我国增添了特别行政区制度。在实践中，“一国两制”和特别行政区制度，一方面完整体现了国家主权，另一方面又维护了香港和澳门地区的繁荣与稳定。

超链接

中华人民共和国香港特别行政区政府：http：//www. info. gov. hk
中华人民共和国澳门特别行政区政府：http：//www. gov. mo

“一国两制”下的特别行政区同我国的一般行政区域，即省、直辖市、自治区有相同的一面，即都是中华人民共和国的地方政府，但是特别行政区又拥有省、直辖市、自治区不享有的高度自治权。这种高度的自治权除了表现为特别行政区实行自己独立的社会、经济、文化制度外，还表现在：第一，享有高度自主的行政管理权、立法权、独立的司法权和终审权。特别行政区的立法机构和行政机构均由当地的公民组成，其现行法律基本不变，全国人大及其常委会制定的法律，除了有关国防、外交的法律以及其他体现国家统一和领土完整的法律外，其他均不在特别行政区实施。特别行政区立法机构制定的法律必须报经全国人大常委会备案，但备案不影响该法律的生效。第二，享有独立的地方财政权，包括独立的税收制度。特别行政区的财政收入全部用于自身需要，不上缴中央人民政府，中央人民政府也不在特别行政区征税。就香港而言，将继续保持其自由港和单独的关税地区的地位，保持其金融中心的地位，继续开放外汇、黄金、证券市场，资金进出自由，港币继续流通、自由兑换。第三，享有独立的外事权。特别行政区可以“中国台湾”“中国香港”“中国澳门”的名义单独同各国各地区以及有关国际组织保持和发展经济文化联系，签订双边和多边经济、文化、科技等协定，参加各种民间国际组织，还可以自行签发出入本特别行政区的旅行证件。外事权与外交权不同，外交权属于中央人民政府，即在国际上代表中国的只能是中央人民政府，中华人民共和国外交部在香港设立了特派员公署，处理外交事务。

特别行政区所享有的高度自治权，不仅超越了其他地方政府的权力，而且，有些方面甚至超出了多数联邦制国家成员单位的权力，但两者的性质还是明显不同的。这表明在单一制体制下政治制度的实现方式和调整空间有相当的弹性，我国可以在单一制体制下探索、建立、发展和完善有中国特色的国家结构形式。

第三节　国家机构及其构成

在现代国家中，国家机构的主要组成部分包括国家元首、立法机构、行政机关和司法机构。后三者即构成广义的政府。无论是作为单个的人还是作为某个社会组织、团体中的人，现代人都经常要和政府部门以及政府工作人员打交道，政府在我们日常生活中占有重要地位，政府一词也是我们日常话语中的常用词汇。不过，我们经常是在具体的政府机构和政府官员的含义上来谈论政府，而对于作为整体政治制度的现代政府的含义及其体现的基本政治原则，往往没有自觉的意识，而政治学理论一方面要对现代政府的组织方式、组织原则、基本职能予以连贯一致的解释，另一方面也要由此阐明现代政府所应该体现的基本精神，所应该遵循的基本原则以及在现实中如何体现这些原则。

超链接

中华人民共和国外交部网站之“国家和组织”载有即时更新的各国（含国家机构）概况：http：//www.fmprc.gov.cn/chn/gjhdq/default.htm

一、政府的含义与现代政府的基本原则

（一）政府的含义

日常话语中的政府一词包含多个层次的含义。我们大致可以区分出三个层次。第一层是最为狭窄的含义，是指管理整个国家的最高行政机构，在单一制国家是指中央政府中的行政机构，联邦制国家是指联邦层次的行政机构，例如我们会说，默克尔政府，特朗普政府。第二层含义则不限于国家层次，而包括地方层次的行政机构，即将从中央到地方的各个层级的行政机构统称为政府，而在具体使用中常常加上限定词，说明是“中央”政府、“省”政府、“市”政府、“县”政府、“乡”政府。第三个层次的含义最为宽泛，一般而言，这种最宽泛意义上的政府不仅包括中央地方各个层级的行政机构，而且包括所有其他掌握公共权力的机构。同时包括立法机构、行政机构、司法机构。在我国，除了各级人民政府之外，各级人民代表大会、人民法院、人民检察院也包括在广义的政府之内。政治学理论要说明的就是这一广义的政府，当然，这一层次上的政府也包含了前两个层次。

资料 3.9

美国政府与特朗普政府

在英语中美国政府是 American government，而特朗普政府是 Trump administration，其区别是很明显的。但翻译成中文之后，government 和 administration 就成了同一个“政府”，其间的分别就不容易看出来了。事实上，特朗普政府是指作为行政机构的政府，而所谓美国政府则还要包括国会两院和最高法院。在外交上，这一区分是非常重要的，例如特朗普政府与其他国家签订了一份协议，但很可能在国会两院遭到批评而不予通过，于是协议就无法生效。这在我们看来就觉得美国政府说话不算数，才签订了协议就立即反悔。其实不然，因为特朗普政府不能完全代表美国政府。

从包括立法机构、行政机构、司法机构的含义上界定政府，还只是一种外延的界定。从内涵方面来界定，可以说，政府是代表一个政治共同体进行集体决策并要求得到民众的服从的政治组织。这可以从四个方面来理解：第一，表明政府是代表整个政治共同体来制定决策和进行管理的，它要代表的是整个国家的利益。第二，政府制定的公共政策是这个国家的最高决策，其他私人和社会团体的决策受到政府政策的约

束。第三，政府制定的政策被认为有正当的理由要求人们服从，除非某项政策被认为不符合政府应该遵循的原则，政府的决策被自然假定为是正当合理的。第四，政府的政策执行有国家的强制力量作为保障，违背和抵抗国家的政策和法律会受到强制力量的制裁。

（二）现代政府的基本原则

对于现代政府的基本原则包括什么内容，在具体的条目的列举和解释上，政治理论家们还存在不同的观点，不过，总体来说，看法基本是一致的。本书简要归纳为四个基本原则：人民主权原则；责任政府原则；分权制衡原则；法治原则。下面分别解释这些原则的具体内容。

1. 人民主权原则

现代社会主张政治权力在本质上是属于全国人民的，政府所拥有的政治权力应该是来自于人民的授予。我们把这称为人民主权原则。虽然古希腊罗马时期的共和国政治有类似于人民主权的含义，但是要到十七八世纪，西欧政治理论家才对这一原则给予了最清楚明确的理论解释，其中理论贡献最突出的是英国思想家霍布斯、洛克和法国思想家卢梭。

人民主权是现代民主制度的本质。人民主权可以简称为民主，有不少人认为民主就是多数人决定的政治统治原则，这是不对的。无论是直接民主还是代议制方式的间接民主，在进行集体决策时，全体一致几乎是不可能的，所以实际可行的决策方式总是多数决定规则。但是，多数决定规则只是民主的一种实现方式，是民主的程序性规则，多数决定规则本身并不能与民主等同起来。除了体现在决策程序的规则上之外，作为一种基本的政治生活形式以及社会生活形式，民主能够而且必然会体现在许多领域。另外，多数决定规则可能导致少数公民受到压迫，而多数公民压迫少数公民，与少数公民压迫多数公民一样，都是违反人民主权原则的，其本质都是人民中的一部分对人民中的另一部分人的胜利和支配。因此，多数决定规则与保护少数是人民主权原则所同时包含的内容。既要多数决定，又要保护少数，但当多数与少数之间存在严重的分歧时，要做到二者兼顾就颇为困难。实际上，这正要求在一个国家的公民内部，要存在相当的共识和团结，以免多数与少数之间发生绝对的冲突。

2. 责任政府原则

现代政府以及政府工作人员，无论是行政机构、立法机构还是司法机构，本质上都是接受人民的委托，在办理公共事务。反过来，这就要求政府必须向人民负责，要求政府成为责任政府，达到这一要求的政治就是责任政治。

这里所说的责任包括政治责任和法律责任。所谓政治责任就是指政府的所作所为必须合理，其中最关键的一点是政府的所作所为能够为公众接受。法律责任是指政府的所作所为必须合乎法律规定，包括形式上符合法律规定和实质上符合法律精神。

由于最活跃的政府机构是行政机构，因而责任政治又通常特别指作为整个国家政策执行机构的行政机构必须承担政治责任。毫无疑问，行政机构最根本的政治责任是对人民负责，但在议会制下，这又间接表现为对议会负责。因此，对行政机构来说，政府机构承担责任就是要求政府对人民和议会负责，由人民和议会来判断政府的作为是否合理。

3. 分权制衡原则

分权是指权力分立，是指国家权力不能集中于国家机构的某个部门或一部分人，而应当合理地分割成若干部分，由不同的国家机构和不同的人们执掌。所谓制衡，是指分立在不同部门的权力之间应形成彼此制约的关系，其中任何一个部门都不能占有支配性的优势。分权制衡原则是人民主权原则的进一步延伸和实现，它更多的是长期的政治经验的总结，也是历史发展的一个结果。西方国家发展出分权制衡原则的主要原因，在于没有任何单一的个人、单一的机构和唯一的整体可以完全代表人民，可以掌握不受限制的政治权力，因此，除了政府必须向人民负责，人民保持对政治权力的最终所有权，公民们自身必须保持对政府的警惕和监督之外，委托给政府掌握的政治权力必须分割成几个部分，并让这几个部门之间相互制约，以保障委托出去的政治权力不会反过来成为支配、压迫人民的专断政治力量。

资料 3.10

美国国会对总统的制约

2008 年第三季度，美国金融市场出现系统性风险，为防止金融市场崩溃以及 20 世纪 30 年代经济大萧条的重现，美国政府必须及时采取行动，大规模的财政救市方案势在必行。9 月 29 日，美国布什政府提出的 7 000 亿美元救市方案却在美国国会众议院的投票中以 228 票反对、205 票赞成被否决，使得这宗自 1929—1933 年大萧条以来规模最大的政府干预行动受挫。事实上，由美国财政部长保尔森提出的 7 000 亿美元救市方案已经几经修改，并原则上获得两党国会领导人的同意。但是，还是有很多国会议员对救市方案的效果及其长远影响心存疑虑，既担心金融机构部分或完全国有化，扩大政府对市场的干预；也对于救市方案的道德风险问题不能释怀——该方案涉及用纳税人的钱为私人金融机构的富豪们买单的问题，也涉及加重财政负担的问题。

此后，经过政府与国会的多次磋商，10 月 2 日，重新修改的方案于美国国会由参议院再度提出讨论，参议院提出新的修订方案，最终以 74 票支持、25 票反对的大比数通过。10 月 3 日，救市方案终于在美国众议院以 263 票支持、171 票反对获得通过，随后由布什总统签署生效。

4. 法治原则

“法治”（the rule of law）一词的字面含义就是“法律的统治”，其对立的观点是“人治”。

法治原则对法律如何制定以及法律如何适用都有严肃的要求。第一，所有的法律必须都是普遍的。所谓普遍，包括两方面的含义：一方面，法律是针对所有公民的，法律不应该选择一部分人或群体加以特殊对待，不管是予以特殊的优待还是予以特别的歧视；另一方面，法律应该体现具有普遍性的规范，如正义、平等、自由、尊严、人权等。第二，所有的法律必须是公开的。也就是说法律的制定和表述应该尽可能细致精确并公布于众，以方便公民清楚地理解行动的界限。第三，不能制定追溯性立法。让公民为以前是合法的行为而在现在受到惩罚，是不能接受的。第四，法治的最终目的是维护人民的公民权利和政治权利。现代政府的法治原则的前提是人民主权原则，必须以维护公民的权利为目的。第五，法治要求司法独立。法院必须是公正的，必须在争议双方之间保持中立，这特别要求法院享有独立的司法权，要求立法和行政机构都不能干涉法院的独立司法。

二、国家元首

国家元首是国家机构的重要组成部分，是指主权国家形式上或实际上对内对外的最高代表。在不同的国家，由于历史及政治体制的原因，国家元首的职能由不同的职位担任，通常是君主、总统或者国家主席。

（一）国家元首的构成

根据国家元首组织构成的不同，国家元首可以分为个人元首与集体元首。在绝大多数国家，国家元首均由一人担任并行使职权，即实行个人元首制；凡由两人以上组成合议制的机构，由它的全体成员共同担任元首职务和行使元首职权的，称为集体元首制。构成集体元首的成员彼此之间基本上地位平等，他们往往轮流担任形式上的首领，所谓首领是指在对外代表国家出席外交仪式或者内部集会时充任集体的主席，他没有任何特权，因而成员之间的权力大致平等。现代西方国家中采用集体元首制的国家，以瑞士为典型。集体元首有利于防止权力的过分集中，有利于防止权力的滥用和专断政治，但是集体元首制不利于快速决断，尤其是在社会问题复杂、社会规模庞大需要快速的政治回应的情况下，集体元首制更难以适应。就各国长期的政治经验而言，集体元首制一般只适合于有高度自治传统的小规模共和国。现代民主国家主要实行的是个人元首制。而在个人元首制中，又可以区分出虚位元首与实权元首。

（二）国家元首的职权

国家元首对内对外代表或者象征国家主权，但是根据其掌握行政权力的不同，国家元首可区分为虚位元首与实权元首。这两种类型国家元首的职权大不相同。虚位元首一般不掌握行政实权，只以国家的名义从事一些象征性和礼仪性的活动。而实权元首则通常都掌握国家行政大权，同时兼任国家行政首脑或者与行政首脑分享最高行政权。

1. 实权元首

在实行总统制和半总统制的国家中，国家元首是实权元首。对于总统制来说，内阁制中分开的两个职位——礼仪性的政治首脑和掌握实际权力的行政首脑——由同一个职位，即总统承担。美国是典型的实权元首制。作为国家元首，美国总统由选民直接选举产生，并有一定任期。作为国家元首的总统同时也是政府首脑，并统率陆海空三军。总统制定并执行对内对外政策，政府各部委署都接受总统的领导和监督，总统有权任免各部部长，各部部长只对总统负责，服从总统的决策，而不对议会负责。对于半总统制来说，虽然在名义上总统仅为政治首脑，国家另设总理为行政首脑，但国家行政权力实际掌握在总统手中，所以总统同样是实权元首。俄罗斯是典型的半总统制国家，其宪法规定，俄罗斯联邦总统是国家元首，有权任命联邦政府总理、副总理和各部部长，主持联邦政府会议；有权解散议会，而议会只有在总统犯有叛国罪或其他十分严重的罪行，并经最高法院确认后才能弹劾总统。

2. 虚位元首

在现代社会，凡实行议会内阁制的国家，其国家元首必定是“虚位元首”，国家实权掌握在内阁及其总理或首相手中。

虚位元首又可以区分出两种情况，一种是君主制下的虚位元首，另一种是共和制下的虚位元首。在走向现代民主政治的过程中，有许多现代国家走的是君主立宪的道路，这就使君主制的形式得以保存下来，但君主的权力往往受到宪法或大量政治惯例的制约，因而君主丧失了传统君主制时期所拥有的实权，成为虚位元首。在这些国家中，君主制一般都有长远的历史传统，因而君主在国民中有相当高的号召力，君主作为“国家统一”和“民族团结”的象征，对于维护国家认同具有积极作用。另外，由贵族政治向平民阶层参与政治的转变，通常会引起保守势力的极大疑虑，如果保留王室而采取逐步削弱王室的权力的办法，那么在获得君主支持的情况下，保守势力的反对通常会趋于缓和，从而使得建立民主政治的过程较为稳健。共和制国家的虚位元首，通常也是由选举产生并有一定任期，但是总统不掌握行政权而由内阁掌握行政权，总统不对自己在履行职务时的行为承担政治责任，总统发布的命令总是需要总理和有关部的部长的附署，这些命令或政策的责任也就由总理和相关部长承担。这种不掌握行政权的总统通常只是行使礼仪性的职能。共和制下的虚位元首，与君主制下的虚位元首一样，在国家政治生活中常常以“中立”的立场出现，超脱于政党政治之外，当国内政治出现危机，尤其是政治势力的冲突导致政治僵局时，国家元首可以利用其政治影响力，从中调解，缓和矛盾，保持国内局势稳定。

一般认为，由于把象征性角色和实权角色分离开来，虚位元首制对于保持政治稳定和凝聚政治认同大有好处。而实权元首不免在象征性角色和实权角色之间存在紧张——象征性角色要求元首必须超脱于党派立场而代表国家的总体立场，而实权角色本身却难以超脱于政党立场。当这两个角色集中于实权元首一人身上时，如果政党执政导致行政首脑难以获得普遍信任，这就同时意味着缺少一个可以代表国家整体利益的政治首脑来调停和稳定局势，则国家容易趋向于分化对抗。

三、立法机构

“立法机构”这个词，暗含着政府组织中存在着一个代表全体人民进行立法活动的机构。但这样的看法并不是很恰当。我们通常认为，立法机构是由公民选举产生的代表组成的集体议事机构。立法机构也就是通常所说的议会，不过，不能由此推论议会的职能仅限于代表全体人民“立法”，实际上，立法机构的职权远远大于“立法”，它是代表人民行使国家主权的主要机构。

作为代表人民行使主权的机构，议会怎样构成更为适合呢？当今西方国家的议会最常采用的就是一院制和两院制。一院制是指一个国家只有一个议院并由它行使议会全部职权的制度。两院制则是指一个国家设有两个议院并由两个议院共同行使议会职权的制度。在历史上，也曾经有三院制和四院制的情况，但绝大多数国家主要还是在一院制和两院制之间考虑选择。

如果采用两院制，则议会如何组织以及两个议会之间的关系如何，在世界各国存在广泛的差别。代表全体国民的议会（往往称为下院）基本都是依照普遍、平等、直接、秘密选举代表的方式产生的，世界各国下院的组织基本趋向于一致，但是各国的上院，组织上却各不相同。以产生方式来说，有以下几种：一是由贵族世袭担任议员的，英国的贵族都是上议院议员，新授爵位的贵族也同样得以成为议员；二是由政府任命的，加拿大上议院有 96 名议员都是由总督任命；三是由国民选举产生的。就两院之间的权力关系来说，基本上是两种类型：多数是下院权力占有明显优势；少数国家两院之间权力大致接近，这以美国为代表。

议会的职能首先是代表职能，即代表人民表达政治意见和利益要求的职能，在此基础上更具体地表现为立法职能和监督、制约其他政府部门的职能。代表职能、立法职能、监督和制约职能是议会的三大主要职能。

（一）代表职能

每一位议员都是特定选区选举出来的，因而就直接的逻辑来看，议员似乎是选举他作为代表的选民和选区的代表。这一看法在政治实践中也得到相当普遍的支持，议员更经常为选举他为代表的选区的利益和那个选区的选民的利益说话。但是，理论家以及各国法律总是特别强调议员不是特定选区的选民的代表，强调议员要考虑的并非只是特定选民和地区的利益，而应当是代表整个国家的人民，考虑整个国家的利益。因此，在议员到底是代表选举他的选民还是整个国家的人民，是代表部分选民的利益还是整个国家利益这个问题上，存在明显的矛盾。应当说二者的矛盾是实际存在的，但这并不意味着二者之中必须舍弃一方，也不是必定要一方完全压倒另一方。就像在每一个人身上都同时存在这两种考虑一样。作为个人，我们具有我们自己的利益要求和权利要求，而作为国家的公民，也同时要考虑作为一个国家的整体利益和社会的公共利益，个人利益与公共利益有时候是完全一致的，但有时候又是确实存在冲突的，这时候我们对问题的考虑经常是在二者之间权衡协调，以便尽可能同时维护二者。作为议员，既要考虑选举他的选区和选民的利益，又要考虑国家的整体利益。如何既维护国家利益又促进和维护选民及选区利益，正为议员体现其政治智慧和施展其政治才能提供了广阔的空间。

现代国家中，代表职能正是议会的核心职能，它要求议会在人民和实际掌握管理权力的行政机构之间提供某种形式的联系，一方面代表人民向政府表达经过整合的要求，另一方面使得政府的施政方针和政策取向得到公开表示和解释。

（二）立法职能

议会的立法职能是议会代表职能的延伸和更具体的表现。把议会称作为立法机构的潜在含义是说议会是一个代表全体人民进行立法的机构。这在当代的政治经验中已经表明是不合适的。在十八九世纪，议会确实在立法方面占据主导地位，但 19 世纪末以来，尤其是第二次世界大战以后，社会管理事务越来越复杂，议会越来越无力就社会的新情况及时制定法律和法令，而行政机构作为实际管理部门，对相应的问题拥有较为充分的知识和经验，因而行政机构在立法方面反而占据了主导地位。根据统计，20 世纪 70 年代以来，英国议会和美国国会通过的法律有 80%左右是行政机构制定的，其他国家情况与此类似。因此，再称议会为立法机构就显得名不副实。

但是尽管如此，议会的立法职能依然是非常重要的。实际上，行政机构制定法律和法令，通常需要获得议会的授权委托，制定出来后还需要在议会中接受审议。议会的审议使得行政机构制定法律的行为受到监督和制约，同时也为行政机构制定的法律赋予了正当性和权威性。

（三）监督和制约职能

议会代表职能的另一重要表现在于议会制约、影响和监督政府其他部门的职能，尤其是对于行政机构的制约和监督职能。立法职能当然也具有制约的含义，但议会还有更多的途径来制约和监督行政部门。现代欧美国家的政府体制不尽相同，大致可以区分为以美国为代表的总统制、以英国为代表的议会内阁制、以法国为代表的半总统制三种类型。三种类型中，议会与行政机构的关系存在一定差别。不过，总的来说，人事任命权、预算表决权、监督权、质询与不信任投票权是议会制约和监督政府的主要手段。

1. 人事任命权

人事任命权是指政府主要官员的提名和任命或者由议会掌握，或者需要得到议会的同意。

2. 预算表决权

预算表决权是指政府的预算必须经过议会的同意。议会预算表决权对于政治过程来说，主要有两方面的意义：第一是由此使得政府施政公开，政府本身必须对经费的收支给出解释，并让议会和公众知晓，从而使得政府的主要活动公开化；第二是确定政府经费必然意味着确定政府具体施政的经费分配，所以预算表决不仅仅是对财政收支的数额的表决，事实上也是对政府施政方针的审查。

3. 监督权

立法和预算表决都是对其他政府尤其是行政部门在执行活动前予以制约，以实现公共的意志，但是，行政机构在执行过程中也可能违反法律，不合乎公共利益，所以议会还需要在政府执行过程中以及执行完成后进行监督。

议会对其有权管辖的事项都可以设置审查委员会。从各国的政治经验来看，最主要的审查有四种：（1）弹劾审查，即审查高级官员是否有违法行为，如存在，则提出弹劾；（2）选举弹劾，即审查选举时政府是否干涉或存在其他不正当行为；（3）行政审查，即审查某项行政，考察其利弊，而谋求改进；（4）立法审查，这是指在立法之前调查相关的政治经济社会情况，以作准备。必须注意的是，审查委员会只有调查的权力，只能提出报告说明情况，对所调查的问题没有权力直接处理。审查委员会在调查过程中需要相应的资料和证人。除非危及国家利益或事涉个人隐私，政府机构必须提供相关资料，相关官员和平民作为证人，必须接受审查委员会的传唤。如果证人拒绝作证或者作伪证，将会受到罚款或逮捕监禁的处罚。

弹劾是议会控告违法失职的政府首脑、高级行政官员或高级司法官员并追究其法律责任的一种司法程序。普通官员违法，比较容易受到惩处，但是高级官员违法，却往往难以通过普通司法程序予以追究，因而特别需要代表民意的机构来弥补这一不足。一般来说，在法治尚不健全的国家，特别需要通过代表民意的机构来限制和监督高级官员的不正当行为。

资料 3.11

弹劾制度的由来

弹劾制度始于14世纪的英国，是英国市民阶级和贵族制约王权的有力武器。它由下院充当原告，对违法的政府大臣提起公诉，然后由上院贵族担任法官，对被告进行审判，如果被告罪名成立，将受到严厉制裁。在爱德华三世和理查德二世先后执政期间，相继发生过两次重大弹劾事件。第一次是1376年议会对王室大臣拉啼诺爵士和尼维尔爵士的弹劾。前者被指控从事羊毛走私贸易，向国王提供高利贷性质的贷款；后者被指控在远征布列塔尼途中劫掠人民。二人均被剥夺公职，处以罚款，永不录用。第二次是1388年对理查德二世五个宠臣的弹劾。虽然理查德二世百般阻挠，拖了两年，但议会毫不妥协，甚至一度兵戎相见。最后议会获胜，五人中有的被处死，有的遭监禁。到斯图亚特王朝时期又发生斯特拉福弹劾案。斯特拉福伯爵及其朋友劳德大主教都是国王的枢密院顾问，是专制王权的坚定支持者，也是为当时市民阶级所痛恨的人物。1641 年，下院以 204 票对 59 票通过对斯特拉福叛国罪弹劾，并要求上院进行审判。在市民武装示威的压力下，上院被迫批准这一弹劾案，查理一世不得不在斯特拉福死刑判决书上签字。四年以后，议会又以同样的程序处死劳德大主教。弹劾成为民意机构对付显贵和高级官员违法和不轨行为的重要武器。随着责任政治的逐步确立以及法治的完备，对多数官员的追究都可以通过司法机构来进行，而弹劾也被限定为只针对内阁部长以上的官员和法官。实际上，现在英国已经极少使用弹劾手段，不过，弹劾依然是一件制约具有特殊权力的显要官员的重要备用武器。

资料来源：曹沛霖，等．比较政治制度．北京：高等教育出版社，2005：219－220.

4. 质询与不信任投票权

质询和不信任投票都主要存在于内阁制政府体制下，在总统制政府下，由于议会与行政机构完全分立，不存在质询和不信任投票的问题。质询是议会对内阁所应该负责的事情，用书面或者口头的方式提出询问，要求政府部门答复，以了解政府当局的施政方针、具体内容及其工作状况，从而对之进行监督。政府对议员的质询不能拒绝答复。不信任投票是指议会如果拒绝同意通过政府的政策、政府的财政议案或者其他重要议案，或者明确通过对政府的不信任表决，而表示议会不信任现任政府，此时内阁或者集体辞职，或者提请国家元首下令解散议会，重新大选，由新议会决定政府的去留。

四、行政机构

现代行政机构是具体执行立法机构的决议，实施行政管理的机构。行政机构的重要性几乎是不言而喻的，在一个国家，如果没有立法机构和司法机构，还可以维持国家的存在和社会秩序，但没有几个制定政策和执行决策的机构，则没有一个国家能够存在，这样的国家即使没有沦为外部敌人的猎物，自身也必定陷入无政府的混乱状态。因此，在狭义的概念上政府就是指行政机构。

（一）行政机构的构成

现代政府中，行政机构普遍由行政官员和科层组织（又称官僚组织）构成，因此对行政机构的分析需要分别考察行政首脑和科层组织。

超链接

中华人民共和国中央人民政府：http：//www.gov.cn

1. 行政首脑

行政首脑是指行使国家最高行政权力的个人或者机构。行政首脑经由选举产生，并实行任期制。在不同政体下，当今西方各国最高行政首脑的职位、职权和机构设置也不相同。一般而言，在议会内阁制国家，内阁是最高行政机构，内阁首脑就是国家行政首脑，其在君主制国家称为首相，在共和制国家称为总理。内阁首脑由议会选举产生，由君主或者总统任命。内阁首脑享有“组阁权”，即有权提名内阁组成人员，内阁集体对议会负责。在总统制国家，总统既是国家元首，又兼任行政首脑，由选民选举产生，对选民而非对议会负责。在半总统制国家，由议会选任的内阁总理是国家行政首脑，但是，由于总统也掌握行政权，因此，国家最高行政权实际上并非由总理行使。在委员会制国家，由议会选举生产的委员会是国家最高行政机构，委员个人没有独立的行政权力，最高行政权由委员会集体行使，因此，国家行政首脑就是委员会。

2. 科层组织

科层组织也就是通常所说的官僚组织，而官僚一词无论在西方各国的语言中还是在中文中，都具有明显的贬斥的含义，其中包含着人们对科层组织和科层组织中的职员的憎恨与恼怒。在西方文官制度中，通常把经选举产生的行政首脑以及与行政首脑共进退的官员称为政务官，而把政务官之外的、经公开考试择优录用而任职并实行常任制的行政官员称为事务官，即文官。文官构成了科层组织的核心组成部分。科层组织的基本结构呈现出等级分明的金字塔形状，科层组织成员在原则上必须服从上一级的领导以及明确制定的组织规则，而不像民选行政官员和立法机构的成员要直接向选民负责，并受到公众的监督。

科层组织的特征主要是：

（1）专业特长。现代科层组织建立在对社会事务的细密分工管理的基础上，而每一个管理领域都包含大量具体的知识和经验，不是长期从事这些工作的人往往无从得知，因此，政务官往往在一定程度上依赖于事务官提供信息和意见，这就使得文官具有潜在的议程设定权力，也就是说他们可以决定提供哪些信息，又压下哪些信息。

（2）常任制。这是指文官一经公开考试择优录用后进入科层组织，就不得任意解雇，除非违反法律、严重违纪、出现重大过错或在考核中被确认绩效极差。因此，较之领导科层组织的政务官员，文官在相应部门的任期相对要长得多，对于各部门的高级文官来说，情况更是如此，他们总比领导他们的部长对相关领域拥有更多的经验。在政府不稳定、出现频繁更迭的情况下，这一状况就更为明显。这就为科层官员抵制政治控制提供了便利，他们只需要把政务官员要求执行的政策搁置起来等到他们下台就够了，而在顶层出现权力真空的情况下，科层官员很自然会把权力接管过来。尽管在一个国家缺乏有效的政治领导的情况下，科层组织及其成员的稳定性为社会管理的稳定性提供了保障，但这也意味着政治责任更难以落实。

（3）根深蒂固的习惯。每一个科层机构都会在其活动过程中发展出自己的风格，以及对问题的轻重缓急的看法，并且这些机构在其历史发展中还与相关的其他部门或利益团体建立起了一些默契和私人联系，这些根深蒂固的习惯是不容易得到克服和控制的。

（4）政策的执行者。所有的政策决定都需要科层组织及其成员来执行，而要有效地执行政策又不可避免要赋予执行者一定的自由裁量权。在实现政策过程中，这种自由裁量权往往不是出于条件和环境的需要，而是为部门利益和私人利益服务的工具。

（5）内在的扩张倾向。所有的科层组织都有一种内在的倾向，想要扩大规模、增加人员和扩展管辖范围，而高层官员也像商人总是力图增加利润一样，想要不断增加自身机构的财政预算。这种倾向显然也是与科层组织应该服务于公共目的这一原则相冲突的。

（二）行政机构的职权

1. 最高行政权

从三权分立的角度来看，行政权是一种执行权，但是，在现实中，行政权并不局限于执行，而具有更广泛的职能。从中央政府的层面来看，行政首脑的职权，其实就是最高行政机构的职权。在各种政治权力中，行政机构的职权是最广泛的，因而也难以明确详尽地列举。大略地说，行政机构的权力包括以下七个方面。

（1）决策权。作为一国的行政领导机构，各国的最高行政机构有权决定国家内政、外交、军事、经济、教育、财政等方面事务的方针政策。政策是达成政治目的的手段、策略或程序。达成一种政治目的，可能存在多种手段，而决策者需要考虑能够更好地实现政治目的的方式。现代各国政府中的决策权基本都是掌握在行政首脑手中。行政首脑通常须充当人民意志和利益的代言人，还要动员人民对政治目标形成支持，在此基础上运用有效的策略完成相应的任务。行政首脑的关键职能是能够领导、动员人民和实现政治目的。

（2）行政业务的指导监督权。所有上级行政机构均可指挥监督所属下级机构，所有行政机构的负责人都有监督和指挥所属机构和人员的权力。

（3）发布命令权。行政机构有发布命令的权力，以便执行法律和办理行政业务。这些命令具有强制性，要求得到民众的服从。行政机构的命令可以分为两种，即普通的命令与法规命令。所谓普通命令是指行政机构单纯地根据某个具体事实而发布的命令。例如行政机构任免公职人员，或者对下级行政机构或所属人员下达指示，都是这种类型。而法规命令则是行政机构对于不特定的社会事实，或者一般的行政事务作出的抽象规定的行政命令。在形式上，它具有法律形态，而在实质上，还是一种行政命令。

（4）任免权。对行政官员进行任免，是行政机构的重要职权。不管是由议会直接制定的法律，还是由行政机构创议而由议会审议通过的法律，以及司法机构的审判裁决，都需要由行政机构来执行，这是行政机构的基本职能。这些职能首先就是行政首脑的职能。为了行政首脑能够有效地执行法律，通常赋予行政首脑任命和解除其他行政官员的权力。各国行政机构所属文武官员的任免权，原则上都属于行政首脑。在议会内阁制政府下，人事任免均由内阁决定，而以国家元首的名义发布。

(5) 准立法权。立法权本质上是属于立法机构的权力。但行政机构负有实际执行法律的责任，并且它对于法律是否适合于实际，是否跟上社会的变化更为敏感，它也具有更充分的立法所需要的相应信息和专业知识，因此，赋予行政机构一定的立法权，可以很大程度上促进国家的立法乃至执法工作。行政机构通常具有法案的提案权。行政机构一般具有等级制的结构，比立法机构更具有内在的一致性，因而为了保证行政的有效性，通常赋予行政首脑对由立法机构通过的法案的否决权。同时，由于现代社会的快速变化以及社会的日益复杂，立法机构在立法方面难以适应社会的需要，而不得不授权给行政机构更大的立法权力。现代政治生活中，行政机构所实际进行的立法活动比立法机构更为繁多。

(6) 准司法权。这是指行政机构裁决司法纷争的权力，通常即指授予行政机构的行政处罚权。在法治国家中，原则上只有司法机构才有审问和处罚的司法权力，但是为了管理上的便利和保持社会稳定，行政机构往往被授予行政处罚权，当公民有违反行政上的义务方面的行为时，行政机构可依法实施行政处罚。行政处罚原本主要是发生在治安和财政税收领域，主要限于对妨碍治安和偷税漏税的行为依法加以处置，但在国家管理范围大为扩张的时代，行政机构对于教育、卫生、经济、交通等方面违反规定的行为，也可以予以处罚。

行政机构还拥有司法行政权。司法行政部门掌管全部司法行政事务，包括各级法院的设置、监督、司法管辖区域的划分、司法人员的任免以及资格考核、监狱的设置和管理等。

(7) 掌管军事与外交事务的权力。现代国家必须垄断暴力的合法使用，武装力量包括军队和武装警察通常是在行政首脑直接控制之下。行政首脑必须为了整个国家的安全和利益而掌管和利用军事力量，应付紧急状况。

外交事务也主要是由行政机构掌管。行政首脑代表国家处理本国与其他国家的关系，如交换使节、缔结条约。缔结条约在性质上不完全是行政权，也不完全是立法权，但因情况特殊，这一权力实际上只能由行政机构行使，但立法机构具有审查和批准条约的权力。

2. 一般行政管理权

除行政首脑和最高行政机构行使的国家行政权之外，一般行政管理权由科层组织来行使。总体上来说，科层组织的职能就是执行由议会和行政机构制定的政策，但具体而言，则可以区分为下列四个方面。

(1) 信息管理职能。对于个人和社会的大量信息，需要收集、储存和分析，这些信息记录了社会中的大量活动和状况，对于了解问题、提出政策和评估相关公共政策的后果具有重要价值，可以为公共行政提供重要的数据基础。现代社会管理与决策极大地依赖于收集到全面而且准确的信息。

(2) 提供公共服务和公共物品。政府部门需要为普通公众或者特殊人群提供大量的公共物品和公共服务，包括教育、卫生、安全、交通、气象等。在不同的国家中，由政府部门提供的公共服务的范围可能会有很大差别，不过总体上来说，现代社会的政府要比传统社会的政府承担更多的公共服务职能，而 20 世纪以来，尤其是第二次世界大战以后的现代政府又要比 20 世纪以前的政府能够提供更为广泛的公共服务。

（3）管制和发放准许证。政府管理社会的一个主要工具就是制定和维护适当的标准和规则，管制和发放准许证是其中两个主要的方式。管制是政府为了保障公共利益而主要针对企业实施的一些强制性规定，但在一些管制妨碍效率和经济发展的情况下，也需要通过放松管制等措施来完善管制。发放准许证则更多涉及个人，例如医生、教师、律师、驾驶员等职业的从业资格的发放，甚至汽车修理工、木工等技术工人也需要政府发放从业资格证件，以保障公众和服务对象的利益。

（4）汲取资源。征集税收是汲取资源的主要途径，除此之外，一些国有企事业单位通常也是由科层组织来管理和负责的，它们上缴的利润也构成了国家财政收入的重要内容。

五、司法机构

司法机构是掌握裁判权的国家机构，核心职能是审判。所谓审判就是理解和运用相关法律与规则，审问、裁决一个给定的案件。司法机构对法律的运用和解释，不能主动作出，只有在案件申诉到法庭时，法院才能审理。这就是所谓“不告不理”原则。

传统社会中，无论中国还是西方，司法职能与行政职能普遍混合在一起。在欧洲中世纪语言中，司法和行政都被认为是法律的执行。西欧国家尽管在 16 世纪就已经出现了一个独立的司法系统，但在理论上提出司法是与立法和行政相并立的一项职能还是相当晚的事情，事实上，直到孟德斯鸠才正式把司法看作政府的三大职能之一，由此也就在理论上确立了司法机构的重要地位。

超链接

中华人民共和国最高人民法院：http：//www.court.gov.cn

中华人民共和国最高人民检察院：http：//www.spp.gov.cn

尽管法治原则不是现代政府所独有的，但是现代政府却必须遵循法治原则。司法机构的核心职能在于保障公民的权利，保障公民不受其他公民和政府部门的侵犯，公民在受到危害的情况下能够向司法系统寻求救济。法治原则是否得到遵循是判断一个国家是否达到现代政治文明的基本标准。现代司法机构在政治方面的重要地位和作用，特别体现在司法独立原则、司法审查制度和行政审判制度三个方面。

（一）司法独立原则

1. 司法独立的含义

司法独立，就是指法院、法官只服从法律，根据法定程序，独立行使司法权，不受其他任何权力机构和个人的影响和干涉。具体而言，司法独立有对外和对内两方面的含义：其一，对外独立是指法院和法官行使职权不受行政机构以及议会的干涉。现代政府内一般都设有司法行政机构，管理司法行政事务，如司法人员的培训、选拔，法官考核、提升、调动、晋级以及处分等事务一般由司法行政机构负责。但在案件的审判过程中，按照司法独立的原则，行政机构包括司法行政机构都不得过问。就议会而言，法院审判案件必须依据法律，而法律是由议会审议通过并可以加以修改的，但议会通过的法律是普遍的、抽象的规则，至于具体案件如何判决，则是法院的职权，议会不得干涉。其二，对内独立是指每一个法院和每一位法官在审判案件时都是独立的，仅仅根据法律来进行判决。在同一个法院内部，法官各自之间是平等的，在法官与法官之间不存在领导与被领导的关系；而在法院之间，高一级的法院对低一级的法院也没有领导关系，高一级的法院不得对较低层级的法院的案件审判进行干预。高层级的法院只能在案件宣布判决之后，依照上诉程序，对较低层级法院的审判活动加以审查。

2. 司法独立的制度保障

法官的独立依赖于相应的制度保障，即必须保证他们的独立、尊严和职位的稳定。现代各国法官都是根据法律和一定的程序产生的，其方式一般分为委任制、选任制和考任制。较高层级的法官一般采用有限制的议会选举和政府任命的方式。

法官得到任命担任审判职务之后，在任期内一般不得更换，这是对法官独立地位的一个重要保障。有不少国家法官职位实行终身制，如意大利和德国等，而实行法官任期制的国家，法官的任期也往往比较长。一般而言，除非因违法或严重的过错，如叛国罪、贿赂罪等而受到弹劾，法官不得被免职、撤职或者要求提前退休。在退休和薪酬上，法官也比同等级公务员有较优厚的待遇。在西方国家，一般还要求法官不得有政党身份，也不得从事政治活动，以保证中立。

（二）司法审查制度

司法审查是司法权制约和监督立法权的重要制度。司法审查又称宪法审查，即通过司法程序来审查和裁决立法和行政活动是否违反宪法的一种制度。司法审查制度是美国首创的。在美国开国时期制定宪法过程中，汉密尔顿在制宪争论中主张“立法机关不得制定剥夺公民权利的法案；不得制定有追溯力的法律，此类限制必须经过法院执行，因而法院必须有宣布违反宪法规定的立法为违宪之权”。这可以看成是司法审查最初的理论表述，不过因为在制宪会议中存在分歧，最后通过的宪法没有明确规定赋予法院以宪法审查权。但在 1803 年，在“马伯里诉麦迪逊”一案中，最高法院首席法官马歇尔创立了违宪审查权的第一个判例，由此确立了司法审查制度。司法审查制度强调，宪法是一个国家的最高法律，如果立法机构制定的法律违反宪法，就是无效的；同时，作为一个国家的最高法律，宪法为判定政府行为是否公正提供了一个客观的标准，而司法审查则是判定政府是否违宪的制度途径。司法审查制度是美国政治理论和经验对现代政治文明的一大贡献，当前，已经有大量国家仿效美国，建立了司法审查制度。

资料 3.12

美国“马伯里诉麦迪逊”案

1800 年，美国总统约翰·亚当斯在总统任期届满前几个小时内任命马伯里为哥伦比亚特区治安法官。新国务卿麦迪逊根据新总统杰弗逊的命令，拒绝向马伯里授予职权。马伯里遂向最高法院提起请求，要求最高法院发布命令状。最高法院为了避免与总统发生冲突，拒绝发布命令状。由最高法院大法官马歇尔宣布的最高法院的一致意见又认为，麦迪逊无权撤销任命，并同时宣布《1789 年司法法》中第 13 条有关最高法院发布命令状的规定违宪，因而是无效的。这个判决确立了联邦最高法院的司法审查权。

在当前各国中，司法审查制度大致可以分为两种类型，即普通法院审查制度和宪法法院审查制度。宪法法院审查制度是在普通法院之外设立专门的宪法法院或者宪法性机构，它们不审理普通民事、刑事案件，主要就国内有争议的法律的合法性以及政府机构之间的权力与责任之间的争执进行审查。德国、法国和意大利采用的都是宪法法院审查制度。普通法院审查制度是普通法院主要通过审理具体的诉讼案件来审查其所适用的法律是否违反宪法，属于这一类型制度的有美国、加拿大、澳大利亚、日本等国。例如，2010 年 3 月 22 日，奥巴马总统力推的美国医改法案（全称《保护病患及可支付的医疗保健法案》）通过了国会批准，此后，该法案引起各方争议并最终引发是否违宪的诉讼。2012 年 6 月，美国联邦最高法院以 5∶4 作出最终判决，认定该医保法案并不违反美国宪法。

资料 3.13

美国联邦法官叫停特朗普总统的“禁穆令”

2017 年 1 月 20 日，唐纳德·特朗普正式就任美国总统。此后一周之内连续签署了一系列行政令，引起全世界强烈关注。他 1 月 27 日签署的一道禁止 7 个伊斯兰国家公民入境美国的行政令（被媒体简称为“禁穆令”）则引发了美国各界的强烈抵触。

该项行政命令规定：120 天内禁止所有难民入境美国；无限期禁止叙利亚难民进入美国；90 天内禁止伊朗、苏丹、叙利亚、利比亚、索马里、也门和伊拉克这 7 个国家普通公民入境美国。由于这项政令是总统签字后即可生效，这就意味着这 7 个国家的公民，如果刚好在特朗普签字时在飞往美国的飞机上，只能原路返回。而且，这项政令实行的是一刀切的做法，这 7 国的绿卡持有者和双重国籍公民同样受到影响。禁令下达后，直接导致百余名赴美移民和难民、甚至拥有在美合法居留权的人在美国多个机场遭扣留。

1 月 27 日，两名拥有合法签证的伊拉克人在纽约肯尼迪机场入境时，因遭禁令限制入境，被带走拘留。为两人辩护的美国公民自由联盟（ACLU）的律师们随即连夜起草文件，向位于纽约布鲁克林的东区联邦地方法院对特朗普政府提起诉讼，称这两位伊拉克人遭非法拘留，要求尽快放人，并质疑“禁穆令”违宪。当地时间 28 日晚 9 点，东区联邦地方法院 Donnelly 法官颁布紧急停留令，阻止政府让持有有效签证的受影响 7 国公民出境。这一定程度上为合法公民形成一个小小的法律保护伞。该停留令下达短短几分钟后，弗吉尼亚州联邦地区法院的法官 Leonie M. Brinkema 颁布有效期一周的临时限制令，禁止遣返那些仍被拘留在华盛顿杜勒斯国际机场的持绿卡公民。

真正对特朗普 7 国入境禁令造成重创的一击来自西雅图的联邦法官罗巴特。2 月 3 日，罗巴特依据华盛顿州与明尼苏达州的起诉，裁定在审查特朗普限制 7 个伊斯兰国家公民入境的行政命令是否违反宪法之前，全美暂缓执行该禁令。罗巴特法官宣布裁决即刻生效，并适用于全美。2 月 4 日，美国国土安全部宣布，根据联邦法官裁决，立即暂停“任何及所有”执行这一总统行政令的行动。国土安全部将恢复此前对待入境旅客的检查方式。这是特朗普上台后遇到的最强有力的一次阻碍。

特朗普愤怒地指责判决荒唐至极，并指令美国司法部提出上诉。2 月 5 日上午，美国联邦上诉法院巡回法庭驳回了司法部关于立即恢复总统特朗普移民和难民政策行政令的请求，要求提交更多法庭文件后才会做出裁决。

此后，经过多番努力，“禁穆令”一直未得以实行。

（三）行政审判制度

行政审判制度主要体现司法权对行政权的制约与监督。行政审判制度是指公民、法人或其他组织认为行政机关或行政官员作出的行政行为侵犯其合法权益而依法向法院起诉，法院有权对行政机关或行政官员的行政行为的合法性进行审查并作出裁决的制度。这种制度旨在监督行政机关及行政官员正确合理地行使行政权力，避免行政权的滥用。

行政官员的行为可分为两种，一是以私人身份进行的作为，二是以官员身份进行的作为。如果前一种行为有违法律，那么官员将与普通公民一样，按照普通诉讼程序受到审判；如果是以官员身份侵犯公民权利，则必须提起行政诉讼。在英美法系国家，行政诉讼依然与普通诉讼一样，系由普通法院受理；而在大陆法系国家，如法国、德国，则设有专门的行政法院受理行政诉讼。

资料 3.14

法国行政审判制度的产生和发展

行政审判制度创始于法国。1789 年法国资产阶级革命之后，新兴市民阶级掌握了立法权和行政权，但司法权仍然掌握在保皇势力手中。为保障立法和行政事务不受保皇势力干涉，1799 年《宪法》规定“在执政领导下，参政院起草政府的法律草案和法令，并解决在行政领域内出现的争议”，提出司法机构不得干预行政事务，也不得受理行政诉讼案件，强调行政事务上的争执由行政机关自身处理。随后，在拿破仑执政时期，在巴黎设置了参政院，在各省设置了省级长官参事院，作为拥有裁决行政诉讼权限的行政法院。到法兰西第三共和国时期，随着政府社会经济职能的扩大，行政机构和官员迅速增加，参政院和参事院受理的案件也急剧增多，它们的司法职能日显重要。就在这个过程中，参政院和参事院逐步吸收、采用了司法的审理程序，逐渐在行政部门和普通法院之间自成体系。1953 年，参政院正式改名为行政法院，参事院改名为行政法庭或称地方行政裁判所。

当前，法国行政法院系统由中央一级行政法院和下一级行政法庭两个部分组成。根据现行宪法规定，行政法院是审理行政诉讼的终审机关，兼有司法、咨询、监督职能。行政法院由司法部长领导，由一名副院长主持日常工作，有成员 140 多人，分设四个咨询组和一个司法组。行政法庭作为地方行政诉讼机构，分为普通行政法庭和专门行政法庭；前者受理本地区的行政诉讼案件，并为本省行政长官提供咨询，后者解决地方行政管理中的纠纷，如税务、国家补助金等。

一个国家要真正实行法治，很重要的一个方面是通过制度来保障，制度化是保障司法独立的重要环节。然而，认为有了制度上的规定，司法机构和司法程序在实际运行中就可以完全避免政治干预，却是不切实际的。法治原则的实行，有赖于全社会的民众以及政府机构和法庭对司法公正的尊重，法律的实施本身有赖于民众普遍的守法。

本章小结

国家统治形式包括政体和国家结构形式。政体是指一个国家采取什么样的形式来组织国家权力机构，具体表现为国家权力的横向配置关系，即同一层级上不同国家权力机构之间的关系模式。本章在介绍政体分类的基础上，重点对比了君主制和共和制、议会内阁制与总统制的差异。

国家结构形式是指国家的中央权力机构与地方权力机构，即国家的整体与部分之间关系的构成方式。单一制和联邦制是两种最主要的国家结构形式。我国在坚持单一制的前提下，建立了民族区域自治制度和特别行政区制度。

现代的国家机构主要包括国家元首、立法机构、行政机关和司法机构。现代政府的基本原则有：人民主权原则、责任政府原则、分权制衡原则、法治原则。

国家元首是主权国家形式上或实际上对内对外的最高代表。立法机构是由公民选举产生的代表组成的集体议事机构，主要职能是代表职能、立法职能、监督和制约职能。行政机构是具体执行立法机构的决议，实施行政管理的机构。行政机构普遍由行政官员和科层组织构成。司法机构是掌握裁判权的国家机构，核心职能是审判。现代司法机构在政治方面的重要地位和作用特别体现在司法独立、司法审查和行政审判制度三个方面。

思考题

1. 现代政体有哪几种类型？
2. 单一制和联邦制有何主要区别？
3. 现代政府有哪些基本原则？
4. 立法机构的主要职能是什么？
5. 行政首脑有哪些主要职权？

第四章　政党与政治社团

引　例

2016 年正是美国总统选举年。上半年是预选阶段，由各党派竞选人在各州争夺本党总统候选人提名，然后再举行各党全国代表大会决定总统候选人。共和党于 2016 年 7 月 19 日召开全国代表大会，正式宣布提名特朗普为总统候选人，并通过竞选纲领，首次正式支持特朗普关于在美墨边境上修筑围墙的提议。民主党于 2016 年 7 月 26 日举行全国代表大会，希拉里顺利成为民主党的总统候选人，成为美国历史上首位获得主要政党提名的女性总统候选人。

此后，总统竞选便正式拉开帷幕。在此期间，各党候选人耗费巨资竞选，通过广告大战、发表竞选演说、会见选民、召开记者招待会以及进行公开辩论等多种形式，阐述其对国内外事务的政策主张，以赢得选民对自己的信任，争取选票。

2016 年 11 月 8 日，美利坚合众国总统选举正式投票，同时众议院全部 435 个席位及参议院 100 个议席也进行改选。2016 年 11 月 9 日（当地时间 11 月 8 日），美国大选投票结果揭晓，共和党候选人特朗普胜选。

特朗普于 2017 年 1 月 20 日宣誓就职总统，并宣布由共和党人构成的政府班子。在特朗普总统任期内，共和党成为美国的执政党，民主党退为在野党。

由此可见，政党在美国政治运行中发挥了哪些作用？

政党是现代国家政治生活中一种普遍的政治现象。政党起源于政治派别，是基于政治人物对于政治现象的不同理解而产生的。现代政党是近代资本主义国家政治发展的产物，它经历了一个长期的演进过程，伴随着议会制度和选举制度的完善而逐步成熟。在现代政治生活中，参与自由民主政治，就意味着参加或支持某一政党，政党是现代政治文明的产物，更是现代政治生活的重要组成部分。

第一节 政党及其特征

一、政党的含义

（一）西方学者的观点

英文“政党”（party）一词的词源为拉丁文的 pars 或 partire，本意是划分或分割。party 一词被附着政治意义最早是在 17 世纪。初用时，“政党”与派别还经常混用，指社会上一部分政治观点和利益相同的人组成的政治集团。到 19 世纪，政党才与派别区分开来。①

正因为“政党”起初是与派别混用的，故而在政治学研究中常把政党区分为传统政党和现代政党。传统政党，或称早期政党，虽有“政党”之名，有执掌政权的强烈愿望，但其成员数量相当有限，没有固定的组织形式或组织结构很不完备，且政治活动主要限于议会或政府本身层面，尚未扩大、深入到社会层面，形成对广大民众的动员。美国政治社会学家奥罗姆指出，现代政党最早出现于 19 世纪二三十年代，只是到了这个时候，“现代政党才充分具备了它的外部标志——强有力的组织和公众卷入。”② 我们考察政党的含义是针对现代政党而进行的。

对于政党的含义，自政党产生以来就一直存在分歧。归纳起来，主要有以下四种表述。

1. 联合说

即认为政党是民众的联合。美国学者比尔德认为：“政党是从现实角度设想的，它是一群人的联合，这群人一心要占有宪法所批准的政府，并运用政府的各种手段来制定和实施他们认为公正、适当或对他们的利益有好处的法律”，所以，政党是“团结起来的男男女女的联盟”③。这就是说，政党是公民的结合，是具有某些组织形式的、持久性的集团或团体。据此，他从联盟的成员数出发，把政党分成骨干党和群众党两类。比尔德把政党当成某种联合，无疑具有一定的现实意义，但政党并不仅仅是一种联合，它是一种结构比较稳固、目的比较明确的政治联合。

2. 中介说

即认为政党是在政府和社会之间发挥着中介作用的组织。持这种观点的，以美国的

---

① 《中国大百科全书》编辑部．中国大百科全书：政治学卷．北京：中国大百科全书出版社，1992：470.
② 奥罗姆．政治社会学导论——对政治实体的社会剖析．杭州：浙江人民出版社，1989：277.
③ 比尔德．美国政府与政治：上册．北京：商务印书馆，1987：61，62.

斯莫尔卡等为代表。他们认为，随着政治民主化进程的发展，政府与社会、政府与个人之间的矛盾与冲突不断增加。于是，需要一些组织调节政府与社会、个人，尤其是政府与利益集团之间的矛盾与冲突，政党作为利益代表可以起中介和仲裁的作用。因此，他们认为，政党是个人与政府之间的一个链环，"是社会与政府之间的中心媒介和仲裁人的组织"①。显然，这是一种从现实考量界定政党含义的观点，把政党归结为一种社会手段、措施，事实上也就是把政党等同于一般社会团体或组织。

3. 选举组织说

即认为政党是以选举为主要活动领域的组织。布赖斯认为，"在行代议政治的国家中，政党有两种主要的任务：宣传政策及办理选举"②。英美等国政治学者大都认为，"政党是为了争取选民投票支持它所提名的候选人而高度组织起来的集中统一的团体"③。这就是说，政党的主要政治活动就是参与、影响议会等的选举，争取选民投票支持它所提出的候选人。进一步说，政党插足选举，其直接目的就在于促使自己支持的候选人出任政府要职。有学者就明确了这一认识：政党是组织松散的、以特定的标签（政党名称）寻求选举政府官员为目标的组织。日本学者冈泽宪芙认为："政党可以表述为在政治空间展开'共同竞争'的组织（在'竞争'与'对抗'中发现存在的根据和生命源泉），也可以表述为一些人的集合体：他们吸收和动员游荡于政治领域的各种利益及思想，并试图以这种力量为依托去争取政治过程的持续支配权。"④ 在这里，所谓争取到对政治过程的"持续支配权"，是由参与"共同竞争"即选举这一途径达成的，"支配"的基本体现也就是政党所支持的候选人当选政府要职。

资料 4.1

美国的"驴象之争"

四年一次的美国总统选举被称为"驴象之争"或"驴象赛跑"。"驴子"是民主党的党徽，"大象"是共和党的党徽。民主党与共和党分别以驴和象作为自己的象征，源于德裔美国政治漫画家汤姆斯·纳斯特的讽刺漫画。

民主党最早和驴子扯在一起是1828年杰克逊竞选美国第七任总统。当时对手批评他是"笨驴"。1870年，纳斯特画了一头驴登在《哈泼斯周刊》上，以讽刺当时北部反对内战的民主党人。驴子虽然笨头笨脑，却被民主党人视为既聪明又勇敢的动物。1880年，民主党在总统选举中开始以驴子作为党的代表动物。

1874年，纳斯特在《哈泼斯周刊》上画了一幅摔倒的大象，用它代表不满共和

① 罗豪才，等．资本主义国家的宪法和政治制度．北京：北京大学出版社，1983：130.
② 布赖斯．现代民治政体：上册．长春：吉林人民出版社，2001：114.
③ 萧超然，晓韦．当代中国政党制度．哈尔滨：黑龙江人民出版社，2000：14.
④ 冈泽宪芙．政党．北京：经济日报出版社，1991：3-4.

党总统格兰特执政的共和党选民。同年，共和党在国会中期选举中大败，纳斯特又画了一幅受困的大象予以讽刺。在共和党人看来，大象代表了尊严、力量和智慧，索性把大象作为自己的代表动物。

民主党与共和党看似竞争激烈，其实具有一些共同的特点：(1) 两大党均无固定的纲领，也无最终目的或长远的宗旨，只有适应大选需要的竞选纲领。(2) 两大党均无约束其成员的党籍。按照惯例，凡在进行选民登记时声明和登记为民主党人或共和党人，都被认为是民主党或共和党的党员。(3) 两党均设立全国委员会、州委员会、县委员会和基层选区委员会四级组织机构，但它们之间无垂直领导关系，平时只有一些工作上的联系。

4. 政治团体说

这种学说认为，政党是一种政治团体，它通过提出一整套关于治理国家和社会的纲领和原则，提名候选人当选，以取得国家政权或行使权力，以便决定和执行公共政策。例如，有学者认为，“政党是有明确的纲领和一定的政治目的，在观点上和行动上或多或少统一起来的团体”①。再如，英国思想家埃德蒙·柏克最早就现代政党给出了明确的定义，在柏克看来，政党“就是大家基于一致同意的某些特殊原则，并通过共同奋斗来促进国家利益而团结起来的人民团体”②。柏克的定义对当代政党研究产生了极为深远的影响，因为他第一次明确把政党与国家、利益和团体三者联结起来，给政党以比较科学的定义，以区别于其他政治组织、派别和一般社会组织。

上述四种关于政党含义的表述，分别从不同视角揭示了政党的部分特征。但是，政党的这些特征尚不足以构成政党含义的全部内容，而且这些表述从本质上混淆了政党与一般政治团体的区别，尤其是没有体现政党最基本的特征——阶级属性。

（二）马克思主义者的观点

马克思主义揭示了政党的阶级性。共产主义者同盟是世界上第一个无产阶级政党，它成立于 1847 年 6 月。1848 年 2 月，同盟纲领《共产党宣言》发表，这标志着马克思主义政党学说的形成。马克思和恩格斯在《共产党宣言》中分析了无产阶级建立自己独立政党的过程，并总结说：“资产阶级无意中造成而又无力抵抗的工业进步，使工人通过结社而达到的革命联合代替了他们由于竞争而造成的分散状态。”③ 这里所说的革命联合就是组织成为阶级，并进而组织成为政党。在 1889 年 12 月 18 日致格·特里尔的信中，恩格斯就明确指出了这一点：“要使无产阶级在决定关头强大到足以取得胜利，无产阶级必须（马克思和我从 1847 年以来就坚持这种立场）组成一个不同于其他所有

① 萧超然，晓韦．当代中国政党制度．哈尔滨：黑龙江人民出版社，2000：14.
② 孙关宏，等．政治学．上海：复旦大学出版社，2003：97.
③ 马克思，恩格斯．马克思恩格斯选集：第 1 卷．2 版．北京：人民出版社，1995：284.

政党并与它们对立的特殊政党，一个自觉的阶级政党。”① 马克思和恩格斯强调无产阶级组织成为政党的重要性，是与他们认识到政党具有阶级性密切相关的。列宁则更直接地指出了政党的阶级属性：在通常情况下，在多数场合，至少在现代的文明国家内，阶级是由政党来领导的。

（三）政党的定义

针对以上关于政党含义的分析，我们可以概括地说：首先，政党是具有共同利益的阶级和阶层的代表，政党由阶级的骨干分子组成，发挥着整合阶级或阶层利益的作用。当代西方政治学者大多认识到政党具有利益聚合的作用，例如美国政治学者阿尔蒙德等认为：“政党特别善于进行利益聚合活动，因为它们把主张一系列政策的人提名为候选人，然后竭力为这些候选人争取支持。”② 日本学者冈泽宪芙也认为，政党接受个人和集团在社会生活中形成的、并向政治系统表露的各种利益、要求、意见和欲望，把它们归纳成为在决策时便于处理的几套可供选择的方案。③ 在马克思主义看来，所谓利益聚合，实际上正反映了政党具有阶级性。其次，政党是一个以动员民众认同党纲，参与选举等政治活动，获取国家权力为目的的政治组织，而不是社会团体或其他组织。基于这两个判断，我们可以就政党给出较为合理的定义，这就是：政党是由特定阶级或阶层中的骨干分子组成的政治组织，它代表具有共同利益的阶级和阶层，通过广泛动员民众，力图实现掌握和巩固国家政权的目的。

（四）政党政治

随着现代国家民主政治和政党的发展，政党在国家政治生活中发挥越来越重要的作用，从而形成所谓的政党政治。政党政治是指一个国家通过政党行使国家政权的形式，主要表现在三个方面：一是政党以各种方式参与政治活动，就国内外重大政治问题发表意见，对国家政治生活施加影响；二是政党争取成为执政党，然后通过领导和掌握国家政权来贯彻实现党的纲领和政策，使自己所代表的阶级、阶层、集团的意志变为国家意志，这是政党政治的核心；三是政党处理和协调与国家以及其他政党、社会团体和民众之间的关系。

从西方政党成长的过程看，现代政党自产生起，就是一种组织政治利益共同体，以获取国家权力的工具性政治团体。现代政党是一种政治手段，这是西方政党发展的一个重要特点。事实上，自产生以后，现代政党一直都是以获取国家权力为目的的政治组织。一旦政党获得国家权力，政党就从国家政治生活中“隐形”，实行国家制度的政治统治。如美国共和党或民主党领袖当选为美国总统后，就不再按照政党运行方式，而是按照美国宪法确立的总统制度进行国家治理。这时政党从竞选时的显形一变而为执政后

① 马克思，恩格斯．马克思恩格斯选集：第4卷．2版．北京：人民出版社，1995：685.

② 阿尔蒙德，小鲍威尔．当代比较政治学．北京：商务印书馆，1993：106.

③ 冈泽宪芙．政党．北京：经济日报出版社，1991：4.

的“隐形”，不管执政党还是反对党都试图通过议会等政治场所来对现行国家政策施加影响，在此基础上，促成政策的最优化，保持公民对政治生活的关注、参与。同时，执政党和反对党也通过提出党纲等形式参与国家治理的宏观设计，并培养未来的政党领袖，准备下一次的政治选举，以便获得国家权力或对国家权力的进一步掌控，这个过程也就是政党延续的过程。

二、政党的特征

基于上述关于政党含义的表述，政党拥有下列基本特征也就不难理解了。

（一）政党是特殊的政治历史现象

马克思主义认为，政党不是从来就有的，也不会永远存在。它是在一定的历史条件下产生，并将在一定历史条件下消亡的政治组织。它的存在同阶级或者阶层利益直接相关。国家是阶级分化和斗争的产物，政党的存在又以国家的存在为前提。随着阶级的消亡以及社会的不断发展壮大，国家最终将失去存在的必要而走向消亡。随之，政党这个以获取国家政权为目的的政治组织也就完成了其历史使命而走向消亡。

（二）政党具有阶级性、阶层性

按照马克思主义经典作家的理解，阶级是按照人们在社会生活中的经济地位划分的，由社会经济地位相同的人们组成的集团。政党则是围绕着共同的阶级利益、在一定的阶级基础上产生的政治组织，是阶级斗争发展到一定阶段的产物。政党之间的斗争是各阶级和阶层利益斗争的集中表现。政党的阶级性、阶层性是政党的根本属性，是政党和其他社会组织的基本区别之一。

（三）政党是有组织、有纪律的政治组织

政党要发挥组织者、领导者和代言人的作用，就必须有完整的组织体系，才能动员和组织本党的党员，并动员和组织其他民众以本党为核心，聚集在本党周围，共同参与政治生活，实现政党的政治目的。在此有必要强调，政党之所以要形成完备的组织架构，很大程度上是因为政党必须广泛动员民众或争取民众支持。因而所谓政党有一个完整的组织体系，就必然意味着政党同时具有广泛动员民众的特征。

政党必须有完整的组织体系，与此相应，在政治活动中，政党就必须拥有与组织相配套的组织纪律，并以此来约束党员的行动。否则，政党就无法达成其政治目标，政党本身也会日渐松散，进而面临解体的命运。所以，政党的纪律严格与否是检验政党有无生命力和战斗力的重要标志。

（四）政党拥有一定的政治纲领

一个政党的政治纲领是由该党所代表的阶级或阶层的特点，以及该党在不同历史阶段中的不同历史使命所决定的。政治纲领决定、展示一个政党的政治目标，而政党之间

的差异也主要表现在政治纲领的不同上。政党的政治纲领所表达的是政党谋求和巩固国家政权的途径和方法，以及谋取政权之后所要达到的目标，它集中反映了某个阶级或阶层的主张。在一般情况下，政党有比较明确的政治纲领。

但是，在当今的西方国家，由于选举是针对全体国民进行的，也由于现代政治的发展和政党在政治生活中的地位日益凸显出来，正如肯尼斯·米诺格说的那样，政党开始互相偷窃对方的政治外衣，把对方的支持者挖到自己这边来——这是政治游戏的一部分，往往较少考虑本党政治信条的前后一致。这就导致了政党政治纲领的趋同现象。于是，在西方国家中，政党的政治纲领往往并没有或不能如实反映政党在政治主张上的实质差异。当然，出于拉拢选民的需要，政党在某一时间段内的政治主张仍会形成区别，这通常是在政党的竞选纲领中体现出来的。但是，总统上台执政后，当初竞选纲领提出的政治主张并非一定能够得以实现。

资料 4.2

政党竞选纲领小史

政党竞选纲领始于 1834 年英国保守党发表的斯塔福德州竞选纲领，它与近代议会政治一同诞生。顾名思义，竞选纲领就是政党为了获取政权而提出的政党理念。政党竞选纲领不是传统意义上的候选人个人的竞选宣言，它是以党内意见的一体性为前提的，要求党内意见在选举前即已经过充分调整而达成统一，一旦当选成为执政党，还要尽可能将之付诸统一实施。所以，竞选纲领又可以称作施政纲领。

20 世纪 60 年代以后，政党竞选纲领逐渐趋于成熟。其原因在于：首先，政府职能扩大。对于执政党和在野党来说，由此就有必要明确众多政策的具体方向以赢得选民的支持。其次，来自利益团体的政策要求日趋强烈。再次，针对投票率下降的趋势，各政党以恢复信任为目的，在竞选纲领中努力规划出具体的数值目标。最后，政党政治的需要。政党政治的一个重要体现是政党通过选举获得一定时间内执掌政权的可能。不管是执政党还是在野党，为了赢得政权，都需要不断向选民展示其竞选纲领。竞选纲领是否贴近民意以及竞选纲领的过往实施能力，都成为选民评判政党优劣的重要标准，对选举产生重要的影响。

资料 4.3

奥巴马总统兑现的承诺有几何?

奥巴马总统八年任期取得的最闪亮的政治成就包括：通过并实行了医保改革法案、与古巴“成功破冰”、从伊拉克和阿富汗撤军、缓解伊核危机、击毙本·拉登以及促进同性婚姻平等。尽管奥巴马取得了一系列举世瞩目的成就，但是，相对于竞选纲领中的承诺还是远远不够。美国媒体指出，奥巴马在2008年和2012年的总统竞选活动中，先后作出过533项承诺，截至2016年10月，兑现承诺241项，占比不足一半。各类议题兑现承诺占比：经济50%；税收38.6%；教育61.6%；环境51.7%；医疗卫生49.4%；外交政策44.8%。

政党竞选纲领一般表现为一系列具体的政策主张，主要包括：(1) 可以评估的具体的政策目标，如数值目标、实施期限、程序、手段以及达到这一政策目标所必需的财政预算。(2) 政策实施的体制与结构。(3) 政策实现的日程表等。随着政党竞争的日趋激烈，在大量“中间”选民的投票取向并不明确的情况下，为了获得选民的认同和投票支持，现在政党竞选纲领也出现了政治主张趋同的现象。

(五) 政党和国家政权密不可分

这是由政党的性质所决定的。马克思主义认为，政党是阶级的组织，阶级之间的斗争必将上升为政治斗争，而政治最根本的问题就是国家政治权力。作为阶级的代表，政党必须牢牢掌握国家政权，否则就不能有效地维护本阶级的利益。按西方学者的观点，从现代政党形成和发展的历史看，政党从产生那刻开始，就是以获取执掌国家政权为目的的。政党只有掌握了国家政权才能实现其政治目的，并展开一系列的政治活动，政党也才具有生命力。因此，政党几乎所有的政治活动都与国家政权相联系。把掌握国家政权作为自己的首要目标，是政党和其他社会团体的一个极其重要的区别。

第二节　政党的产生与发展

人类对于组织的需要可以追溯到远古时期，可以说对于组织生活的诉求是人类的本性。古希腊思想家亚里士多德强调，人是天生的政治（即城邦）动物，人与城邦的本质联系，实际上就反映了人类从本性上有过集体生活的需要。而要从事集体生活，作为社会存在的组织就成了必需品。这一方面是为了与自然界作斗争，维系自身的生存，另一方面是为了满足自身的情感需求。在人类集体生活的发展过程中，基于血缘、地域、社会交往或者其他因素而形成了一定的生活群。一旦投入政治生活，人类的这种生活群就发展成为基于共同利益的派系。在人类历史上，派系是一种相当古老的普遍现象。但是，这种基于共同利益而结成的狭隘的派系组织并不是政党，尽管“政党”一词在使用之初常与派系相混淆。政党是现代政治生活的产物，只有当派系以执掌国家政权为目的时，它才有可能演变成为政党。

一、西方政党的产生和发展

西方政党的产生直接得益于西方国家代议制、普选制等基本民主制度的逐步完善，从根本上说，则是近代资本主义发展的结果。

（一）西方政党产生的原因

对于政党产生的原因，西方学界看法不一。法国政治社会学家迪韦尔热认为主要有两种政党产生方式：内生党和外生党。内生党即从体制内产生的政党，是议会内部的议员在政治生活中逐渐联合起来而形成的政党，外生党则是从体制外产生的政党，是在代议机关之外的政治力量对统治集团发起挑战并要求在代议机关中取得自己席位的政党。①

除此之外，主要有三种流行的解释：制度论认为，政党的出现是近代议会和选举制度改革的结果；历史局势论认为，政党的产生是因为在新旧制度的交替过程中以及在民族战争中，围绕着正统性、领土主权和完整性以及参政问题发生争论，在争论中产生了多样性的政党；发展论认为，政党出现是社会现代化的结果，由于政治、经济和科学技术的发展，使得中央与地方、个人与政府等方面的关系加强了，其结果就导致政党的出现。②

（二）西方政党产生的条件

上述理论从不同角度解释了政党产生的原因，为我们理解当前世界上众多政党的产生提供了有益的视角。就历史考察来看，现代政党最早出现于 19 世纪二三十年代，以英国、美国的传统政党向现代政党转型为标志。法国、德国、意大利等国家的现代政党则出现得相对较晚。从这些国家的情况看，传统政治派别的区分和选举制度的改革为现代政党的产生创造了条件。

1. 英国政党的产生

1640 年英国资产阶级革命爆发后，英国政治生活中长期存在着两个政治派系的对立，从 1641 年开始有圆颅党与骑士党的对立，从 1678 年开始则有辉格党和托利党的对立。到了 1832 年，英国议会通过第一个《选举改革法》，大幅度增加了选民数量，并在议席分配、选区设置、选民登记等方面都作出了新的规定。为了获得更多的选民支持和议会议席，辉格党和托利党都迅速完善了组织结构，建立了中央党部和地方党组织，并开始完善选举机器。1832 年，辉格党和托利党分别更名为自由党和保守党，此时，它们已不再是传统意义上的政治党派，其形成标志着英国现代政党的诞生。此后，自由党和保守党保持着稳定的轮流执政。1886 年，自由党发生了严重的分裂，并从此走向衰

---

① 孙关宏，等．政治学．上海：复旦大学出版社，2003：106－107.

② 王沪宁．政治的逻辑——马克思主义政治学原理．上海：上海人民出版社，1994：343.

落。1906年，工党成立，1924年1月，第一届工党政府上台执政，从此以后，工党代替自由党与保守党保持轮流执政。这种轮流执政的政党政治格局一直延续到今天。

资料4.4

英国传统政党的产生和发展

1640年英国资产阶级革命爆发后，议会内部分裂成了对立的两派，一派代表封建地主和贵族阶级，竭力维护绝对王权，另一派则代表新贵族和新兴资产阶级，强烈要求限制王权。1641年11月，国王反对派提出《大抗议书》，在议会表决时，两派的对立得到了充分体现。两派互相指斥，保王派被斥为"骑士党"，国王反对派则被骂作"圆颅党"，这为后来形成托利党和辉格党埋下了伏笔。

1678年6月，一个名叫泰特斯·奥茨的人传言说，一些天主教徒企图火烧伦敦，镇压新教徒，并暗杀国教最高领袖。这就是所谓"天主教徒阴谋"事件。在审理此案的过程中，一些议员利用人们对天主教的愤恨，对事态大肆渲染。这些人很快获得了辉格党的称号，其政敌则被称为托利党。"辉格"（Whig）一词原指苏格兰西南地区一伙反天主教的清教徒盟约分子，意为"强盗"。"托利"（Tory）一词原指爱尔兰的一些天主教流民，意为"歹徒"。1679年，议会内部围绕约克公爵詹姆士法案而发生了严重分歧，该法案以英王查理二世的弟弟——约克公爵詹姆士为天主教徒而拒绝他继承王位。这就促成了辉格党和托利党的正式问世。辉格党主要代表新贵族和商业、金融业资产阶级，托利党主要代表贵族和地主阶级。

资料来源：王长江．世界政党比较概论．北京：中共中央党校出版社，2003：281-283.

2. 美国政党的产生

美国现代政党的起源可上溯到1787年围绕宪法批准问题而形成的联邦党人和反联邦党人两大政治派别。1789年联邦政府成立后，两派演化为联邦党和共和党，后者于1794年改称民主共和党。19世纪初开始，联邦党逐渐走向衰落，民主共和党则逐渐独霸美国政坛。19世纪20年代，民主共和党内部分裂成了两派，一派称青年共和党，另一派仍称民主共和党。1824年总统选举中，民主共和党的分裂正式公开。此后青年共和党改称国民共和党，并于1834年为新成立的辉格党所取代。另一派则在1828年总统选举中简称民主党，并在1840年正式定名为民主党。到1840年时，随着选举资格的财产限制逐渐取消，以及总统选举人逐渐改为选民直选，辉格党和民主党都建立了从全国到基层的一整套组织，成了真正的全国性政党。美国的现代政党诞生了。1854年，北部辉格党人领导建立共和党，共和党逐渐取代了辉格党。在此前后，辉格党和民主党都发生了大分化和大改组，北部辉格党人和北部民主党人加入了共和党的阵营，而南部的民主党人和辉格党人也统一在民主党的旗下。南北战争结束后，共和党和民主党的轮流执政代替了原来辉格党和民主党的轮流执政，这种政党政治格局一直延续至今。

资料 4.5

美国传统政党的产生和发展

独立战争胜利后，在讨论和批准 1787 年宪法时，美国政治精英内部出现了不同的政治倾向，并形成联邦主义者（或称联邦党人）和反联邦主义者（或称反联邦党人）两个派别。1789 年联邦政府成立后，两派在宪法解释、联邦与各州权限以及公债、设立国家银行等问题上发生了严重分歧。以财政部长汉密尔顿为首的联邦党人代表东北部大资产阶级、大商人利益，主张对宪法从宽解释，建立起一个强有力的联邦政府，因而主张批准联邦宪法；而以国务卿杰斐逊为首的反联邦党人代表资产阶级民主派、州权派等利益，主张对宪法从严解释，反对给联邦政府以太多的权力，要求扩大州权、保障自由，认为应该在宪法中加上保障人民权利的条款后再批准其实施。反联邦党人于 1791 年开始组织共和党，由杰斐逊任领袖，故又称杰斐逊共和党，1794 年改称民主共和党。联邦党人于 1795 年正式成立联邦党，并于 1797 年至 1801 年执政。1801 年以后，由于联邦党组织松散，内部倾轧，并在 1812 年至 1814 年的美英战争中采取亲英立场，图谋分裂联邦，激起民愤。1816 年总统选举中，联邦党惨遭失败，从此一蹶不振，至 1817 年已经名存实亡。民主共和党则在 1792 年欧洲战争爆发后势力迅速扩大，在 1801 年杰斐逊出任总统开始直到 1828 年，美国政府权力一直由民主共和党人把持。

然而，在此时的美国，以北方为代表的雇佣劳动制度和以南方为代表的奴隶制度之间的矛盾逐渐浮出水面，民主共和党因此于 19 世纪 20 年代分裂为两大派系，代表北方的一派自称“青年共和党”，继承了联邦党的传统，另一派仍称民主共和党，保持着反联邦党的传统。国民共和党在 1828 年和 1832 年两次竞选总统失败后逐渐湮没无闻。民主共和党在 1828 年总统选举中简称民主党，党首杰克逊当选为总统。1840 年举行的第三次全国代表大会上，民主共和党正式定名为民主党。1834 年，辉格党成立，它是反对杰克逊政权的松散党派联盟，在 1840 年总统选举胜利后，成为全国性的主要政党。

3. 法国政党的产生

法国现代政党的源头可以上溯到 1789 年的大革命。大革命爆发后，围绕赞成君主制还是共和制的争论形成了斐扬党人、吉伦特派、山岳党人等政治派别，这些政治派别被划分为左、中、右三派。所谓左、中、右派，原指法国革命时期不同派别在国民议会中就座的位置。左派和右派后来分别用来指革命和反革命，或者激进和保守。到 1848 年法兰西第二共和国建立后，国会中形成了保皇党、共和党和社会党三大党，以左、中、右三派政党为主体共同实现多党制的政党政治格局也就此固定了下来。相对于英国、美国而言，法国的现代政党出现得稍晚一些，德国和意大利的现代政党大致都出现在 19 世纪末叶。

(三) 西方政党的演化历程

西方政党在产生和发展过程中，都有一个从传统政党向现代政党转型的经历。而传统政党之所以产生，则是因为在现代国家的产生和发展过程中，一国的政治精英对于国家政权建设的路径选择问题经常会发生分歧，传统政党就是意见相左的不同政治派别。传统政党的活动只局限于议会和政府部门，并没有将触角引申到社会的各个层面。只有当普选制度逐步建立起来时，政党才不得不去拉拢各个阶层的大众，这迫使政党加强自身的组织建设，并建立选举机器，这样，政党也就成了现代大众性政党。

西方现代政党的产生和发展经历了一个比较长的演化过程。美国政治学家亨廷顿将这个过程概括为宗派期、两级化、扩展期和制度化四个阶段。会议宗派是现代早期阶段的雏形政党，而要获致权力的扩展必须首先出现派别的联合和两级化，联合和两级化出现的条件又是要么分歧积累到了使所有派别都归向相当稳定的两大集团，要么是出现了一个压倒一切的政治问题，从而使政治参与者向两极分化。这时，政党就通过有效的组织把民众维系在自己的周围。随后，通过反对现存制度的革命或民族主义过程，最终通常会建立起一党或以一党为主的政治制度，取代原来的制度，而在绝大多数情况下，政治体系内部力量斗争的过程会导致两党制度出现，而外部力量的进入则可能导致一个多党制度的出现。① 在这里，亨廷顿指出了西方政党产生和发展的共同路径，即通过宗派形成对立的派别，各自积聚民众参与权力或利益的争夺。

二、无产阶级政党的产生和发展

(一) 无产阶级政党产生的基本条件

随着资本主义生产关系日益成为生产力发展的桎梏，无产阶级和资产阶级的矛盾也日趋尖锐。在这样的背景下，到了 19 世纪 40 年代，随着无产阶级的壮大和工人运动的兴起以及马克思主义政治学说的日趋成熟，无产阶级政党产生已具备了阶级基础和思想基础。

1. 阶级基础

工人运动的发展是无产阶级政党产生的阶级基础。

19 世纪 40 年代，在工人运动兴起较早的国家中，已经出现一些工人组织，如英国的宪章派，法国的四季社和正义者同盟等。其中，正义者同盟成立于 1836 年，其成员多为德国侨民，在指导思想上也比较混乱，但在西欧各国都建有支部，是当时唯一的一个国际性工人组织。这些组织在思想上、组织上存在各种缺点，不可能领导无产阶级走上正确的斗争道路。随着工人运动的发展，迫切需要一个用先进理论武装起来的、由无

① 亨廷顿．变化社会中的政治秩序．上海：三联书店，1992：380-388.

产阶级先进分子组成的革命政党。

2. 思想基础

科学社会主义理论的传播是无产阶级政党产生的思想基础。工人运动的失败和早期工人组织的缺点表明，非马克思主义思想不能对工人运动进行正确的指导。无产阶级政党是科学社会主义与工人运动相结合的产物。马克思、恩格斯在参加工人运动的过程中，非常重视建立工人组织的工作。他们于1845年建立了布鲁塞尔共产主义小组，于1846年2月与菲力普·日果合作，共同建立了布鲁塞尔共产主义通讯委员会，并与正义者同盟取得了联系。1847年6月，在马克思、恩格斯做了大量工作后，正义者同盟实现了全面改组，成立了共产主义者同盟。这是世界上第一个无产阶级政党。1848年2月，马克思撰写的同盟纲领《共产党宣言》发表，为无产阶级政党的建设提供了纲领性文件，也标志着马克思主义政治学的产生。

（二）无产阶级政党的发展历程

1850年，同盟发生严重分裂，最终于1852年11月17日解散。1864年9月，国际工人协会（第一国际）成立，由此开始直到1876年宣告解散的13年中，马克思、恩格斯与第一国际内的各种机会主义进行了大量斗争，为巩固第一国际、领导各国工人进行斗争作出了卓越贡献。1889年7月，第二国际成立，在恩格斯的领导下，第二国际坚持了马克思主义的建党方针。

从19世纪60年代开始，在各民族国家内兴起了建立无产阶级政党的运动。其中最著名的是1875年成立的德国社会主义工人党和1879年成立的法国工人党。其中，德国社会主义工人党系由德国社会民主工党（爱森纳赫派）和全德国工人联合会（拉萨尔派）合并而成。德国社会民主工党是在马克思和恩格斯的帮助下，于1869年成立的，是世界上第一个在民族国家内建立的社会主义政党。除德、法两国之外，美国、英国、丹麦、瑞士、墨西哥、意大利等20多个国家都先后建立了社会主义政党。在此后的发展过程中，这些社会主义政党大多转向了社会民主主义，或是被吸纳入体制内，放弃了暴力革命的主张。

1898年3月，俄国社会民主党第一次代表大会在明斯克召开，宣告了党的成立。1902年3月，列宁的《怎么办?》出版，其中指出了建立无产阶级政党的极端重要性，说明党的基本任务是把社会主义灌输到工人运动中去，解决了思想上建党的问题；1904年，列宁写成了《进一步，退两步》，指出无产阶级政党必须按照民主集中制的原则组织起来，解决了组织上建党的问题。《进一步，退两步》还是党内孟什维克和布尔什维克两派斗争的生动的历史记录。1905年，俄国第一次资产阶级民主革命爆发，布尔什维克和孟什维克两派的对立进一步加深，布尔什维克执行了列宁的正确路线，而孟什维克则采行机会主义路线。1912年，孟什维克被排除出党，布尔什维克单独成立了俄国社会民主党（布尔什维克）。1917年“十月革命”爆发，布尔什维克党领导发动武装起义并取得了胜利，建立了世界上第一个社会主义国家。俄国共产党（布尔什维克）于1925年改名为全苏联共产党（布尔什维克），1952年改称为苏联共产党。

在东欧各国，共产党的历史大多可以上溯到20世纪初。如匈牙利共产党、德国共产党、波兰共产主义工人党（波兰共产党的前身）成立于1918年；保加利亚共产党成立于1919年5月；捷克斯洛伐克共产党和罗马尼亚共产党建立于1921年5月。第二次世界大战结束后，东欧各国和其他一些民族独立国家纷纷走上了社会主义道路，这些国家早先建立的共产党或工人党等社会主义政党，先后成为各国的执政党。

三、中国政党的产生与发展

（一）中国古代的“党”

在中国，古文中的“黨”最早是“无光”的意思。周朝时党是乡里基层组织，五族或五百家为党。春秋战国时已有“朋党”“党人”之说，指社会上利害观点一致者结成的集团。以后又有唐朝的牛党、李党，宋朝的新旧党，并导致北宋“党争”现象，明朝也有东林党人与阉党的“党争”，此外还有底层社会中造反民众组成的“会党”等。在古代中国，人们视结党为大逆不道的行为，史书中有“党羽”“党祸”“党锢”“党同伐异”等贬义的词汇。显然，这些“党”并非我们现在所理解的政党，但反映了中国古代社会已经存在党派和党派斗争。现代汉语中的“政党”一词是从日本移植过来的。19世纪60年代末，日本学者把德文 partie 译成“政党”或“党”。[①] 在我国，从19世纪70年代起，出于介绍西方政事的需要，开始使用了“政党”和“党”等词汇。

中国古代之所以没有产生政党，其原因在于，一方面政党是近代的产物，是“19世纪立宪政治之产品”[②]，另一方面政党是获取国家权力的一种手段。在中国古代，尽管存在着党争，但它们只是为了博取君主支持，进而实现自身政治主张甚至获得私利的一些集团。在家国同构的古代中国，国家权力是属于君主的，只有在体认这个事实的前提下，才可能于党争中胜出，因而这时的党不是现代意义上的政党组织。

（二）中国近现代资产阶级政党的产生与发展

中国现代意义上的政党出现于清末。在清末的变法和新政过程中，围绕着君主立宪的主张，各派政治力量开始组织各种政治团体。这些政治团体中还掺杂了皇权（光绪）与后权（慈禧）的斗争。后来出现了以推翻清朝政权、建立汉族国家政权为目标的政治斗争，在这一政治斗争中，有识之士如孙中山认识到“一个国家的政治进步与否，主要取决于有无政党，若无政党政治，必逾形退步，将渐变为专政”[③]。1894年，孙中山在

① 《中国大百科全书》编辑部．中国大百科全书：政治学卷．北京：中国大百科全书出版社，1992：470.
② 杨幼炯．中国政党史．上海：上海书店，1984：1.
③ 孙中山．孙中山选集：上．北京：中华书局，1981：84.

檀香山组建了中国近代第一个资产阶级政党兴中会；1905 年，兴中会、华兴会、光复会联合在东京秘密建立了中国同盟会。1910 年康有为改组“帝国宪政会”为“帝国统一党”，是中国近代第一个合法的政党①。1912 年 8 月 25 日，中国国民党成立，它是在中国同盟会、统一共和党、上海的国民公党、北京的国民共进会和实进会五党合并的基础上成立的，其最初目的是要成为国会中的绝对多数党，从而组织责任内阁。在产生之初，中国最早的现代政党均有着各自对于国家发展道路的主张，而到底选择立宪还是共和则成为政党斗争和发展的重要推动力。这种情形与西方国家政党的产生具有相似性，政党同样带有工具性。

在领导资产阶级革命的过程中，孙中山总结经验教训，提出了建立“以党治国”这一党国体制的思想。他在《中国同盟会革命方略》中修正了原来的革命设想，提出“军政”“训政”和“宪政”三个时期，并认为“自革命军起义之日至宪法颁布之时，名曰革命时期；在此期之内，一切军国庶政，悉归本党员完全负责”②。可见，孙中山的党国体制推行的是党、政、军三位一体的一党政治。若把这种党国体制“推广”到“军政”和“训政”时期，其结果必然是：“在国民党军政与训政两大时期中，国家权力完全属于国民党。国民党之最高权力机关，亦即为国家‘法律主权’之所寄，而党治下裁可法律之权，遂属于中央执行委员会所附设之政治会议。”③

就党国体制来看，政党不仅是获取国家权力的一种手段，而且构成了国家建设的目的。究其原因，在于辛亥革命推翻了封建王朝，但新建立的共和国却仍面临着一个传统的社会，因而从西方移植过来的国家体制就很容易与社会基础发生龃龉，辛亥革命后的事实恰恰证明了这一点。可以设想，一旦护国、护法运动取得最终胜利，在建立新的国家体制时，就应考虑为国家体制建立一个比较牢固的组织基础。这样，我们就不难理解为什么新的国家体制要仿照政党组织体制，要实现党国一体。政党体制上升为国家体制，带有很大的便利性，同时，在这种体制下，国家机器的运行也必然可以从政党机器中获得强大保障。这种现象，罗伯特·米歇尔斯称之为“政党在与国家组织相同的权威和管理原则基础上建立了自己强大的集权，这样，它就成了一个具有政府性质的政党。”④“当初仅仅是为了保证政党机器良好运转的制度和规范，最终却获得了比该机器的实际作为更为重要的地位。”⑤ 在党国体制下，政党可以保证和推动国家机器的运转，同时，为了达到上述目的、保证整个体制的合法性，政党就必然走向对政治资源的全面掌控，因而政党的组织队伍就会呈现不断扩大的趋势，党的权力也不断走向集中，印证了“寡头统治铁律”。其最终结果，“一方面是大众的反叛，另一方面则是寡头集权”⑥。

---

① 梁琴，钟德涛．中外政党制度比较．北京：商务印书馆，2000：51.
② 孙中山．孙中山全集：第 3 卷．北京：中华书局，1982：97.
③ 杨幼炯．中国政党史．上海：上海书店，1984：202.
④ 米歇尔斯．寡头统治铁律．天津：天津人民出版社，2003：317.
⑤ 同④322.
⑥ 同④144.

为了防止反叛，需要强化寡头集权，而寡头集权又进一步催生和激化了反叛，这种寡头统治的自我强化机制显然是国民党最终归于失败的一个重要原因。

（三）中国共产党的产生与发展

1921 年 7 月，中国共产党第一次全国代表大会在上海和浙江嘉兴召开，制定了党的第一个纲领，宣告了党的成立。中国共产党是马克思列宁主义同中国工人运动相结合的产物，是在俄国“十月革命”和 1919 年“五四运动”的影响下诞生的。成立后，中国共产党积极领导工人运动和人民群众反帝反封建的革命斗争，最终通过武装斗争，以农村包围城市，推翻了国民党的反动统治，于 1949 年 10 月 1 日领导建立了中华人民共和国，成为中国的领导党、执政党。

中华人民共和国成立后，中国共产党领导全国人民建立了社会主义经济和政治制度，走上了中国特色社会主义的发展道路。通过人民代表大会制度、中国共产党领导的多党合作和政治协商制度等的实践，中国共产党日益壮大，党员数已达 8 800 多万，在思想上、组织上、制度上日臻成熟与完善，执政经验日益丰富，领导全国人民创造了举世瞩目的辉煌成就。

超链接

中国共产党新闻网：http：//cpc. people. com. cn

第三节　政党的类型和功能

一、政党的类型

当今世界有两千多个政党，每个政党组织都在历史发展过程中形成了自己的特点。要认识、研究这么多的政党，必然需要对它们进行分门别类并加以比较。目前，由于在划分标准上尚存在异议，学界对政党分类的看法也不尽相同。综合起来看，具有较大影响的划分方法主要包括以下几种：

（1）按照政党的阶级属性，划分为资产阶级政党和无产阶级政党。这是马克思主义的政党分类。也有学者提出，可以进一步将政党划分为无产阶级、资产阶级和小资产阶级政党。这种分类要求我们透过政党的具体主张，把握其体现的阶级利益，有利于我们认识政党的本质。

（2）按照是否被一国法律所认可，划分为合法的政党、非法的政党和半合法政党。

合法的政党接受现行制度，并被该国的法律所认同，能够以合法的形式公开举行各种活动。非法的政党则不接受现行制度，因而不被现行法律所认可，只能开展秘密活动，往往以推翻现行制度为目标。在有些国家，还存在一种虽然没有得到法律认可，但被默许开展一些半公开活动的半合法政党，其存在的前提是，它们的活动不得以推翻现政权为目标。

（3）按照组织和活动范围进行划分。这又可以分为两种情况：按照政党的组织主体的差异，划分为精英党、干部党和群众党；按照活动范围，划分为全国性政党、地区性政党和国际性政党。

（4）按照意识形态，将政党划分为左、中、右三派，即激进型政党、改良型政党和保守型政党。也有的学者根据意识形态把政党划分为共产主义政党、社会民主主义政党、保守主义政党、民族主义政党、法西斯主义政党、生态主义政党和地区主义政党等。

资料 4.6

干部党和群众党

干部党（cadre party），是最古老的党派种类之一，其产生与公民权利受到限制紧密联系在一起。它的组织关系松散，不强调党内成员之间的一致性和整体性，这与群众性政党形成了极为鲜明的对照。干部党的主要功能是争得选票。其指导思想是，认为要达到党组织的目标，依靠一个由领袖人物组成的非正式集团就足够了。这个集团成员可以通过他们的社会关系和政治关系提供必要的协作，从而在竞选中角逐，并利用职权达到目的。直到公民权利得到加强、民众性党团崛起时，干部党内部才产生改变原先特性的推动力量，在某种程度上吸纳“大众民主”的因素，转化为与大众共处的精英政党。

群众党（mass membership party），是一种以依赖其正式成员为组织特征的政党。构成群众党的必要条件是对党员的权利和义务加以正式规定，党章对政党组织以及党员参与的决策程序，特别是党内干部的选举和党纲的制定有详尽的说明。群众党是在欧洲 19 世纪末期随着公民选举权扩大而发展起来的。欧洲的社会党是最早一批形成群众性政党基础，并具有明确而又永久性组织的政党。它们成功地动员起了工人阶级，并使其成为重要的选举力量。从原则上讲，群众党的党员最终决定党的政策，也能够支配党的领袖，因而是民主的组织；但在实践中，由于大多数党员的参与是微不足道的，创议权落入了党的积极分子手中。群众党可以有效地保证党内稳定和高水平的选举支持。

资料 4.7

激进型政党、保守型政党、法西斯主义政党

激进型政党是一个含义不确切的术语，常被用来指自由派政党中的左翼党，如丹麦的激进自由党和瑞士的激进民主党。最突出的激进党是法国激进党，其历史可以追溯到 1848 年革命。它是法兰西第三和第四共和国初期的一股主要力量。总的来说，这类政党奉行社会自由主义，主张扩大公民自由，并要求改善社会供给。①

保守型政党，通常指在传统社会结构受到新兴的资产阶级及其自由党的挑战时产生的一种政党。从本意看，保守党是协助君主与“宗教”作斗争的政党组织。1817 年，夏多布里昂在他的定期刊物《保守党人》（*Le Conservateur*）中首次用这个词来表达政党的含义。1834 年，罗伯特·皮尔爵士则在《塔姆沃斯宣言》中用它特指英国的一个政党。保守党一般不采取抽象的政党纲领，主张通过具体词汇表达它们所要保存的东西——君主制、君主制原则（在君主制已经符合宪法的地方）或正统主义原则。随着社会的进步，保守党逐渐放弃自以为比政党高贵的贵族派头，并开始更改名称，如芬兰保守党在 1969 年改为国民同盟党，瑞士保守党则在 1970 年更名为基督教民主人民党。今天，除了英国和一些英联邦国家外，保守党在多数国家处于少数派的地位。

法西斯主义政党奉行法西斯一党制下的党魁个人独裁，其典型代表是第二次世界大战时期德国的国家社会主义工人党、意大利的法西斯国家党和西班牙的长枪党。民族主义政党大多产生于发展中国家的民族独立运动中，独立后多以一党制或者主从政党制的面貌出现，它们为民族国家的建立、发展民族经济、巩固民族独立提供了巨大的整合力量。生态主义政党大多从发达国家内部的生态保护运动中发展而来，主张生态平衡、社会公正和基层民主，其代表是 1980 年在联邦德国成立的绿党。地区主义政党是在一些国家中以地区或少数民族为基础形成的，以发展地区经济、社会、文化事业为目标的政党，如英国的威尔士人民党。

此外，按照是否掌握国家政权，划分为执政党（在朝党）、反对党（在野党）。我国学者根据政党与国家政权的关系，将其划分为执政党与参政党。在我国，中国共产党是执政党，八大民主党派则是参政党。我国八大民主党派是中国国民党革命委员会、中国民主同盟、中国民主建国会、中国民主促进会、中国农工民主党、中国致公党、九三学社和台湾民主自治同盟。它们是在反帝反封建，特别是反对国民党的一党统治过程中建立的，在此期间，它们与共产党进行了很好的合作。中华人民共和国成立后，它们接受了中国共产党的领导，成为参政党，是中国共产党的友党。

① 米勒，波格丹诺．布莱克维尔政治学百科全书．邓正来，译．北京：中国政法大学出版社，2002：674.

二、政党的功能

一个政党往往拥有多项功能，其中，有的与其他政党是相同的，而有的或许是自身独有的。在分析政党的功能时，由于研究视角的差异，对政党功能的认识也不尽相同。然而，不管差异如何，政党的下述四项主要功能基本上是研究者比较认同的。这就是制定目标、利益表达与聚合、动员民众、培育与遴选精英。

（一）制定目标

有学者认为，随着社会传播对人发挥越来越大的影响和导向作用，政党正在逐渐丧失部分教育与社会化功能，其制定目标的功能也被部分替代。事实上，在执政党和在野党那里，制定目标都仍然是一项主要功能。

对于执政党来说，要把政党理念贯彻到国家建设中去，就必须把政党理念转化为治理国家的具体目标。通过国家机器的正常运行，这些目标又会再细化为具体的政策，政策的优劣及其执行好坏将对公民产生重要影响。公民在政治参与的过程中，将根据政策执行的结果，表达其是否认同目标和执政党的政治立场。政党则需要不断依据实现目标的实际情况以及公民的态度，对目标加以修正，或制定新的目标，达到长期执政的目的。可见，政党要保持巩固的执政地位，就必须把握住制定目标——实施目标——修正目标或制定新的目标这一过程，完善自身的执政理念，制定良好的目标并实现之。

对于在野党而言，为了赢得公民的认同，达到执掌政权的目的，必须不断宣示政党理念。在政党理念相对比较抽象的情况下，也必须将其转化为具体的治国目标。当然，在野党不像执政党那样拥有执政资源，但它恰恰可以针对执政党的目标及其实施情况，依据选民对执政党目标的认可程度，对自身的目标加以调整，甚至提出与执政党的目标针锋相对的目标，以赢得选民支持，为登上执政地位做好准备。

（二）利益表达与聚合

随着现代社会的发展，社会日益分化，社会成员的利益也日渐多元化，一些利益相近的组织还逐步组成了利益集团。为了保护自身的利益或使之在政治生活中得到最大化，公民个人，特别是利益集团都需要明确地表达各自的利益要求，这就使利益团体逐步向政党靠近，而政党也必须担当起利益聚合的功能。政党的目的无非是掌握国家政权，而在现代国家中，要掌握国家政权，就必须获得大量选民的支持。在利益多元化的情况下，政党必须争夺大量分散的、单个的选民，代表这些选民进行利益表达，但更重要的是，政党还必须对不同的利益表达加以整合，尽可能满足各方面的欲求。当然，在利益聚合之后，政党也必须把整合后的利益表达出来。正是在这一背景下，任何一个政党都试图成为全体选民利益的代言人，从而出现了全民党的现象。

（三）动员民众

在现代民主国家中，个人利益表达往往是多元的，其利益的实现途径也具有多样性，这导致除了一些比较固定的支持者外，大量“中间”选民并无明确的政党偏好，他们往往游离于政党的组织之外，或者政治冷漠，或者往往根据具体情况选择最能够代表自身利益的政党，甚至有可能在投票的刹那间改变立场。因而，动员这些选民，使其参加本党或成为本党的外围支持者，就成为选举制胜的关键。为了争取这些选民，政党必须使出浑身解数，比如通过信件、媒体、关系网络等途径，动员选民参与政党的各种日常活动，使其逐渐熟悉本党进而形成认同。再如，社会化可以使游离选民认同党纲或党的各种标志性符号，走出游离状态，成为某一政党的忠诚党员，因而不失为动员民众的有效途径。

（四）培育与遴选精英

拥有一部分精英，对于政党而言，总有着重要的意义。对于执政党来说，这些精英是有效行使国家权力、实现良好政策执行效果的重要保证；对于在野党来说，这些精英是吸引选民支持、最终在选举中战胜对手的有力保障。因此，在日常的政治活动中，政党必须随时培育精英并形成一种有效的遴选机制。对于不同类型的政党来说，它们都面临着培育与遴选精英的需要，是必须完成的共同工作。这一功能有利于政党凝聚力的形成，也有利于整合党内外资源，并有利于为国家领导人物参与政治活动进行必要的热身。

资料 4.8

美国政党的功能

（1）选拔出任公职的候选人。由于掌管政府是政党的目标，它们必须针对所有的选举性职位而努力选拔出候选人。这常常指选拔候选人与强大的在任者竞争，或竞争不那么热门的工作。如果政党不找出并鼓励那些有政治前途的人，缺乏竞争性的职位就会多出很多，选民的选择也将受限制。

（2）组织并进行竞选。尽管选举是一项政府活动，实际上却是政党在安排选民登记，招收在投票站工作的志愿者，组织旨在提升人们对选举的兴趣的竞选活动，并为增加大众对选举的参与程度而努力。

（3）向参选人提供政策选择。与常以某个领导人为中心的派别形成对比的是，政党是以一系列的政治立场为纽带的。在国会中联手投票的民主党人或共和党人之所以如此行事，是因为他们代表着具有类似期望和要求的选民。

（4）接受管理政府的职责。当某政党经选举产生了总统、州长和国会议员时，它就接受了政府管理的责任。这包括用本党的忠实支持者组成行政班子，并加强当选官员之间的联络，以为各项政策及其推行赢得支持。

（5）作为执政党的反对派组织发挥作用。人们期望，在野党或未执政的政党能宣传自身政策，并适时地对执政党提出反对意见。通过对执政党的有组织的反对，反对党促成了有关政策选择的辩论。

资料来源：施密特，等．美国政府与政治．北京：北京大学出版社，2005：179－180.

第四节　政党制度

政党制度，一般是指一国法律规定的，或在长期的政治实践中固定下来的政党结构模式。政党制度是现代国家政治制度的重要组成部分。

关于政党制度具体包含哪些内容，学界还存在一定的争议。有学者认为，政党制度就是国家对政党活动的有关法律和法规的具体规定；也有学者认为，政党制度是执政参政的体制和党际关系的模式；还有学者认为，政党制度是政党自身的各种组织制度和活动规则。[①] 一般认为，国家对政党的有关法律规定不被视作是政党制度的具体内容，因为法律只是政党制度形成的因素之一，而不是政党制度本身。如英美等国法律并没有规定实行两党制的政党制度，它们的政党制度是在长期的政治实践中逐步形成的。

人们通常所指的政党制度很大程度上是指政党制度的体制模式，也就是政党执掌、参与或影响国家政权的制度性规定和运行方式，包括政党的地位、政党同政权的关系以及党际之间关系的模式等。一个国家政党制度的体制模式，是由该国特定的社会历史条件和现实条件所决定的，与该国的历史传统、民族习惯、政治制度、阶级状况等有着密切关系。因此，各国政党制度的体制模式不尽相同，这吸引政治学者进行了大量的研究，根据不同标准划分了不同的体制类型。

一、政党制度分类的不同标准

（一）以政党数量为依据划分政党制度类型

这里的政党数量，并不是指一国中存在的政党的总和，而是指事实上有资格执掌国家政权的政党的数量。以政党数量为依据来区分政党制度，是政治学研究中使用得最多、影响也最广泛的一种分类方法。1951 年，法国著名学者迪韦尔热在当年问世的《政党》一书中率先把政党体制划分为一党制、两党制和多党制，此后，这种政党体制的“三分法”被大多数学者所接受，成为影响至今的分类方法。第二次世界大战后，更多的国家建立了政党制度，“三分法”已经不能全面概括多种样式的政党制度，学者们提出了更为复杂的划分方式。其中比较著名的有“五分法”和“七分法”。

① 梁琴，钟德涛．中外政党制度比较．北京：商务印书馆，2000：11.

“五分法”是由 A. S. 班克斯和 R. B. 泰克斯特提出的，他们在“三分法”的基础上把政党制度分为一党制、主从政党制、一个半政党制、两党制和多党制。“七分法”则把政党制度区分为一党制、霸党制、第一大党制、两党制、有限多党制、极端多党制和微型多党制。[①] 除此之外，美国政治学者乔万尼·萨托利在 1976 年出版的《政党与政党制度》一书中，也对政党数量不同的政党体制进行了区分，我们可以把这一分类方法称为“九分法”。这九种政党体制是：一党极权制、一党威权制、实用主义一党制、霸权党制、极化多党制、温和多党制、碎片化多党制、两党制和优势党制。

（二）以政党间关系为依据划分政党制度类型

当前，有许多西方学者倾向于根据政党间关系，把政党制度划分为竞争性体制（或称对抗性体制）和非竞争性体制（或称非对抗性体制）。一般而言，在竞争性体制下，两党或多党之间围绕着执政地位的争夺，存在着执政党和反对党的区分，它们互相发难，形成竞争或对抗。这种竞争关系不仅体现在选举过程中，而且反映在选战后的“和平时期”。在选战进行的过程中，各个政党共同角逐国家元首或议会席位，反对党力图把执政党拉下马，执政党则力求继续执政；在选战结束后，反对党通过各种手段对执政党加以监督、掣肘，其目的是为赢得下一次选举做准备。当前，西方国家和大多数发展中国家的政党制度都属于竞争性体制。非竞争性体制分为两种情形，一是指一国之内只有一个政党存在，或在法律上和事实上禁止除一党以外的其他政党存在或活动，因而根本就不存在党际关系，如法西斯一党制。二是指虽然一国内存在多个政党，但党际关系并非竞争性的，如中国共产党领导的多党合作制度，其中，共产党和其他政党是友党关系。

上文所说的乔万尼·萨托利的“九分法”，就是在区分竞争性体制和非竞争性体制的基础上，对政党体制的进一步细分。其中，非竞争性政党体制细分为一党极权制、一党威权制、实用主义一党制和霸权党制；竞争性政党体制则包括极化多党制、温和多党制、碎片化多党制、两党制和优势党制。在这里，我们也可以看出，尽管政党体制的分类已经出现了新的发展，产生了新的理论成果，但按照能够执掌政权的政党的数量来划分政党体制，始终是一种基础性的分类方法。

（三）以不同政治倾向政党的力量对比关系为依据划分政党制度类型

有的学者还从地域分布的角度，观察到在一些存在多个政党的国家中，拥有不同政治倾向的政党在力量对比关系上具有一些共性特征，因而据此对政党制度的体制模式进行了分类。如 S. 亨利格按照政治倾向的差异将政党先分为右翼、中右、中左、左翼，再按照各党得票率，把政党制度划分为三种类型：以中右和中左政党占优势且力量对比相当的“北欧型”；以中右和左翼政党占优势的“南欧型”；以中右政党占绝对优势的

---

① 孙关宏，等．政治学概论．上海：复旦大学出版社，2003：257.

“日本型”。①

此外，也有一些学者采用其他标准划分政党制度的体制模式。如J. 拉帕隆巴拉等人根据政党的执政方式把政党制度的体制模式区分为独霸型和轮流型政党制度。再如，国内学者常根据马克思主义划分国家历史类型的原理，把当前政党制度的体制模式划分为资本主义国家和社会主义国家的政党制度。

二、政党制度的主要类型

在不同国家中，有资格执掌政权的政党的数量是大不相同的，即便在这一数量上具有相似性，政党与国家政权的关系，政党之间的关系，以及其他政党制度上的具体形式也显然存在差异。这也就是对政党制度加以分类时，出现许多分类标准，划分出许多种不同类型和在分类上存在异议的主要原因。对于上文所述的大量政党制度类型，限于篇幅，我们不可能在此逐一加以介绍，下面还是让我们来看一看按照政党数量划分的主要政党制度类型，毕竟，这种分类方法是所有政党制度分类中最具基础性的一种。

（一）一党制

一党制是指在国家政治生活中，单一政党长期占据主导地位，单独执掌国家政权的政党制度。在现代国家的发展过程中，一党制主要有三种形态。

1. 法西斯一党制

或称一党极权制，其基本特征是只允许法西斯政党一党“合法”存在，实施法西斯统治。法西斯一党制下，法西斯政党对内以国家法律形式明令禁止法西斯政党以外的其他政党存在，剥夺人民的各种自由权利而实行专制统治，在国家的政治活动中明确取消了议会等现代民主制度，以党魁独裁的形式垄断国家政权，并以暴力手段和恐怖方式维持这一体制；对外则发动疯狂的侵略战争。法西斯一党制奉行党魁个人独裁，如在纳粹德国，根据1933年德国政府的有关法律规定，内阁总理为德国国家社会主义工人党（纳粹党）党魁。1934年8月，兴登堡去世，希特勒又颁布法律，使内阁总理兼任总统，于是集党政军大权于一身，成为名副其实的独裁统治者。法西斯一党制的典型是德国的纳粹党、意大利的法西斯国家党、日本的“大政翼赞会”统治时期的政党体制，以及西班牙长枪党于第二次世界大战时期所奉行的政党体制。

2. 民族主义一党制

民族主义一党制出现于第二次世界大战后亚非拉地区新建立的民族独立国家中。为了维护民族独立，加速社会改造和发展，抵御外来侵略和干涉，这些国家推行了单一政党长期执政的一党制。由于各国发展道路和具体国情的差异，民族主义一党制的具体形

① 《中国大百科全书》编辑部．中国大百科全书：政治学卷．北京：中国大百科全书出版社，1992：478.

式存在很大差别，这从它们的不同形成过程中就可以看出来。概括言之，民族独立国家形成单一政党长期执政的经历主要有以下四种：第一种是该国在争取民族独立的斗争中，就是由单一的政党领导，独立后，该政党因在民众中有崇高威望而被推举为执政党。如莫桑比克解放阵线党、阿尔及利亚民族解放阵线党、赞比亚联合民族独立党等。第二种是民族独立后将若干政党合并为一个政党，如坦桑尼亚革命党。第三种是一些国家允许多党的存在和活动，但在事实上，始终由一个政党单独执政，如新加坡人民行动党。第四种是一些国家经历了军事政变后，取消了原有一切政党，重新建立新的唯一合法的执政党，如扎伊尔人民革命党、马里人民民主联盟等。[①] 一般而言，民族主义一党制下建立了代议制形式，允许公民享有一定的政治权利，有的还允许多党合法存在。

3. 一党领导制

这是指社会主义国家的一党制。它是指处于统治地位的无产阶级政党代表人民的利益，掌握国家政权，进行政治统治。它又包括两种亚类型，即单一政党领导制和一党领导的多党合作制。[②] 单一政党领导制下只存在一个合法政党，一些社会主义国家，如苏联、南斯拉夫、古巴、朝鲜、越南、老挝等，都长期实行单一政党领导制，其中苏联是典型代表。第二次世界大战结束后，东欧八个人民民主国家中，除了阿尔巴尼亚、南斯拉夫实行共产党一党专政外，其他六国都实行的是多党共同执政。1947 年 9 月，九国共产党和工人党情报局建立，次年，原实行多党共同执政的东欧国家即按照一个国家只能有一个工人阶级政党的原则，实行了共产党和社会民主党的合并，其政党制度也就相应发生了变化。其中，匈牙利、罗马尼亚实行了单一的共产党领导制，而保加利亚、波兰、捷克斯洛伐克和民主德国实行的是共产党领导下的多党合作制。

我国是实行一党领导的多党合作制的典型国家，其中，中国共产党是领导党、执政党，而八大民主党派则是参政党。我国的这一政党制度与政治协商制度紧密结合在一起，具有自身的特点和优势。

超链接

中国政协新闻网：http：//cppcc. people. com. cn

中国共产党领导的多党合作制度，是具有中国特色的政党制度。中国共产党和各民主党派的合作关系是在中国革命斗争的长期过程中逐步形成的。1949 年 9 月，中国共产党同各民主党派以及各人民团体、各界爱国民主人士、国内少数民族和国外华侨的代表，在北京召开了中国人民政治协商会议，中国共产党与民主党派的合作进入了新的发

① 王邦佐，等．新政治学概要．上海：复旦大学出版社，1998：238.
② 王长江．世界政党比较概论．北京：中共中央党校出版社，2003：262.

展阶段。中华人民共和国成立后，中国共产党坚持实行同各民主党派长期合作的方针，并在1956年9月党的第八次全国代表大会上确定了“长期共存、互相监督”的八字方针，使共产党领导的多党合作逐步以政治制度的形式固定了下来。

共产党领导的多党合作制度在“文化大革命”中曾遭到了严重破坏，十一届三中全会以后才重新走上健康发展道路。1979年10月，邓小平第一次明确提出，在中国共产党的领导下实行多党派的合作，是中国具体历史条件和现实条件所决定的，是中国政治制度的一个特点和优点。1982年9月，党的十二大进一步提出了“长期共存、互相监督、肝胆相照、荣辱与共”的十六字方针。1987年10月，党的十三大把共产党领导的多党合作和政治协商制度，同人民代表大会制度并列为中国社会主义政治制度的特点和优点，要求健全这一制度。此后，多党合作制度得到了大力完善。1989年12月30日发布的《中共中央关于坚持和完善中国共产党领导的多党合作和政治协商制度的意见》，明确提出中国共产党是社会主义事业的领导核心，是执政党，各民主党派是同中国共产党通力合作、共同致力于社会主义事业的亲密友党，是参政党，要加强中国共产党和各民主党派之间的合作，进一步发挥民主党派的作用。2004年9月，中共中央发布了《关于进一步加强中国共产党领导的多党合作和政治协商制度建设的意见》，其中明确指出，中国共产党领导的多党合作和政治协商制度是我国的一项基本政治制度，是具有中国特色的社会主义政党制度。

中国共产党领导的多党合作制度有着自身强大的优势。这具体表现在：在新民主主义时期，对于团结一切可以团结的力量，取得革命胜利，巩固人民民主专政和推进社会主义事业，发挥了重要作用。在社会主义初级阶段，对于协调各社会阶层、社会集团之间的关系，正确处理人民内部矛盾；对于巩固扩大爱国统一战线和维护安定团结的政治局面；对于建设社会主义民主政治，更好地实现决策的民主化、科学化；对于调动一切积极因素，特别是各民主党派所联系的知识分子的积极性，加强社会主义现代化建设；对于在爱国主义旗帜下广泛团结台湾同胞、港澳同胞和海外侨胞，促进祖国和平统一大业，都具有重要作用。

（二）两党制

两党制是指一个国家虽然存在多个合法政党，但在政治制度设计和政治惯例的约束下，只有势均力敌的两个强大政党能够长期轮流执政的政党制度。两党制起源于英国。当前，英国、美国、加拿大、澳大利亚、新西兰的政党制度都属于两党制，其中，英国和美国的两党制是典型代表。在英国，当前的两党是指保守党和工党，两党的执政以取得议会多数为标志，一旦成为议会多数党，党的领袖就得出任首相，获权组阁。在美国，两党是指民主党和共和党，两党的执政以党推举的候选人当选总统为标志，这时执政党未必在国会两院占多数。

资料 4.9

英国两党制的产生和发展

1685 年 2 月 6 日，查理二世去世，其弟约克公爵继承王位，称詹姆士二世。新王上台后推行绝对主义政策，并逐步在英国恢复天主教，原先支持国王的托利党人由此逐渐改变了对国王的态度。1688 年 6 月，国王后娶的王后莫黛娜产下王子，国王夫妇均为天主教徒，所以，王子势必将深受天主教的影响。根据王位继承惯例，王子在继承权上优先于公主，这样英国未来的国王必定是个天主教徒，天主教有可能因此而全面复辟。辉格党和托利党显然都不愿意看到这种局面出现。于是两党联合发动政变，邀请詹姆士二世的前妻安妮·海德所生的长女玛丽的丈夫——荷兰执政者威廉·奥伦治武装干预英国。1688 年 11 月 5 日，威廉带兵进入英国，英军投降，詹姆士二世逃往法国。这就是著名的“光荣革命”。此后，辉格党和托利党要求执掌政权的愿望日益强烈。从 17 世纪末到 18 世纪初，英国出现了由两党轮流执政或混合执政的局面。

1832 年辉格党和托利党分别更名为保守党和自由党。从 1841 年到 1866 年，两党实现了稳定的轮流执政，在期间的九届内阁中，自由党组阁五届，保守党组阁四届，这表明英国基本形成了两党制。1867 年，英国议会通过了第二个《选举改革法》，进一步减少了选民资格的限制，并在选区划分上做了改革，两党相应进行了组织改革。1868 年 11 月大选后，英国形成了成熟的责任内阁制，这为两党制的确立创造了关键条件，标志着现代两党制的形成。此后，随着自由党的衰落，工党迅速崛起。到了 1924 年 1 月，工党开始取代自由党与保守党长期轮流执政。

资料来源：王长江．世界政党比较概论．北京：中共中央党校出版社，2003：283－291．有改编．

资料 4.10

美国只有两党吗？

美国是两党制的典型国家，但美国并不只有两个政党。历史上，美国曾经出现多个政党，它们曾在美国政治中发挥过一定作用，有的至今仍存在并积极参与选举政治。除了民主党、共和党及构成其渊源的政党外，在美国历史上还出现过下列政党：(1) 自由土地党，活跃于 1848—1852 年；(2) 社会主义劳工党，成立于 1876 年；(3) 人民党，活跃于 1892—1908 年；(4) 社会党，建于 1901 年；(5) 进步党，活跃于 1911—1925 年；(6) 共产党，出现于 1919 年，由社会党中分离出来的激进左翼创立；(7) 自由党，建于 1972 年，至今仍是一个重要的小党；(8) 绿党，成立于 20 世纪 80 年代；(9) 改革党，建于 1996 年。尽管小党对美国政治没有决定性影响，但在难分伯仲的大选中，它们的活动有时却会改变选举结果。

（三）多党制

多党制是指一国存在大量政党，其中任何一个政党都没有能力单独执政，因而出现两个以上政党或政党联盟轮流执掌国家政权的政党制度。多党制起源于法国。1789 年法国大革命后，法国有 30 多个政治派别在活动，并且参加了当时国民议会的选举。这些政治派别势均力敌，没有一个政治派别能够左右政局、取得稳定的多数。各个政治派别为了争取议会多数上台执政，便结成联盟参加竞选。1875 年，法兰西第三共和国宪法通过后，法国正式确立多党制的政党制度。随着议会制度在欧洲大陆的推行和发展，德国、意大利、爱尔兰、比利时、卢森堡、荷兰、丹麦、希腊等国也确立了多党制。欧洲大陆国家采行多党制的主要原因是：这些国家社会结构比较复杂，存在多元利益、思想和宗教，因而形成不同的政治主张，引致多党纷争的局面；同时，在选举制度上，这些国家实行的是比例代表制或少数代表制，这使得一些小党也能够赢得一定数量的选票，占据一定数量的议会席位，如此一来，在议会选举中就难以产生占据绝对多数议席的大党，在议会内阁制中，这也就意味着任何政党都难以单独执政，因而不得不采取联合执政。在发展中国家中，大多数都曾经历过多党制——一党制—多党制的政党制度变化过程。回归多党制的浪潮起于 20 世纪 80 年代。当前，拉美、东南亚、非洲的国家大多数都实行的是多党制。

多党制又可以分为不同的亚类型，这包括温和多党制、碎片化多党制和一党独大制。

1. 温和多党制

它又分为二元化温和多党制和北欧的多党制，即斯堪的纳维亚模式。法兰西第五共和国和德国的政党制度是典型的二元化温和多党制，法国的“二元”是指左右翼两大政党联盟，右翼以保卫共和联盟和法国民主联盟为主，左翼主要由社会党和共产党组成。德国的“二元”是指以社民党为首的包括绿党、民社党在内的左翼联盟和以联盟党为首的包括自民党在内的右翼联盟。

在斯堪的纳维亚三国（瑞典、丹麦、挪威）的多党制下，也存在左右翼两大政党阵营，左翼和右翼政党常常需要联合执政。然而，与法、德两国不同的是，这些国家中还间隔地存在社民党（挪威为工党）的一党执政，国家政治生活体现为少数党的一党政府和政党联盟的联合政府的更迭。

2. 碎片化多党制

在这一政党制度下，众多政党之间没有形成比较稳定的联盟关系，在多党联合执政时，政党之间的联合关系是由选举中各党的得票情况决定的，也就是说，选票的分配格局而非平时的稳定联盟决定着由哪些政党来组织联合政府。碎片化多党制以比利时、荷兰、卢森堡、法兰西第四共和国和德国魏玛共和国的政党制度为典型。

3. 一党独大制

萨托利所说的优势党制（predominant-party system）就是指这一制度。日本在第二次世界大战后形成的“五五年体制”是典型的一党独大制。一党独大制是我国政治学界的传统称呼，日本学者则根据萨托利的区分，将其称为一党优位制。在萨托利看来，一党独大制必须具备以下三个构成要素：一是多党并存和竞争，优势政党的存在不得以排斥其他政党的合法存在和竞争为前提。一党独大必须以多党竞争为前提条件，这是一党独大制应归入多党制而非一党制的根本原因。二是在国家政治生活中，某一政党占据优势地位，即在议会中占据绝对多数（过半数）席位。三是优势政党必须持续地“长期”执政，“长期”的期限应在15年以上。我们认为，在上述三个构成要素外，应增加一个要素，即其他政党都无法与优势政党相抗衡。作这样的规定，是因为在两党制下，有时也存在一党连续执政达15年以上的情况，如在美国，民主党曾从1932年至1952年连续执政20年，而在英国，保守党也曾从1979年至1997年连续执政18年。但即便这样，英、美两国的反对党仍足以与其执政党相抗衡，这是两党制的重要特征。概括言之，所谓一党独大制，就是指在多党竞争的前提下，在国家政治生活中有一个政党长期保持对其他小党的优势地位，持续地执政即占据议会绝对多数席位的政党制度。由这个定义我们也可以看出，一党独大制是和议会内阁制联系在一起的。

一党独大制在日本和印度两国有过典型例证。日本的“五五年体制”又可以划分为两个阶段。一是从1955年到1970年，自民党占据主导地位，但社会党仍比较强大。这一时期被称为“一个半政党主导”时期。二是从1970年到1993年，社会党衰落，没有一个在野党能够对自民党形成较大压力。[①] 自1993年“五五年体制”解体后，日本政党政治格局进入了转型期。在印度，自1947年8月独立以来直到1991年，除了1977—1979年和1984—1991年这两个时期出现过少数派政府外，印度国大党大部分时间都保持了单独执政的地位，其中，从1947年到1967年，处于鼎盛期的国大党曾连续稳定执政20年，形成所谓“国大党体制”。“国大党体制”也是典型的一党独大制。在1967—1977年这一时期，国大党继续执政，但内部开始出现严重分裂。自1991年开始，印度人民党逐渐成为另一举足轻重的政治力量，但印度迄今并未形成两党制，其政党政治格局仍处在转型过程中。

传统上认为，一党制、两党制下政局比较稳定，而多党制则容易导致政局不稳。例如，法兰西第三共和国时期（1875—1940年），法国更换政府达107次之多。法兰西第四共和国时期（1944—1956年），短短12年内，一共更换过18位总理、26届政府，其中任期最长的政府16个月，最短的才两天。然而，随着多党制的发展，在今天看来，对于多党制和政局稳定的关系，应当具体类型具体分析。事实上，二元化温和多党制、斯堪的纳维亚模式和一党独大制下的政局是相对比较稳定的。

---

① 林尚立．政党政治与现代化——日本的历史和现实．上海：上海人民出版社，1998：105.

第五节 政治社团

政治社团“是每个现代民主社会所固有的部分”[①]。现代政治的运行之所以是一种民主的态势，就在于公众、政治社团和国家三元主体在现代民主政治框架下存在着互动。美国著名政治学家罗伯特·达尔认为现代民主为多元民主，其重要原因就是认为各类政治社团共同相互作用决定着国家政治的运行和发展。

所谓政治社团即在社会政治生活中，按照特定的利益集合在一起，有组织地参与、影响政府政策制定、变动和执行过程的社会团体。这里不包括以夺取国家政权为主要目的的政党，也不包括从事非政治活动的各类具有政治性功能的群体性单元，如企业、学校、医院等。这里我们可以把政治社团按照它的性质分为资本主义国家的利益集团和社会主义国家的政治社团。

一、西方国家的利益集团

在西方国家的政治过程中，政治性社团就是指利益集团，或者叫压力集团、院外活动集团。最早对利益集团进行研究的美国政治家麦迪逊指出，派别是“为某种共同的感情或利益所驱使而联合起来的一定数量的公民，不论他们占全部公民的多数或少数，而他们的利益是同其他公民的权利或社会的长远和集体利益相左的”[②]。在现代政治语汇中，所谓利益集团就是社会中的一些成员为了共同的利益而结合在一起，通过积极影响政府决策而达到群体利益的一种社会团体。这里，利益集团这一概念至少包括两个方面的核心要素：首先，联结作为个人结合体的利益集团的纽带是人们之间共同的利益及意见；其次，利益集团以影响政治体系的决策以便有利于实现自己的利益为其活动的宗旨。

随着资本主义的发展，社会生活日益复杂，利益群体日益分化，代表各种利益群体的利益集团不断增加，大量的利益集团在第二次世界大战后纷纷涌现。詹姆斯·Q. 威尔逊认为，有四个因素促进了利益集团的崛起：一是经济的广泛发展；二是政府的政策本身创造了利益集团，如越南战争导致的退伍军人组织；三是政治组织不像利益集团会自然而然地形成；四是一种组织产生了相对立的组织，如雇主们组织起来反对工人联合会。还有学者认为除了以上四个因素外，当今社会的政治、经济、文化、教育、科技的发展为社会利益的日益分化和整合提供了条件，从而成为利益集团大量涌现的根本原因，另外当代政治民主化的潮流也为利益集团的形成提供了条件。

---

① 罗斯金，等．政治科学．北京：华夏出版社，2001：209.

② 汉密尔顿，等．联邦党人文集．北京：商务印书馆，1980：17.

利益集团主要是通过利益表达来进行政治参与，进而影响政府的决策的。利益表达是利益集团的一项基本的政治活动。它受到多种因素的影响，可以有许多不同的结构，以不同的方式进行。总的来说，利益集团参与政治分为两种：非强制性的利益表达和强制性的利益表达。

（一）非强制性的利益表达

非强制性的利益表达是压力集团采取与政府合作的态度来达成政治目标实现的政治参与方式。在社会环境及政治体系为利益表达提供了可能性和现实性的条件下，这是最一般的利益表达的方式。它包括以下几个方面的内容：

1. 政治捐款

金钱是特殊利益集团所掌握的最重要的政治资源，也是那些具有雄厚财力的利益集团发挥其政治影响力的重要手段。的确，如果有足够的金钱，利益的实现几乎不需要集团。对选举和那些试图促成支持他们观点的候选人当选的利益集团来说，金钱具有特殊的重要性。大多数的民主国家都意识到在利益与候选人之间的密切关系中存在着一种危险，那就是我们有可能会拥有一个“金钱可以买来的最好的国会”。

在现代资本主义国家，政治选举日益成为一项成本昂贵的权力游戏，各政党及其候选人的竞选费用在不断攀升；同时，西方劳动驱动型的大众性政党逐渐隐退，代之而起的是资本驱动型的精英性政党，政党成员不多，党费有限，经费来源很少。所有这些都使拥有强大财力做后盾的利益集团在政治过程中的作用不断增强。通过竞选捐款影响政治候选人或政党当选后的决策意向，成为利益集团政治参与的重要手段。

资料 4.11

美国的政治捐款

美国联邦选举法容许政治捐款行为，但必须依法办事。按美国法律规定，捐款个人必须是美国公民，每人每年对每位总统候选人和国会议员候选人捐款额的上限是1 000美元，这被称为“硬捐款”；企业或工会是被禁止直接出资以帮助国会议员候选人和总统候选人进行竞选的，但它们可以组成政治行动委员会和个体资助集团资助选举，这类被称为“软捐款”，其数额不受限制。

美国安然石油和天然气公司的倒闭在美国政坛曾经掀起轩然大波，甚至被称作布什的“安然门”事件。司法部对安然公司进行刑事调查的同时，国会参议院政府事务委员会也着手调查了安然公司的政治捐款是否影响到政府要员处理该案的态度。

安然公司是美国政治捐款大户，与共和党，特别是布什家族的关系尤为密切。自1985年成立以来，安然公司一直与美国政界保持着密切的关系。从20世纪90年代初开始，安然公司就开始向民主、共和两党议员提供竞选资金捐助。据统计，自1990年以来，安然公司及其员工共为各类政治选举提供过577万美元的捐款，其中3/4

都用在了共和党候选人身上。据《纽约时报》报道，安然公司是美国总统小布什政治生涯中最大的竞选资金捐助者，一共为小布什提供了55万美元的竞选资金捐助。另据政治捐款监督机构“回应政治中心”披露，在2000年大选中，安然公司为71位现任参议员和188位现任众议员提供过竞选资金捐助（即所谓的“政治献金”），捐助总额达到245.1万美元，其中共和党受捐177万美元，民主党人士受捐68.1万美元。大部分接受安然公司政治赞助的议员都来自得克萨斯州。据调查，有10名众议院议员接受过安然公司的大笔政治献金，其中包括原美国司法部部长约翰·阿什克罗夫特。据悉，安然公司曾向阿什克罗夫特的筹资委员会“捐献”了5.7万美元的赞助金，其中安然公司首席执行官肯尼思·莱本人就捐了2.5万美元。除政治献金之外，多名政府官员还拥有安然公司的股票。美国联邦政府一调查小组提交的报告称，至少有15名政府高官曾拥有安然公司的巨额股票。

2. 进入决策机构

精英人物代理及利益集团选派自己的代表直接进入决策机构，或拉拢决策人充当其代表，在决策机构内为本集团进行利益表达。这是一种可以有效利用的利益表达的手段。在当今的英、法、德、意等西方国家的立法机构中，充斥着各类利益集团的代表，而在美国，不仅在议会，而且在行政机构中情况同样如此。

3. 直接游说

即利益集团派出人员常驻立法机构所在地，设立办事处，与议员密切交往，聘请“说客”，直接游说议员及政府官员，向其提供必要的资料、数据以及详尽的专门分析，陈述本集团对某个问题的立场，以达到影响其决策的目的。成群结队的“说客”聚集在立法机关周围，故有“第三院”之称。其实，这种直接游说已经超越了立法机构的范围，向行政部门甚至司法部门渗透。

资料 4.12

直接游说

直接游说（direct lobbying），被称为昂贵的“买耳”行动，已经发展成为一个产业。美国利益集团每年花费数十亿美元来“买国会的耳朵”。1995年，美国至少有6 308个游说者登记在案。在2002年，大约共有18 600个“游说”组织在四处奔走，为它们关心的议题投钱出力。在对外政策领域，整个产业的目的就是为某一个国家或外国领导在美国政府官员和一般公众心目中创造一个可亲的形象，帮助它们的客户在某一政策上影响华盛顿的立法和行政分支的意见，为它们的客户在讲话和发表声明时提供建议，在什么时候开口，说什么，做和不做什么，见什么人。

4. 间接表达

即利益集团利用间接的手段如大众传播媒介影响政府的决策。大众传播媒介是为决策者传递各种信息的重要手段，但是在不同的社会，大众传播媒介对利益表达的功能是不一样的。

5. 参与决策

某些集团在事实上获得了直接参与决策的地位。如美国的联邦法院法官的任命，必须得到美国律师协会的正式认可。

(二) 强制性的利益表达

压力集团采取与政府对抗的方式表达政治诉求，是强制性的利益表达方式。当非强制性的利益表达由于各种原因无法进行，特别是当一个社会中的有组织的集团不能充分代表其利益，或由于闭塞的政治体系使利益表达受阻，在这样的情况下，强制性的利益表达就成为各类利益集团经常使用的手段。

1. 示威抗议

包括工人罢工、商人罢市、学生罢课以及静坐、集会、游行等形式。这种表达形式可能是非正规利益集团的自发行动，而大多数则是由正规的利益集团使用的非常手段。示威抗议通过造成社会紧张，影响公众舆论进而造成社会压力，以达到某种特殊的要求或利益。因此，由于这种手段的特殊性，它很可能成为势单力薄的利益集团的一种策略，因为它能很快地聚集政治力量，形成对政治体系的压力。这种情况在世界各国已经屡见不鲜。

资料 4. 13

利益集团为什么选择了示威抗议?

一些特殊的利益集团，比如美国癌症组织和心脏病基金会，它们享有免费的广告时间和牌位，但是大多数的利益集团没有这些途径，甚至还有许多的组织缺乏基金去做宣传。在这种情况下，资金和积极分子都缺乏的利益集团会选定非暴力示威行动作为宣传和推广自己观点的方法。例如，美国反对核工业的抗议者，面对的是财力雄厚、势力强大的公司，他们往往发现自己唯有选择游行示威、组织纠察、静坐阻碍进入工厂的通道等方式。当新闻媒体报道他们的行为时，他们才会获得支持者、捐赠者，有时还会得到进军华盛顿的入场券。当然，他们的对手常常取得胜利，令他们备受挫败，深感凄凉。

2. 法院诉讼

即利益集团寻求通过司法过程来实现自己的目标。在司法过程中，利益集团一般采用两种方法来追求自己的目标。第一种是，利益集团根据自己所代表的群体或阶级的利益，直接提出的诉讼案。第二种是，当一个人向法院提出的诉讼所寻求的目标正好是利益集团也致力于此的，那么利益集团作为“法院的朋友”（协助法庭解决问题的人）为这个人提供辩护。这是近年来西方的某些利益集团特别是力量较小的利益集团经常采用的一种新方式。由于无力阻止议会和政府制定不利于自己的法律或规定，诉诸法院便成了一个比较好的办法。如美国的妇女保护流产权、残疾人要求得到一切公共便利、环境主义者要求限制工业扩展等。

资料 4.14

利益集团插足法院诉讼的具体表现

在美国，每年联邦和州的法院都会接受由利益集团支持或提出的大量诉讼案，这些利益集团包括美国公民自由联盟、赛拉俱乐部和全国有色人种协进会等。早先，在所有州的法律都规定在公立学校中实行种族隔离制的情况下，美国全国有色人种协进会的法律机构及其工作人员，通过他们的首席律师瑟古德·马歇尔（后来成为美国最高法院的陪审法官）向这项制度的合宪性提出挑战，并取得了成功。近年来，美国最高法院处理了几宗由利益集团提出的微妙而重要的社会诉讼案，涉及妇女权利、死刑、堕胎和学校祈祷者等。

二、社会主义国家的政治社团

在社会主义社会，人民群众的根本利益是一致的，但是，凡存在分工的地方就存在利益差别。不同的社会群体仍有其特殊的利益要求和相互之间的矛盾，代表不同利益群体的人民政治社团的存在，有其必然性和现实性。与西方压力集团相比，社会主义国家的政治社团具有较浓烈的政治色彩，一般都以联系政府与群众的桥梁与纽带为自己的角色定位。下面以我国为例，简单介绍一下社会主义国家的政治社团。

（一）我国政治社团的发展历程

从1949年到1978年，政治社团在我国的发展选择性很弱，只有工会、共青团和妇联有较大的发展，其他则难以发育。改革开放使得中国经济、政治、社会生活以及文化观念发生了巨大的变化，为政治社团的发育提供了全新的土壤，给社团发展带来了新的契机。除了隶属于党政部门的工会、共青团、妇联和科协、文联等组织有更大的发展外，各地还出现了大量民间的社会团体，如个体劳动者协会、私营企业主协会。在社会主义中国的政治过程中，这些组织通过向政府推荐人选或通过政府而表达利益要求，因而其活动的内容有政治性的或政策性的一面，带有政治社团的色彩。

20世纪80年代民间社会团体在社会主义中国崛起的根本原因，在于市场发育引起了社会分化。经济改革带来了社会主体、社会结构以及利益的分化，为民间社团的产生创造了客观条件，但是民间社团发育的客观需求变成现实的组织发展，离不开人们有意识的、自觉的行动。例如，个体劳动者协会起初只是一个纯民间性的团体，但当工作难以展开时，该组织便主动要求变成半官半民性质，并置于工商局的领导之下。这说明，具有重要的政治功能和经济管理功能的社团组织，以独立的方式与政府互动是行不通的，“于是，迫于现实的压力发展出目前这种适合中国国情的、有挂靠单位和主管部门的半官半民性质的组织形式，并与政府及各类企事业单位组织之间形成多种互动形式”①。同时，民间社团在中国的发展也离不开自上而下的推动。

（二）我国主要的政治社团

我国的政治社团目前最主要的是工会、青年组织、妇女组织和工商联合会。下面逐一简要介绍。

1. 工会

我国工会是中国共产党领导的职工自愿结合的工人阶级群众组织，是党联系职工群众的桥梁和纽带，是国家政权的重要社会支柱，是会员和职工利益的代表。中国工会的基本职责是维护职工的合法权益。具体来说包括以下几点：动员和组织职工积极参加建设和改革，努力完成经济和社会发展任务；代表和组织职工参与国家和社会事务管理，参与企业、事业和机关的民主管理；教育职工不断提高思想道德素质和科学文化素质，建设有理想、有道德、有文化、有纪律的职工队伍；在发展社会主义市场经济的过程中，在维护职工政治权利的同时，维护职工的劳动权利和物质文化利益，把参与协调劳动关系、调节社会矛盾作为一项重要工作，努力促进经济发展和社会的长期稳定；维护工人阶级领导的、以工农联盟为基础的人民民主专政的社会主义国家政权，协助人民政府开展工作，依法发挥民主参与和社会监督作用；在企业、事业单位中支持行政，依法行使管理权力，组织职工参加民主管理和民主监督，与行政方面建立协商制度，保障职工的合法权益，调动职工的积极性，促进企业、事业的发展。

超链接

中华全国总工会：http：//www. acftu. org

我国工会实行产业和地区相结合的组织原则，即每一基层单位的会员组织一个基层工会，某一部门或相近部门根据需要建立产业工会或工会委员会，国家各级行政单位如省、市、自治区、县的工会是当地最高工会组织，中华全国总工会是全国最高工会组织。

2. 青年组织

我国青年组成的全国性政治组织主要有中国共产主义青年团、中华全国青年联合会和中华全国学生联合会。

---

① 杨光斌．政治学导论．北京：中国人民大学出版社，2000：168.

超链接

中国青年网：http：//www. youth. cn

中国共产主义青年团（简称共青团）是中国共产党领导的先进青年的群众组织，是中国共产党的助手和后备军。共青团的组织原则是民主集中制。团的全国领导机关是团的全国代表大会和它产生的中央委员会。团的全国代表大会每五年举行一次。在全国31个省、自治区、直辖市和解放军、武警、全国铁道、全国民航、中直机关、国家机关、中央金融、中央企业等，都有团的省级及下属团的地方领导机关和基层组织。到2002年年底，全国共有21万个基层团。共青团在党和青年群众之间发挥着纽带作用，在维护国家和人民利益的同时，代表和维护青年的具体利益，围绕党的中心任务，开展适合青年特点的独立活动，关心青年的工作、学习和生活，切实为青年服务，向党和政府反映青年的意见和要求，开展社会监督，同各种危害青少年的现象作斗争，保护和促进青少年的健康成长。

超链接

中国共青团网：http：//www. ccyl. org. cn

中华全国青年联合会是中国共产党领导下的我国基本的人民团体之一，是以中国共产主义青年团为核心力量的各青年团体的联合组织，是我国各族各界青年广泛的爱国统一战线组织。中华全国青年联合会由中国共产主义青年团、中华全国学生联合会、中华基督教青年全国协会、中华基督教女青年全国协会和各省、市、自治区青年联合会等青年团体联合组成。中华全国青年联合会的基本任务是：高举爱国主义、社会主义的旗帜，团结、教育各族各界青年；鼓励青年学习马列主义、毛泽东思想和邓小平理论，学习现代科学技术和文化知识；最广泛地代表和维护各族各界青年的合法权益；引导青年积极健康地参与社会生活，努力为各族各界青年健康成长、奋发成才服务；加强同台湾青年、港澳青年及国外青年侨胞的联系和团结，发展同世界各国青年的联系和友谊；为巩固和发展我国社会安定团结的局面，推进我国的改革开放和社会主义现代化建设，推动社会主义市场经济的发展，健全社会主义民主和法制，促进祖国统一和维护世界和平，为把我国建设成为富强、民主、文明的社会主义国家而奋斗。

超链接

中华全国青年联合会：http：//www. qinglian. org

中华全国学生联合会是中国共产党领导下的中国高等学校学生会、研究生会和中等学校学生会的联合组织。其基本任务是：遵循和贯彻党的教育方针，促进同学德、智、体全面发展，团结和引导同学成为热爱祖国、适应有中国特色社会主义现代化建设事业要求的合格人才；发挥作为党和政府联系同学的桥梁和纽带作用，在维护国家和全国人民整体利益的同时，表达和维护同学的具体利益；倡导和组织自我服务、自我管理、自我教育，开展健康有益、丰富多彩的课外活动和社会服务，努力为同学服务；增进各民族同学的团结；加强与台湾省和港澳地区的同学的联系，促进中华民族的团结和伟大祖国的统一；发展同各国、各地区学生和学生组织的友谊与合作，支持各国、各地区人民和学生的正义事业。

3. 妇女组织

我国妇女的政治社团主要是中华全国妇女联合会。中华全国妇女联合会是全国各族各界妇女在中国共产党领导下，为争取进一步解放而联合起来的社会群众团体，具有广泛的代表性、群众性和社会性。中华全国妇女联合会是中国共产党和中国政府联系妇女群众的桥梁和纽带，是国家政权的重要社会支柱之一。它的基本职能是：团结、动员广大妇女参与经济建设和社会发展，代表和维护妇女利益，促进男女平等。中华全国妇女联合会的任务是：团结、动员妇女投身改革开放和社会主义现代化建设，促进经济发展和社会全面进步；教育、引导广大妇女，增强自尊、自信、自立、自强的精神，全面提高素质，促进妇女人才成长；代表妇女参与国家和社会事务的民主管理、民主监督，参与有关妇女、儿童法律、法规、规章的制定，维护妇女儿童合法权益；为妇女儿童服务，加强与社会各界的联系，协调和推动社会各界为妇女儿童办实事、办好事；巩固和扩大各族各界妇女的大团结，加强同港澳台地区及华侨妇女的联谊，促进祖国统一大业。积极发展同世界各国妇女的友好交往，增进了解和友谊，维护世界和平。

超链接

中国妇女网：http：//www. women. org. cn

4. 工商业联合会

工商业联合会是中国共产党领导的中国工商界组成的人民团体和民间商会，是党和政府联系非公有制经济人士的桥梁和纽带，是政府管理非公有制经济的助手。其主要职责是：组织会员参政议政，参与区内经济事务和重大决策的政治协商，发挥民主监督作用，同时做好非公有制经济代表人士的思想政治工作及推荐工作；在会员中发挥自我教育的优良传统，宣传国家的方针政策，对会员进行“爱国、敬业、守法”教育，培养骨干分子队伍；维护会员合法权益，反映会员的意见、要求和建议。在会员与政府之间发挥桥梁作用，当好政府管理非公有制经济的助手；按照国家有关规定，为会员单位提供市场、技术、人才、管理、法律、审计等信息咨询服务；开展工商专业培训等。

超链接

中华全国工商业联合会：http：//www. acfic. org. cn

随着我国社会主义市场经济的不断发展，我国的政治社团将会发挥更大作用，同时也会产生一些新的适应时代发展需要的政治社团。

本章小结

政党是由特定阶级或阶层中的骨干分子组成的政治组织，它代表具有共同利益的阶级和阶层，通过广泛动员民众，力图实现掌握和巩固国家政权的目的。政党的基本特征：（1）政党是特殊的政治历史现象；（2）政党具有阶级性、阶层性；（3）政党是有组织、有纪律的政治组织；（4）政党拥有一定的政治纲领；（5）政党和国家政权密不可分。政党的主要功能是制定目标、利益表达与聚合、动员民众、培育与遴选精英。

各国政党制度的体制模式不尽相同，西方国家按照政党数量划分的主要政党制度类型有一党制、两党制和多党制。我国实行一党领导的多党合作制，是具有中国特色的政党制度，有自身强大的优势。其中，中国共产党是领导党、执政党，而八大民主党派则是参政党。

政治社团即在社会政治生活中，按照特定的利益集合在一起，有组织地参与、影响政府政策制定、变动和执行过程的社会团体。按照性质，政治社团分为资本主义国家的利益集团和社会主义国家的政治社团。

思考题

1. 与一般社会组织相比，政党具有哪些特征？
2. 如何对政党进行分类？
3. 政党的功能有哪些？
4. 政党制度有哪些具体类型？
5. 西方国家利益集团的利益表达方式有哪些？

第五章　公民与政治参与

引 例

2016 年 10 月中旬，韩国媒体曝出震惊世界的朴槿惠“亲信干政门”丑闻。韩国民众反对朴槿惠的声浪持续高涨，先后举行五次大型示威，强烈呼吁总统下台。到 11 月 25 日，韩国民调机构盖洛普韩国公布的民调显示，朴槿惠的支持率仅为 4%，民众对她的不满意度则达到 93%。12 月 9 日下午，韩国国会以 234 票同意（299 人投票）通过针对总统朴槿惠的弹劾案，朴槿惠被停职。韩国民众的游行抗议持续进行，最终使韩国宪法法院于 2017 年 3 月 10 日全票通过总统弹劾案。朴槿惠成为韩国历史上首位被弹劾罢免的总统，但她仍然坚持全面否认 13 项犯罪指控。韩国民众强烈要求逮捕朴槿惠。3 月 31 日凌晨，韩国法院签发对前总统朴槿惠的逮捕令，朴槿惠随即被移送至首尔看守所。4 月 17 日韩国检方对朴槿惠提起公诉。

韩国民众为何如此热衷政治？他们的行为方式是否正当？

早在古希腊城邦政治时代，就有公民对政治进行直接参与，这被称为直接民主。然而，关于政治参与的研究，却萌芽于近代西方的人民主权理论，开始于第二次世界大战后西方学者对选举学和选举行为的系统研究。到 20 世纪 60 年代，伴随着西方行为主义政治学的兴起，对政治参与的研究也得到进一步拓展、丰富和深化。

作为公民的一种政治行为，政治参与反映了公民在特定政治框架内的地位和作用，是衡量现代民主政治的重要标尺，也是政治现代化的一个重要方面。因此，对公民政治参与的研究有助于深化对现代民主政治的认识和理解。

第一节　政治参与的含义

一、公民

（一）公民的含义

所谓公民，通常是指具有一个国家的国籍，并根据该国宪法和法律的规定，享有权利和承担义务的人。

"公民"一词来源于古希腊、古罗马的法文化，它是一个历史的范畴。"公民"的古希腊文为 polites，源于 polis（城邦），意为"属于城邦的人"。该词的英语为 citizen，词源亦为城市：city。城邦在古希腊原本属于城市范畴，意为有设防的居民点，而与不设防的乡村相对立。直到公元前 8 世纪左右，城邦才具有政治意义而指称国家。因此，从词源来看，公民就是属于城市、城邦和国家的人。在汉语中，原本没有公民一词，直到辛亥革命前后才作为外来语而由西方传入。汉语用来表达该词的是"公"与"民"的合成词："公民"。在汉语中，"公"意为属于国家或集体的人、公务、公共；"民"泛指人、人类或人民、庶人。因而二者合成"公民"一词的词义显然与西文一致，也是指从事公共事务的人。

在不同的时代、不同的国家、不同的社会制度下，"公民"概念的内涵和外延是有很大差异的。现代政治的一大成就，就是公民身份的扩展。就整个世界范围而言，公民身份扩展到今天的程度经历了漫长的历史过程。在古希腊和古罗马，"公民"仅是指在法律上享有特权的一小部分自由民。在 1945 年以前的法国，公民主要指法国本土上的人，他们享有完全的政治权利，而法国海外殖民地的人民则被当局认为是"法国臣民"或"法国的被统治者"，只享有不完全的政治权利。公民身份的扩展与民主化进程相一致，它的进程还远未结束。与此相联系，公民概念的时空差异也将仍然存在。但是一般来说，"公民"一词反映了一种法律上的平等关系。它与传统社会中反映政治不平等关系的"臣民"有着本质的区别。"公民和臣民的最重要的区别在于，在政治决策过程中，公民是一个积极的参与者。"①

（二）公民概念辨析

在现实的政治观念中，与"公民"概念密切联系和比较近似的还有"人民"和"国民"两个概念。它们之间既有联系，又有区别。其联系是，三者从不同的方面反映一定

① 孙关宏，等．政治学概论．上海：复旦大学出版社，2003：287.

的社会关系和居民在现代国家中的法律地位。其区别包括以下三方面的内容：

首先，概念的性质不同。“人民”是一个政治概念，是相对于“敌人”而言的。在不同国家或同一国家的不同历史时期都具有不同的具体内容，这个标准是根据不同时期的阶级关系来确定的。而“公民”和“国民”则是两个法律概念，它们反映一定的法律关系。其含义是按照法律所规定的标准来划分的。多数国家在法律用语上称本国居民时用“公民”，只有日本、法国等少数国家用“国民”。在我国，“国民”和“公民”是同义语，1953 年以后，在宪法和法律中统一使用“公民”一词。

其次，概念的内容不同。以我国为例，今天“人民”的概念包括全体社会主义劳动者、拥护社会主义的爱国者以及拥护祖国统一的爱国者。而“公民”则是指一切具有中华人民共和国国籍，根据法律规定承担义务、享受相应权利的人。

最后，法律地位不同。如我国人民是国家的主人，而公民中还包括极少数反革命分子，严重刑事犯罪分子和其他依法被剥夺政治权利的人。在大多数国家，公民既承担义务，又享有权利；而在某些国家，居民中的那些非公民的部分则仅承担义务，几乎不享有任何权利。我们常说“人民是国家的主人”，但从科学角度看，只有权利和义务相统一的公民才是国家真正的主人。

此外，二者的词性也有差异。人民是复数，是集体概念；而公民是单数，是个体概念。

资料 5.1

中国当代政治语境下的“人民”概念

“人民”是现代政治建构的核心词汇之一，法国大革命后，“人民”成为与“民主”“平等”“权利”等概念不可分割的现代政治价值理念。

中国古代的“人民”概念，一是指奴婢及刑人、奴隶逃亡者，二是指平民百姓。清末的民主主义思想家们开始构建“人民”与“统治者”的政治话语框架，而将“人民”视为国家权力的主体则与法国启蒙思想的传播有关。辛亥革命之后，“人民”概念出现在中华民国政府发布的一些公告、法令中，政府开始在现代政治实体的意义上使用“人民”这一词汇指代一种抽象的集体概念。中国共产党从新民主主义革命开始，就十分重视“人民”的概念，并以此为基础逐步形成了一套具有中国特色的政治话语系统。在当代政治语境下，“人民”至少包含以下几方面内涵：

阶级性概念：“人民”是指一切赞成、拥护和参加中国共产党领导下的新民主主义革命、社会主义革命以及社会主义建设事业的人群；凡是反对者，都是阶级敌人。

宪法性概念：“人民”是国家权力的来源、拥有者和行使者，“人民”当家做主，“人民”是政治合法性的根基。《中华人民共和国宪法》第一、二条明确规定，中华人民共和国是人民民主专政的社会主义国家，国家权力属于人民。

道德性概念："人民"具有神圣的、至高无上的道德含义，代表着大多数人的意志，代表着正义的立场。郭沫若在《坚定人民的立场》中指出："今天制定任何事物的是非善恶的标准，便是人民立场——要立在人民的地位上衡量一切。我们要坚定这人民的立场，严格地把握人民本位的态度。举行有利于人民的便是善，有害于人民的便是恶。遵守人民本位便是是，脱离人民本位便是非。"

（三）政治权利与政治权力

政治权利和自由（political right and freedom）是指公民依据宪法和法律的规定，作为国家政治生活主体依法享有的参加国家政治生活的权利和自由，是国家为公民直接参与政治活动提供的基本保障。它表现为两种形式：一种是选举权与被选举权，即公民参与国家、社会组织与管理的活动，以选举权和被选举权的行使为基础；另一种是政治自由，即公民表达自己政治意愿的自由，通常表现为言论、出版、集会、结社、游行、示威的自由，简称政治自由。狭义的政治权利其实就是指选举权与被选举权，广义的政治权利除了选举权与被选举权之外还包含政治自由。现代国家通过宪法确立与保障公民的政治权利和自由，因此，宪法成为公民权利的保障书。

政治权力（political power）是政治主体对一定政治客体的制约能力。政治权力是权力在政治领域中的特殊表现，它是一种政治力量，所要实现的目的与政治相联系。政治权力是人们选择以力量对比和力量制约方式作为实现和维护自己利益要求的过程中，聚集形成的一种力量，它是在特定的力量对比关系中，政治权力主体拥有的对其他社会和政治力量及其他政治权力客体的制约力量。政治权力在本质上表现为特定的力量制约关系，在形式上呈现为特定的公共权力，即"公权"。

近代资产阶级革命废除了封建的人身依附关系，代之以人与人之间的自由契约关系，个人第一次成为具有人身自由的、独立的理性主体。现代政治的"合法性"是建立在"主权在民"的原则基础上的，因此，自由的"公民"的政治权利便是国家政治权力的基础。政治权力的行使者——政府只不过是在履行着受委托的权力。公民是政治权力的最终所有者，其影响政治的途径就是广泛地参与政治，是运用法律赋予的权利，直接或间接地影响政治决策。他们不仅有影响政治精英行为的心理需求，而且有影响政治过程的自信及能力。正如阿尔蒙德和伏巴所说的："民主政体里的公民是用要求的口吻来说话的。政府官员则答应他们的要求，因为他们害怕不这样做就会有所失——也许是失掉其选票——或者，因为他们认为他提出这样的要求是合法的。臣民也可以想，或者期望从政府得到有益的输出。然而……为其谋取利益的政府官员不是出于臣民的要求而作出反应，而是出于某种其他力量。"①

公民行使政治权利来决定和影响政府的政治权力，必然要通过政治参与来完成这一使命。

---

① 孙关宏，等．政治学概论．上海：复旦大学出版社，2003：287－288.

二、政治参与概念的界定

(一) 关于政治参与的不同学说

政治参与（political participation），也称参与政治，是现代政治学的一个重要术语，也构成了政治学研究的重要领域。然而，对于政治参与这一概念，各个研究者根据其不同的研究视角和研究方法，给出了各自的界说。根据参与的主体、对象和程序的不同，大体上有如下几种。

1. 按参与角色定位区分

（1）所有公民说。政治参与就是“参与制定、通过或贯彻公共政策的行动”[①]。这种定义认为，政治参与适用于从事这种行动的任何人，无论他是当选的政治家、政府官员，还是普通公民，只要他在政治制度内以任何方式参加政策的形成过程。这种观点认为政治参与是指包括权力所有者和权力行使者在内的所有公民以不同的方式参加对国家权力、国家机构以及国家事务的政治管理。在这种意义上，有的学者将政治参与区分为三大层次：最高层次是少数在人民大众中涌现出来的、为公众所认可的政治代表人物参与；中间层次是具有较高民主意识和政治素质的知识分子对政治的参与；基础层次是广大成人公民对政治的参与。[②]

（2）普通公民说。政治参与就是普通公民（非国家公务人员）参加政治决策者的选择及对政治决策表示意见，从而影响政府、监督国家公务人员的合法行为。国内学者大多持这种观点，认为政治参与者不同于专门从事政治或政府职业工作的国家公职人员。政治参与者的活动是业余性质的、非连续的，因而它不包括政府公职人员、政党骨干、政客乃至候选人以及专门从事院外游说活动的人员。

（3）角色公民说。政治参与的主体是普通公民，但是这里的普通公民不是指上文中的经常性的普通公民角色，而是指凡是在活动中以普通公民的身份参与政治过程，无论其是否以政治为职业，均视为政治参与。“以政治为职业的社会成员，如其政治行为非职业要求而是以普通公民的角色行为时，如在总统制国家，议员选举总统的投票行为，这时的行为主体就是政治参与主体。政治参与的非职业角色特征表明了政治参与主体的非职业特征，这实际上是政治人与非政治人角色的临时转换问题。”[③]

2. 按参与目的区分

（1）影响决策说。“政治参与，即旨在影响政府决策的行为。”[④] 这种看法认为，政

---

① 米勒，波格丹诺．布莱克维尔政治学百科全书（修订版）．北京：中国政法大学出版社，2002：608.

② 包心鉴．论中国公民的政治参与．政治学研究，1989（4）．

③ 段洪涛．政治参与的唯物史观阐释．万方中国学位论文全文数据库，2003.

④ 格林斯坦，波尔斯比．政治学手册精选（下卷）．北京：商务印书馆，1996：290. 塞缪尔·P. 亨廷顿和J. 纳尔逊在《难以抉择》（华夏出版社，1989 年版，第 5 页）中，周平在《论我国改革过程中的政治参与》（《云南社会科学》，1994 年第 4 期）中都持类似的观点。另外我国台湾学者编著的《云五社会科学大辞典·政治学卷》也持影响决策说。

治参与以争取、实现和维护利益为出发点，以各种方式作用于政治过程，从而促使政府作出有利于政治参与者的利益的政治决定。虽然政治过程可以分为输入、加工和输出以及反馈等环节，但是作为政治参与者，无论是影响政治系统和政治过程的哪一个环节，其最终目的都是为了影响政府，使其作出有利于参与者的政治决定。

（2）影响政府活动说。政治参与“不仅仅是影响决策，也包括影响决策的执行”。在某些政治系统内，由于公民文化素质低、大众媒介控制严、权力高度集中、政治透明性差，因而公民事实上不可能也不被允许参与公共决策。只有在公共政策制定并公布执行时，公民才能凭借一定的资源和通过一定的方式影响公共政策的执行，例如阻止某些政策的执行。[①]

3. 按参与方式区分

（1）合法程序说。政治参与是“平民或多或少以影响政府人员的选择及他们采取的行动为直接目的而进行的合法活动”[②]。《当代世界政治实用百科全书》将政治参与定义为，政治参与“是指社会成员按照一定的法律程序参与政治生活的政治行为”。与上述内涵相似，《中国大百科全书·政治学卷》的定义为：政治参与是“公民自愿地通过各种合法方式参与政治生活的行为”。国内的大多数学者也认为政治参与的主要目标在于影响政府特定政策行为的努力，而非推翻政府本身。因此，政治参与不仅应该是符合特定国家的法律程序的，而且应该是一种体制内的非暴力行为。

（2）参与程序说。政治参与并不仅仅限于合法参与和制度化参与。巴恩斯在其所著的《政治行为：五个西方民主国家的群众参与》中，纳尔逊在《通向权力：发展中国家的政治和城市贫民》一书中，都强调政治参与应包括抗议和暴力参与及受他人动员或操纵的参与。这些参与形式的目标是针对政府，具有非法参与和非制度化参与的特征。这种理论认为是否属于政治参与，关键要看公民是否介入实际的政治过程。不论政治参与者是否成功地或者有效地影响公共政策，也不论是否符合法定的程序，是否暴力行为，只要公民介入政治过程，都被视为是政治参与。[③]

另外，对于政治参与的界定还有观念—行为说，手段—目的参与说以及综合兼顾说等。

（二）政治参与的含义

从以上几个角度对政治参与作出解释，都在一定程度上揭示了政治参与的含义，具有一定的合理性，同时我们也发现政治参与涉及三个方面的问题：一是政治参与主体，即谁参与的问题；二是政治参与客体，即参与对象问题；三是政治参与途径，即怎样参与的问题。

---

① 李元书，刘昌雄．政治参与：含义、特征与功能．学术交流，1995（6）．
② 曾繁正．西方政治学．北京：红旗出版社，1998：271.
③ 周平．论政治参与．思想战线，1999（4）．

据此，我们认为，政治参与有广义与狭义之分。就广义而言，政治参与是指公民通过各种方式和途径介入国家政治活动和进程的政治性行为；政治参与的主体是所有的公民，包括职业政治人和普通公民，以及各种由公民组成的社会团体；政治参与的客体是国家的政治活动和进程，包括所有与政治相关的直接或间接的政治参与，例如对政党领袖的选举，以及对一些政治性社会团体事务的参与；政治参与的途径包括所有制度化的和非制度化的，合法的和非法的，暴力的和非暴力的方式。就狭义而言，政治参与是指普通公民和公民团体通过各种方式和途径影响政治体系决策的行为。具体来说，有以下几层含义。

1. 政治参与的主体是普通公民或者由公民组成的社会团体

这里的普通公民主要是从角色意义上讲的。即如果一个政府官员是以普通公民的身份参加本居住区的选举，那他在此时此刻就是普通公民。所以普通公民由两部分组成：一部分是通常意义上的非政治职业者，另一部分就是临时性的非政治职业者，即政治职业者在特定活动中以非政治职业者的身份参加政治活动。而且公民不仅可以作为单个的个体参与政治活动，如参加选举日投票，还可以组成各种形式的社会政治团体，借助于一定的组织实现自己参与政治的权利。

2. 政治参与的客体是政治体系的政治过程

我们认为，对政治过程所有环节的介入，都属于政治参与。这就是说，不论是在政治输入环节表达利益与要求，或是在政治决策过程中施加影响，还是在政治输出后支持或是抵制政治决策的执行，并形成新的利益要求反馈到政治过程，都属于政治参与。

3. 政治参与的目的是影响政府的决策

首先，政治参与的目的不是为了夺取国家政权，不是亲自进行政策的制定，而是通过各种活动和方式使政治体系主动或被动地接受参与者的利益要求。其次，“政治参与并不要求政治参与者必须成功地或有效地影响公共政策，尽管人们会指望这类行动具有超出纯象征性的作用”[①]。也就是说，不管参与者的行为是否最终对政治体系产生压力，是否最终使政治体系作出参与者所预期的决策，只要参与者的行为旨在影响政治体系的决策，这种行为就属于政治参与。

4. 政治参与的途径常常多种多样

我们认为，政治参与是特定社会、历史、文化条件下，公民在国家政治生活中的地位和角色的表现，合法与否跟一个国家的政治发展程度和社会生态密切相关，此时此地不合法的政治参与，到了彼时彼地就有可能是完全合法的。而且，作为政治学的一个基本概念，应该具有一定的概括性和涵盖性。因此，我们认为，参与的途径不仅包括合法的，也包括非法的；不仅包括体制内的，也包括体制外的；不仅包括非暴力的，也包括暴力的。只要其旨在影响政治体系的政治决策，而不是为了推翻现有政府，各种途

① 米勒，波格丹诺．布莱克维尔政治学百科全书（修订版）．北京：中国政法大学出版社，2002：609.

径、各种样式的影响政治体系政治决策的行为都属于政治参与。一般有政治投票、政治选举、结社、集会、游行示威等，在我国还有信访制度作为公民直接政治参与的途径。

三、政治参与的特征

通过对政治参与含义的分析，我们发现，政治参与有以下几个显著特征。

（一）非职业性

随着社会分工的分化，到游牧社会后期政治已经成为一种职业。人们对政治系统中专门以政治为职业的社会成员有着更高的要求，对他们的行为期待和对他们的各种行为模式的要求都不同于普通公民。职业政治家（政客）、政党领袖（政治精英）、狭义上的国家公职人员（官僚）以及西方国家的院外活动分子，都属于职业的政治活动家，他们终生——至少在相当长时间内以政治为职业，他们的政治行为更多表现为决定而不是影响政治过程。而政治参与是公民向职业政治角色发出行为期待和要求改变、维护、保持其政治行为模式的一种政治活动。所以，政治参与者相对于其他职业政治人而言，是属于第二位的、非职业性的、间歇性的。

（二）动机复杂性与目的单一性

这与政党参与政治是一样的。二者在动机上都具有复杂性，或者是为了获得心理、财富、权力上的满足感，或者是为了荣耀、为了利益、为了表明政治态度以及显示政治行为能力等。不过，二者在目的上都是单一的，只是这单一的目的迥然不同，这也是政党与公民政治参与的根本区别所在。政党参与政治是为了夺取、执掌国家政权，决定公共政策；而公民参与政治则是为了最大限度地影响政治体系的政治决策，没有想要推翻现政权、对政权执掌者取而代之。

（三）途径和方式的多样性

从第二个特征可以看出，公民政治参与和政党是不同的。公民参与政治仅仅是为了影响政治体系的政治决策，不像政党那样会对政权执掌者产生直接的威胁。因此，即使在实行着国内政治高压的政治体系中，公民的政治参与仍然会在一定范围内存在，其政治参与的渠道和方式也就更加丰富多样。

（四）明确的行为表示性

政治参与是公民对政治过程施加影响的过程。对政治的影响可以从两个方面进行：一是行为直接参与，即通过投票表决、游行等形式施加影响；二是观念影响，即通过语言、文字或标语等形式制造舆论对政治施加影响。因此，公民的实际政治参与行为，常常与公民有关政治的知识、态度、兴趣、倾向，以及个人所表现出来的政治功效意识等主观因素有着密切的联系，但仅有主观愿望对于政治参与来说是不够的，只有用明确的行为表示出来才属于政治参与的范畴。

第二节　政治参与的功能

在现代社会政治生活中，随着民主政治的发展，政治参与已经成为普遍的政治现象。现代民主理论认为，政治参与是公民沟通政治意愿、制约政府行为，从而实现公民政治权利的重要手段和重要途径。而且，由于政治参与与民主政治紧密相连，因此，“从这一意义上讲，参与政治具有工具价值，它本身就是一种目的”[①]。在现代政治系统中，政治参与的功能可以从宏观和微观两个方面来进行阐述。

一、政治参与的宏观功能

如果政治参与的目的在于解决全社会乃至全人类面临的普通政治问题，并要求在立法上得以实现，这种情况就是宏观功能的体现。

（一）政治参与有助于促进民主政治的发展

从理论上说，政治参与和民主政治有着紧密的联系，是民主政治的内在要求和重要内容，是实现民主的主要方式和重要标志；从现实来看，政治参与也有力地推进了现代民主政治的发展历程。

（1）政治参与是民主政治的基本内容。民主政治的根本特征是国家的一切权力属于人民，人民当家做主。间接民主和直接民主是其基本实施方式。在国家和社会管理越来越具有专业化特点的现代社会，人民作为社会的主人，主要是通过选举人民代表的方式，将管理国家和社会事务的权力委托给自己选出的代表，从而形成委托—代理关系。这就是间接民主制或代议民主制。这种体制意味着在政治权力的持有与政治权力的行使之间存在着某种程度的分离。这种分离可能引起政治失控，政治权力不是按照权力所有者的整体意志来运行，而是凭着权力行使者的意志和情绪而运行，以致出现政治异化，权力的行使不利于权力所有者或者偏袒部分所有者。以权谋私、贪污腐化、权钱交易、弄权渎职等政治腐败行为都是权力失控和异化的现象。为了防止政治权力的失控和异化，就要让普通公民参与政治，行使管理国家的权力，监督权力的行使者按人民的意志办事。因此，政治参与是民主政治的题中应有之义，离开了政治参与，民主政治就只是一纸空文而已。

---

① 格林斯坦，波尔斯比．政治学手册精选（下卷）．北京：商务印书馆，1996：294.

（2）政治参与推进了政治民主化进程。考察现代国家的民主化进程，至少可以得出这样两点结论：政治民主的发展有赖于政治参与，政治民主的正常运转也同样有赖于政治参与。

现代民主政治肇始于资产阶级革命。但是资产阶级民主也有一个相当长的成长过程，其中政治参与对资产阶级民主政治建设的作用至关重要。民主政治的精髓是"自由平等"。但是，资产阶级民主政治建立和运行初期，公民仅获得单一的选举权利，而且选举权也受到了严格的资格限制。最常见的就是用财产的多寡来限制选举人的资格，如1830年法国规定，每年纳税达300法郎以上者才有选举权；此外还有关于受教育程度的限制、关于性别的限制、关于年龄的限制以及关于民族、种族的限制等。对以上限制的取消，是人民不断地政治参与的结果，我们今天能够享有普遍的选举权，就是托政治参与之福，它也正是政治参与推动民主政治发展的一个重要表现。

资料5.2

普选权：英国的经历

英国普选权的确立生动地说明了政治参与对政治民主的推动作用。光荣革命后，1689年的《权利法案》规定，议会议员可实行"自由选举"，但根据1711年通过的法律，下议院议员的选举须具有非常高的财产资格，郡议员必须是每年土地收入在600英镑以上，市镇议员必须是每年不动产收入在300英镑以上。这项法律实际上只确认和保障了地主、资产阶级贵族在下议院的优势。在这样的限制条件下，连中小资产阶级也不可能进入议会大门，遑论下层贫苦大众。

直到1831年，达到英国法律规定的选举权财产资格限制标准的人数尚不足35万人，只占人口总数的2.6%。1830—1832年，英国人民为增加选民数而组织了起来，工人阶级也与中产阶级结成联盟并暂时放弃普选权的要求。迫于社会压力，议会当局不得不于1832年进行了选举改革，制定了第一部《选举改革法》，使中产阶级的大部分获得了选举权，但是广大无产阶级和妇女仍无选举权。当时20岁以上的居民中仅有7%的人享有选举权。

就在第一部《选举改革法》公布后没几年，一场以争取普选权为主要内容的宪章运动爆发了。1837年，伦敦工人协会提出了《人民宪章》这一争取普选权的纲领性文件。经过长期的各种方式和途径的政治参与，英国人民争取普选权的斗争终于取得了一系列重大成果。1918年制定的《人民代表选举法》，在法律上规定了成年男子的普遍选举权。1928年通过了《男女平等选举法》。1948年废除了"复票制"，实行了"一人一票，一票一值"和"男女平等"的原则。1969年再次扩大选举权，选民年龄由21岁降为18岁。英国至此才实现了真正的普选，完成了选举权意义上的政治民主化。

资料 5.3

普选权：法国和美国的经历

法国 1789 年的《人权宣言》曾庄严宣告，人生而自由，权利平等。但在 1791 年颁布的宪法中却规定，只有“积极公民”才有选举权与被选举权。直到 1944 年第四共和国成立时，国民议会才实现“普遍、直接”的选举，规定 21 岁男女公民有选举权。1974 年宪法修正案把选举年龄降到 18 岁。至此，法国才真正实现了普选权。这也意味着，前后共用了将近 150 年的时间，法国才真正实现了普通公民对政治的参与权。

1787 年制定的美国联邦宪法对选举资格未作规定，而将制定选举法的权力留交各州。虽然各州对于选举资格的规定各不相同，但总体上保持着较高的财产、教育背景、种族等限制。直到 1971 年 3 月制定的联邦选举法，使选民的年龄下限从 21 岁降至 18 岁，并取消了进行“文化测验”的限制，普选制才得到逐步的完善。但时至今日，在美国的一些州，非法限制黑人和其他有色人种选举权的现象依然存在。美国黑人仍然在通过各种方式和途径不断地争取其参与美国政治的正当权利。

（3）政治参与是民主政治健康运行的保障。离开了广大民众的政治参与，政治民主化的进程将会受到极大的限制。同时，民主作为一种现代政治制度，一旦被建立起来，就有一个如何维护和正常运转的问题。现代民主国家由于种种条件的限制，已不可能像古希腊一样实行直接民主制，几乎所有的现代民主国家都实行的是代议制民主。“主权在民”作为一项基本政治原则，实际上已经衍生出一整套程序或机制，其基本内容就是民众通过选举政治官员来进行统治。在健全的政治参与形式下，希望连任的官员在进行政治决策时，不得不考虑选民的反应，如果当选官员在任期间的所作所为符合选民的利益，那他会在下一次的大选中继续赢得支持，否则就会被选民抛弃。另外，人民还运用其他的政治参与方式表达自己的政治意愿，制约政府的行为，如请愿、游行、示威、媒体曝光、集会等。正是民众的政治参与使得现代民主政治“运转起来”，公民的政治参与已经成为现代政治制度运行和国家权力运行的重要支柱。

可见，离开了公民的政治参与，就不会有国家权力的合法运行，就不能体现国家政治的民主性质。公民政治参与程度的深化和范围的不断扩大，极大地促进了民主政治的进步与发展，使民主政治的运行更为稳定和成熟。

（二）政治参与有助于政治体系的稳定

政治稳定主要指政治体系中的政治权力不发生重大变异，政治权力能不断获得能量补充，政治输出能对政治利益要求实施有效的整合。而政治参与在这三个方面都发挥着重要作用。政治参与有助于促使国家政治权力在尽可能公平而健康的轨道和方向上运行，从而维持政治稳定和整个社会的正常发展。

（1）政治参与有助于对政治权力施加控制。政治权力是政治生活中的“硬通货”。它既可以沿着授权者的意志进行运作，也可能成为权力行使者个人牟取私利的工具——这种情况在权力所有者和权力行使者相分离的现代稍不留神就会出现。一旦权力行使者偏离权力所有者制定的权力运行规则，就会发生权力变异。政治参与通过公民的政治权利来制约政治权力的行使，并通过政治参与所形成的授权达成权力之间的相互制衡。通过公民的政治参与，国家的政治生活呈现出国家的政治权力与公民的政治权利均衡互动的状态，也使公民之间的政治权利在表达中妥协整合达到一种平衡状态。同时，公民政治参与形成的授权结果也使不同性质的国家权力之间形成一种制衡的互动关系。立法、行政、司法这三大政权机构和力量的相互制约、平衡与互动，保证了整个国家权力在综合政治力量相互作用的平衡状态中运行。

（2）政治参与有助于促进政治体系的新陈代谢。选举作为公民政治参与的一个最为重要的方面，能够使政治体系处于开放的状态，并通过定期地为政治体系输送新鲜的血液来促进政治体系的发展，这是一个不断地为政治体系补充能量的过程，它有利于实现政治体系的平稳和平的交接，防止政治体系的暴力更迭。

（3）政治参与有助于维护政治秩序和社会稳定。公民的政治参与将公民与公民、公民与群体、公民与国家、群体与群体、群体与国家之间的利益关系与矛盾置于合法协商的机制之下，使各种不满能及时释放，各种矛盾能及时调节，各种问题能及时解决，各种关系能及时理顺，从而有利于各种社会关系和谐而积极地互动。有了政治参与所推动的合法协商机制，社会将不至于因长期的政治控制与压抑而造成政治关系紧张，不至于因这种紧张关系不可调节而爆发政治斗争与冲突，而政治斗争和冲突只会给国家与社会的稳定和秩序造成强大冲击，使整个国家陷于混乱。在政治参与比较完备从而政治稳定、正常的情况下，各种社会问题能得到尽可能公正、有效的解决，这大大促进了社会生活的正常进行。即使社会生活某些方面受到局部和偶然的人为和自然侵害，公众也可以通过政治参与迫使国家权力有所作为，通过共同的积极互动来修复这种关系，或者把损害降至较低程度而不至于危及政治社会的稳定。因此，政治参与是政治稳定和社会稳定的“安全阀”。

（三）政治参与有助于促进经济发展

经济发展的动力机制在于生产关系适应和推动生产力的矛盾运动。生产关系的变更和内部要素的优化离不开公民的政治参与。

从整个人类历史上看，生产关系的每一次重大变革都会带来生产力的突飞猛进的发展，而生产关系的重大变革不经过阶级斗争，不经过被剥削被压迫阶级的政治参与和政治斗争是不可能实现的。

现代民主政治时代，每一个政党在执政纲领中都宣称要为民众谋取利益。因而，政党执政的合法性以及下一次大选中继续执政的可能性往往就系于其能否实现经济的发展。政治的合法性被转化成经济的有效性。公民广泛的政治参与可以影响到经济政策中的资源配置与社会效果。决策中的选择与执政绩效直接挂钩，会迫使公职人员的政策行为要合乎经济效益的原则。政治参与能够加强政府或执政党推进经济增长政策的力量。同时，由于经济增长与社会的活力是分不开的，从这个意义上，政治参与也获得了提高经济发展效率的积极作用。政治参与不仅通过选举增加政府发展经济的动力，还沟通了公民与政府间的信息交流，从而使政府作出较为合理的经济政策选择，而且还可以通过公民许多利益的直接实现来调动民众发展经济的积极性。

（四）政治参与有助于实现社会公平

政治参与是人民群众表达愿望的过程，它有助于使社会利益分配的政策向符合人民利益的方向发展，还有助于推动社会福利事业。社会发展的基础是经济发展，因此，在社会发展中政治体系往往首先考虑的是效率，从而在某种程度上忽视社会公平。但是，社会公平是政治活动的一个重要的价值追求。忽视社会公平的政治家绝不是成功的政治家。政治参与是实现社会公平的有效工具之一。在社会发展的过程中，一些弱势群体正是通过方式多样的政治参与来引起政治体系的注意，从而满足自己的利益要求的。

二、政治参与的微观功能

如果政治参与的目的在于解决某个具体的现实问题，那么，这就体现出政治参与的微观功能了。政治参与的微观功能主要体现在以下三个方面。

（一）公民对政府的制约监督功能

政府政策的制定和实施是否正确，国家公职人员尤其是政治领导者是否在宪法和法律的范围内活动，是否按照一定的行为规则行事，如此种种，都构成了政府活动过程中令人忧心的重要问题，而要解决这些问题，显然需要加强对政府的监督。在这方面，除了可以运用国家权力机构内部自上而下、自下而上以及平行监督等多种形式的监督来加以约束和控制之外，公民和公民团体围绕政治权力展开的政治参与也是一种必不可少的监督。

（1）政治参与可以减少政治决策上的失误。政治参与是民主决策的前提，没有政治参与就无所谓民主决策。政治参与可以使最高政治决策机关最大限度地集中广大公民的智慧，从而可以减少决策上的失误。正确决策的前提是获取充分的信息，政府通过公众的直接、经常参与，就能获得连贯性、普遍性的信息资源，从而为政府政治决策提供有价值的现实素材。反之，如果政府根本不听取公众的意见，或者仅仅小范围地时而基于这部分的利益，时而又考虑那一部分的要求，就难以保证决策的民主化、科学化。

（2）政治参与有利于克服权力滥用现象。马克思指出，官僚机构的普遍精神是神秘，是奥秘。这种“神秘”和“奥秘”是权力腐败的绝妙手段，它天然地将政治参与拒之门外。政治参与就是在增加政治透明度的条件下，公民以权利制约权力。拥有广泛自由裁量权是现代政府的显著特点，这也是政府权力中最活跃的一部分权力，因为它更能适应当今社会迅速变化的要求，但这一权力也最容易被滥用，造成公民权利直接受到侵害。在政府自由裁量过程中，如果充分注重公民的政治参与，就能有效防范这一问题的出现。因为，充分注重公民的政治参与能够使政府在作出行为决定之前，充分考虑到行政相对人的权益、接受程度以及决定执行后公民的回应，不断地加强政府对公民在国家中主体地位的认识，使其不能借口国家利益和公共需要而随意处置、剥削相对人的权益。尤其重要的是，充分注重公民的政治参与，有助于保障公民对政府活动的知情权，提高公民免受行政侵害的自卫、防范能力。这些都将极大促进政府行为的公正性、合理性。正因如此，现代民主国家都十分注重以政治参与来约束政府的自由裁量行为。例如，在英国，行政法的自然公正原则的一个重要内容就是听取对方意见，保证行政相对人有了解政府行为依据，获得提前通知，为自己辩护等权利。

资料 5.4

水门事件

水门事件（Watergate Scandal），又称水门丑闻，是美国历史上最不光彩的政治丑闻事件之一。在 1972 年的总统大选中，为了取得民主党内部竞选策略的情报，1972 年 6 月 17 日，以共和党竞选班子的首席安全问题顾问詹姆斯·麦科德（James W. McCord，Jr.）为首的 5 人闯入位于华盛顿水门大厦的民主党全国委员会办公室，在安装窃听器并偷拍有关文件时，当场被捕。由于调查涉及时任美国总统的尼克松，尼克松恼羞成怒，下令免去调查水门事件的特别检察官考克斯的职务。这一下可捅了马蜂窝，美国各电视网立即中断正常节目，向美国公众报告这一爆炸性新闻。公众的反应就像火山开始喷发，抗议电报像雪片一样铺天盖地，舆论将尼克松与希特勒相提并论。血气方刚的大学生们组织了大规模的示威游行。整个美国像开了锅一样，群情激愤。在民意的推动下，众议院决定对总统进行弹劾。尼克松于 1974 年 8 月 8 日宣布于次日辞职，成为美国历史上首位辞职的总统。

（二）政治参与表达了公民的主体意识

对公民个人而言，政治参与发挥着极为重要的培养公民主体意识和民主意识的功能。如果说现代民主政治是一种公民政治，那么培养具有独立的、理性判断能力的权利和义务主体，即具有民主意识的公民则是建立现代民主政治的基本前提。公民通过政治参与可以掌握具有参政资格的公民所应具备的政治价值观、政治知识和政治技能，提高政治责任感，提高权利义务意识，形成更高程度的民主观念和参与能力，并在参与过程中体验政治权利，增强对政治体系的体验性理解和关注程度。通过政治参与，公民可以“学习如何发挥自己的政治作用，变得关心政治，增强对政治的信赖感，并感到自己是社会的一员，正在发挥着正确的政治作用，从而感到一种满足感”[①]。而且，更为重要

① 蒲岛郁夫. 政治参与. 北京：经济日报出版社，1989：5.

的是，在政治参与的过程中，公民可以逐步地养成宽容和妥协的民主精神，把自己锻炼成一个真正的现代公民。

（三）政治参与有助于政策的贯彻执行

政治参与可以增强政策执行上的助力。一方面，政治参与给公民和公民团体提供了将其利益和要求传达至政治系统的机会，有利于对政治系统施加影响。政治参与可以支持或反对特定的政府决策，支持或反对特定的政府行为，公民也可以通过政治参与寻求在一定程度的社会利益补偿。将政策制定基于广泛的政治参与之上，有利于使政策本身能够有效地整合社会各个方面的利益，反映公民的各种呼声，表达公民的愿望与要求，从而使政策的执行获得广泛的支持。另一方面，大众参与政治的过程本身就是对该政策认识与了解的过程。政策有效地贯彻和执行的前提是对所执行的政策有充分的认识和理解，公民在政治参与的过程中加深了对政策的理解，自然会积极地去执行。

三、政治参与的负面功能

从长远看，政治参与最终推动了政治民主、政治稳定、经济发展以及社会公平。但是，除了上述宏观和微观方面的正面功能之外，政治参与也有负面的功能。政治参与的负面功能指公民参与政治后，社会价值和程序的发展方向与社会历史的发展方向，与人类追求的理想背道而驰、南辕北辙。

（一）发展中国家政治参与的负面功能

20 世纪发展中国家的很多事实表明，政治参与有时会引起“政治衰退”，造成政治动荡。在 20 世纪的五六十年代，政治暴力和动荡在亚非拉地区明显增加。据统计，1958 年，全世界约有 28 个地区在进行旷日持久的游击战，发生了四次军事暴动，两次常规战争。到 1965 年，发展为 42 个长期性的游击战，10 次军人政变，5 次常规战争。在 20 世纪五六十年代，政治不稳定的局面也有明显发展。1955—1962 年发生的不利于政治安定的事件，比 1948—1954 年同样性质的事件增加了五倍之多，此间在全世界 84 个发展中国家中，有 64 个国家呈现政治更加不稳定的趋向。总之政治秩序混乱、政府权威、效能及合法性遭受破坏等现象遍及亚非拉国家。近年来，发展中国家的军事政变、学生游行、工人罢工等政治不稳定现象也频繁发生。

政治参与并不必然导致政治不稳定，其最终趋向是产生一个政治稳定的现代民主国家。之所以会产生社会冲突和社会动乱，关键在于政治体系的能力以及政治制度化的水平不能满足由社会动员所带来的“爆炸式政治参与”的要求。

（1）民众政治心理不成熟。发展中国家的现代化首先意味着社会动员和经济发展。这意味着传统社会的态度、价值观念和期望转变为现代社会所共有的态度、价值观念和期望。这种变化乃是都市化、识字率和教育水平提高、传媒为大众所用的结果。因此由社会动员所带来的现代价值观的确立，就会促使人们参政意识增强。

在社会动员的同时，经济也要发展。而经济发展又意味着社会流动的增加，一些人在社会流动中找到自己的正确位置，但是另一些人就会转而求助于政治体系来实现自己的要求。再者，由于现代传播媒介的作用，发达国家的现代生活方式产生了“示范效应”，刺激了公民对政治体系需求期望的增长，因此，在社会动员和经济发展的过程中，如果人们的过高需求得不到正确的引导，再加上分配政策向投资者倾斜所带来的贫富分化以及政治腐败等现象的刺激，会刺激公民通过政治参与来满足其各方面的需求。

（2）国家政治体系脆弱。发展中国家往往有着殖民主义的历史，因此，在建立起新型的民族国家获得政治独立后，它们面临着经济落后和政治停滞的双重问题。由于殖民主义者的入侵，殖民地国家原有的传统被打断，而殖民统治者从来也没打算过真正去解决由此引发的政治危机。因此在这些国家中，不仅一般的居民缺乏统一的政治意识和政治技能，而且国家也缺少切实有效的政治和行政体系。

这样一来，新发展起来的公民广泛的政治参与就与发展中国家政治体系的能力和政治制度的低水平形成了尖锐的矛盾。政治体系还不能及时地为迅速膨胀的政治参与提供有效的渠道。于是人们就会寻找一些体制外的、非法的、非制度化的参与渠道来满足自己的需求。当人们的政治参与热情在短时期内迅速攀升并集聚在一起时，政府是不可能充分满足的，其结果就往往是政治参与演变为暴动，给国家带来灾难。

（3）政治制度不完善。发展中国家独立建国时间较短，法制化水平低。在追求政治民主化的过程中，一方面是民主制度不完善，给予公民的民主自由权利不能满足现代公民社会的要求，另一方面，发展中国家的法律制度也不健全，对公民参与政治的制度设计不合理，民主政治缺乏法律制度的规范和保障。这就使得民众容易在政治参与的过程中迷失方向，最终背离民主政治的初衷。

资料 5.5

泰国的街头政治带来政局动荡

2006 年以来，泰国前总理他信实行的经济改革政策惠及基层的草根农民但是损及了中上层的利益，所以导致中上层联合起来反对他信。2006 年他信政府被反对派“民盟”（黄衫军）的示威游行及军事政变推翻。2007 年底泰国大选，亲他信的势力再次上台执政，“民盟”（黄衫军）组织在 2008 年 5 月再次掀起了新的反政府行动，示威者占领了国家电视台和财政部，包围了总理府等政府机关，并阻断了通向首都曼谷的主要道路，极大影响了泰国的旅游经济。通过 3 个多月的示威抗议，最终把反对派阿披实政府推上台。但是，2009 年 4 月，亲他信的政治势力组织“红衫军”进行大规模的街头行动以抗议阿披实政府，强行冲入东盟系列峰会新闻中心，并与军警发生冲突，形成骚乱，导致东盟与对话国系列峰会被迫取消。2010 年 3 月开始，“红衫军”再次发动大规模街头运动，并以泼洒人血施压的极端方式逼迫总理阿披实解散议会，重新大选。其政治要求遭到总理拒绝后，“红衫军”的反政府示威行动继续升级，终至与军警发生暴力冲突，造成几十人死亡。2011 年 8 月，他信的小妹英拉出任泰国首位女总理，暂时平息了政治动乱。但是，2014 年，反对派再次发动民众抗议游行，最终导致英拉下台，军方政变掌权。如此反复，令泰国的政治局势长期处于动荡之中。

（二）发达国家政治参与的负面功能

即使在发达的资本主义国家，在民主政治比较成熟、政治制度化水平很高的情况下，剧烈的政治参与仍然会带来一系列的政治问题。在 20 世纪六七十年代的美国，由于越南战争、种族关系、“水门事件”的影响，美国的政治参与空前高涨，这一方面造成了政府活动的膨胀，另一方面也造成了政府权威的下降。亨廷顿认为，在每一个民主社会，都有一个使民主有效发挥功用的不积极参与政治的边缘人群的存在，如果社会边缘群体也成为政治系统中的彻底的参与者，政治系统就会因过多的要求而引起危险，这些要求一方面扩大了政治系统的职能，另一方面也破坏了其权威。因此，当参与的价值观增加到最大值时，就需要对之进行合理的限制。①

可见，政治参与是一把“双刃剑”，不努力推进政治体系制度化的水平，不随时有效地关注社会成员政治参与的现状，就会对政治系统乃至整个社会带来危害。

第三节　政治参与的途径

政治参与的主体主要包括公民和政治社团。其中政治社团在上一章中已做介绍，本节主要阐述公民政治参与的途径。当然，公民通过参加政治社团来参与政治，也即政治结社，本身就是公民重要的政治参与形式。

一、政治参与的一般途径

政治参与的途径是政治参与研究的关注点之一，学者们普遍关注的往往是投票、选举、参与政治社团、与官员接触等有限的几种具体方法。固然，这些都是重要的参与途径。但在实际的参与过程中，参与的形式却具有复杂多样的特点。

政治参与采取的具体途径受若干因素的影响：

一是参与的范围。在一个社会中，政治参与的总量在某种程度上取决于政府活动的

① 亨廷顿，等．民主的危机．北京：求实出版社，1989：54.

范围。随着参与范围的扩大，参与也将采取新的途径。

二是制度化的参与渠道。一般来说，现代国家，无论是真正民主的国家还是只有形式上的民主的国家，都通过国家政治制度规定了公民政治参与的渠道。参与的渠道不同，采取的参与途径也不同。特别是体制内的参与和体制外的参与的形式迥然有异。

三是政治文化的影响。政治文化往往构成了人们的政治行为模式，并因此而制约着实际的政治参与所采用的途径。

总之，只要是公民对政治过程的介入都是政治参与。具体的参与过程采取什么形式，通过什么途径，因时因地因事而有所不同。

从政府的角度来看政治参与的基本途径有制度化的和非制度化的两种。制度化的政治参与是主要途径，国家对民众的政治参与通过政治制度进行组织和安排，有一套相对稳定的制度程序，在各种社会势力和政治权力之间发挥着重要的缓冲作用，在这里，正如亨廷顿所言，"参与总是广泛的和通过合法渠道加以组织和安排的"①。非制度化政治参与则是指公民采取自发的方式参与政治。我们主要介绍制度化的政治参与途径。

（一）选举

在现代民主政治中，选举是政治参与的一种制度化途径，可以说是各种政治参与途径当中普通公民控制政府的最为有效的工具。选举制同代议制、政党制构成了现代民主政治的三大支柱。选举为国家权力与公民权利的整合提供了一种有效的运作机制，迫使执政者对其政策负责，并给予公民以更换政府的手段。当今世界大多数国家均实行普选，即每一个成年公民都有平等的选举权，不受出身、财产、受教育水平、种族、宗教、性别、职业等条件的限制。

选举一般是指公民依照一定形式和程序自愿选择某项公职人员的行为。公民通过选举，可以淘汰掉原有的已失去民意的国家公职人员，重新挑选新的国家管理者，这样一来就容易使执政者更好地维护公民的利益。可见，选举使得公民的意志和权利在一定程度上得到表达和尊重，从而保证了公民在代议民主制下对政治过程的参与。

选举制度则是有关选举国家代议机关和某些国家公职人员的原则、程序和方法的法律规则的总称。选举程序涉及确定选举资格、行使选举权利、划分选区、确定候选人资格及其产生程序、竞选、投票、当选计票等。在选举程序的每一环节都离不开公民积极的政治参与。选举制度从制度上保证了公民对政治体系的运行过程的参与，尤其是对政治体系的人事构成的参与。

西方大多数国家都实行代议民主制，公民通过选举投票进行政治参与。例如，美国实行的是总统制，总统和国会议员分别由选民直接选举产生，在总统和参众两院议员的竞选过程中，选民可以用选票来对他们表示支持或反对，同时也就表达了对他们所提出

① 孙关宏，等．政治学概论．上海：复旦大学出版社，2003：298.

的竞选纲领或竞选主张的支持或反对，而这些竞选纲领或竞选主张往往涉及具体的政策，它们将对选民的利益产生直接影响。在这里，选民的政治参与不仅影响了政治领导人的组成，而且将影响政治领导人的施政过程，毕竟，选民通过投票表达了自身的意愿和利益要求，新当选的政治领导人不可能完全置之不顾。

在我国，公民的选举活动主要是公民选举县级以下地方人大代表，组成基层国家权力机关——县和乡镇两级人民代表大会。此外，选民还可以对自身所在选区选举产生的人大代表进行罢免。公民的选举和罢免活动由我国的宪法和相关法律保障，直接体现了公民与人大代表的权力委托关系，是我国社会主义民主政治的基石。

超链接

中国选举与治理网：http：//www.chinaelections.org

（二）创制与复决

“公民创制与复决是指一定数量具有选举资格的公民提出法案和对法案进行表决或否决的活动。”① 公民创制最早于1845年在瑞士沃州被采纳，当前，全国性的公民创制以意大利和瑞士两个国家最为典型。例如，意大利《宪法》第七十一条规定“人民经五万人的连署可以提出创制案”。在瑞士，从19世纪中叶到20世纪80年代末，已经举行了300次全民公决和135次公民创制，而公民复决权的行使则更为频繁。20世纪90年代以来，瑞士平均每年就重大政治事项举行10次复决。但是，这种政治参与还只限于少数国家使用，并且在有的国家中使用频率仍不高，一般涉及增加公民负担的有关法案，如预算案、租税案、俸给案等，不得由公民创制，以免公民利用创制权来减免负担，从而危及国家财政。

资料5.6

瑞士采用公民创制与复决的特殊原因

瑞士可以说是由一些崇尚自由分散、富有独立嗜好的人所组成的。虽然人口不过650万，面积只有4万多平方公里，但瑞士却有26个州，且各州享有很大的权限，都不愿把大权交给伯尔尼的联邦政府。更为有趣的是，瑞士有四种民族语言——德语、法语、意大利语、罗曼什语，其中前三种被定为官方语言。瑞士的一切法律条文、政府公告、规章制度，都要同时用这三种语言制定公布，在罗曼什人聚居区还要附加五种罗曼什方言，劳力之大量浪费，文件之卷帙浩繁，是不难想象的。这大概从一个侧面反映了瑞士人自由不羁的国民特性。有人说，瑞士是由不愿做德国人的德国

① 王邦佐，等．新政治学概要．上海：复旦大学出版社，1998：253.

人、不愿做法国人的法国人、不愿做意大利人的意大利人，以及一部分原始公社遗留下来的人所组成的游离分子团体。在政治上摈弃有可能违背公民意志的代表制而实行直接民主，自然是理所当然了。

创制权和复决权是遍及联邦的直接民主形式。据统计，在瑞士，公民投票的议案有逐年增多之势，联邦州年均公民投票在1900—1950年间只有两案，1950—1985年间则增至543案。诸如限制工人人数，采用夏令时制，要求汽车乘客系安全带，摩托车驾驶员戴安全头盔，车辆使用高速公路须付使用费并粘贴标签，各地学校学年一律于八九月间开始，等等。在别国大概连议会也无须代劳，只要一纸行政命令就可解决的问题，而在瑞士却都被视为与人民利益切身相关的“大事”而在投票之列。再加上各州要表决的议案，每个瑞士公民每年平均要对20多个问题进行表决，也就是说，瑞士人一年中有将近一半的星期天在参加投票。

公民创制分为直接创制和间接创制两种形式。公民提出的法案不先进入议会程序，而由公民直接投票决定，称为直接创制；将法案先交议会表决，若议会不通过，再提交公民投票的，称为间接创制。公民以间接创制的方式向议会提案，议会有处理的责任和义务。

公民复决分为公民表决和公民否决两种。公民表决是指在议会制定的法律尚未实施之前，由公民投票决定该法律是否付诸实施；公民否决是指在法律已经实施之后的一定期限内，如有公民或政府机构对法律不满，则将其提交公民投票决定是否继续实施。一些国家为了强调宪法的制定或修订是体现全民总意志，因此规定制宪或修宪除了国会多数同意外，还必须获得一定比例人数的全民投票认可才能正式通过。

无论是创制还是复决，都是采用全体公民投票的方式进行（俗称“全民公决”或者“公投”），是公民直接民主的体现，也是对代议制的补充。比如，1995年8月，哈萨克斯坦就是用全民公决的方式通过新宪法，重新规定了国家政体；2016年12月4日，意大利进行了修宪公投。

资料5.7

意大利的修宪公投

2016年，意大利总理伦齐提出修宪法案，希望改变目前参众两院职能相同、权力均等的现状，使立法工作摆脱程序繁复的窘境。如修宪成功，将会结束意大利持续68年之久的两院制，未来的众议院将成为意大利唯一的立法机关，参议院则将在缩编后成为负责处理中央与地方关系的议事机构，参议员人数也从315人缩减为100人。

但修宪法案并未在参众两院以大多数优势通过，因此，只能通过全民公投来决定其命运。2016年8月8日，宪法改革公投获得意大利最高法院正式批准；12月4日进行公投，尽管意大利民众不断抱怨体制弊端，渴望变化，但是，公投仍然以失败告终，大部分选民更倾向于拒绝修宪。为此，伦齐宣布辞去总理职务。

除了宪法复决的全民公投之外，许多西方国家还有政策复决的全民公投，即公民对政策和法案通过与否进行公投。例如，2016年6月23日，英国举行的“脱欧”公投。

资料5.8

英国的“脱欧”公投

“脱欧”公投，指就英国是否脱离欧盟进行的公投。2013年1月23日，英国首相卡梅伦首次提及“脱欧”公投。2015年5月29日，英国政府向下议院提交并公布了有关“脱欧”公投的议案，并承诺将在2017年底之前举行投票。2016年6月23日，英国举行公投，多数票同意“脱欧”。许多民众对于结果感到意外，甚至要求重新投票。2016年7月9日，英国政府正式拒绝了逾412.5万人发起的举行第二次“脱欧”公投的请愿。英国外交部代表官方表示，首相和政府均已经明确，必须尊重此前公投的结果。卡梅伦最终不得不辞去首相职务以平息民怨。

2017年3月13日，英国议会两院分别批准了由特蕾莎·梅政府提出的“脱欧”法案。3月16日，英国女王伊丽莎白二世批准“脱欧”法案，授权英国首相特雷莎·梅正式启动“脱欧”程序。3月29日，英国驻欧盟大使巴罗（Tim Barrow）将正式通知递交欧洲理事会主席图斯克（Tusk），启动为期两年的英国“脱欧”程序。

与此同时，苏格兰首席大臣妮古拉·斯特金签署信函，正式要求进行第二次苏格兰独立公投。苏格兰曾在2014年9月18日举行独立公投，并以55%反对票宣告公投失败。

（三）其他途径

此外，社团活动也是制度性的政治参与的一种重要形式。公民可以通过加入特定的政治组织，以社团的形式参与政治过程，进行一种有组织的政治参与。随着现代社会利益不断趋向于多元化，通过政治结社来影响政治过程已经成为政治系统中公民提高政治参与本身的有效性和公民自身的政治功效意识的重要途径。本书第四章对政党和政治社团已作详细阐述，在此不再赘述。

在我国，信访也是制度化政治参与的重要途径。信访与民主党派参政议政一样，是我国广大人民独特的政治参与制度之一，是由《信访条例》规范和约束的。信访的内容绝大多数是来自基层群众的意见和建议，它们对于支持和协助政权机关的工作起了重要作用。同时，公民的信访也是对政权机关的工作及其公职人员的行为进行监督的重要渠道，它有助于揭露不正之风，提高办事效率，克服官僚主义。因而信访是公民关注政治问题、进行政治参与的重要方式之一。

超链接

国家信访局：http：//www.gjxfj.gov.cn

除了制度化的政治参与外，还存在非制度化的政治参与途径。非制度化的政治参与，指的是在政府组织和控制之外进行的政治参与活动，例如法院诉讼、越级上访、官民个人接触等。与制度化政治参与相比，非制度化政治参与具有相当程度的随机性和不可预见性。

二、网络政治参与

人类社会已进入网络时代。随着互联网络的飞速发展，网络对社会生活的方方面面产生了巨大的影响，其中网络对政治生活的影响已引起众多政治学者的极大关注。关注网络政治问题，研究网络对政治参与的影响，也应当成为政治参与研究范畴中的重要方面之一。

20世纪70年代，国外学者开始对网络政治进行研究，而大量研究成果则在90年代之后陆续出现。作为互联网的发源地，美国的网民数、网络普及率都稳居世界前列，相关的理论研究也始终处于世界领先地位。此外，西方其他主要国家近年来也都纷纷兴起了网络政治相关研究的热潮，它们运用不同科研方法、从多角度产生了许多标志性的成果。从现有资料来看，相关著述主要围绕科学技术与政治的关系、网络空间和网络社会、网络民主、网络治理、网络传播等角度对公民网络政治参与进行了研究。

随着互联网技术的发展，20世纪90年代中期以来，中国公民政治参与出现一种完全不同于以往的新形态，网络舆论、网络社群及其向网络社团的演变、网络政治人及其精英等逐渐成为政治生态中不可忽略的力量。2008年被称为“网络舆论监督年”，2009年被称为“网民问政年”，2010年被称作“微博元年”，2011年公民通过互联网高调宣布参选人大代表等，就是最好的例证。2017年1月22日由中国互联络信息中心发布的《第39次中国互联网络发展状况统计报告》显示，截至2016年12月底，中国网民数达7.31亿，互联网普及率达53.2%，且新增网民人数呈加速上升状态，网络已经渗透到社会的各方面。网络政治参与作为互联网时代的产物，对社会政治生活的影响日益加深。网络政治参与在某些方面弥补了现存政治制度的不足，推动了我国政治进步，但是，网络政治参与因其无序性，往往给现实政治生活带来冲击。

资料 5.9

中国网络政治参与的实践类型

一般来说，公民可以通过网络论政、网络监督、网络互动、网络评判等方式进行政治参与。当前，我国公民的网络政治参与主要通过公民网络参政议政、网络民主监督和参与网络群体性事件等三种方式来实现。根据以上划分标准，公民网络参政议政多体现为主动性参与、合法性参与、支持性参与、和平性参与；公民网络民主监督体现为主动性参与、合法性参与、抗议性参与、和平性参与；而公民参与网络群体性事件则往往呈现出动员性参与、不合法参与、抗议性参与和平性参与，如果政府相关部门对该事件应对不及时、不准确，就有可能激化矛盾，导致暴力性参与的发生。

资料来源：金毅．当代中国公民网络政治参与研究．吉林大学，2011-12-01.

（一）网络政治参与的特点

首先，在网络时代，政治参与主体有其独特的内涵，它既可以是传统意义上实名的公民概念，又可能是现代意义上匿名的或虚拟的“网民”身份。从严格意义上说，至少在目前，网民并不完全具有确切的法律意义，网民在网络上的参政身份往往是模糊不清的。但我们并不能因此而忽视其客观存在，不能忽视网民在网络上，或者利用网络参与政治活动的影响。从这个意义上说，网络政治参与主体更具复杂性和隐秘性。

与此同时，虚拟团体或虚拟社团也已成为网络政治参与的主体之一。由于互联网上“海量”政治信息的汇聚，网民对社会问题的关注热点各异，加之网上利益表达自由度增大，必将导致观点各异的思潮兴起。但个体网民一家之言的影响力毕竟有限，网民往往由于寻求共同的利益诉求而形成虚拟团体，进而形成共同的利益表达。同时，网络方便快捷的联系方式也为网络上虚拟社团迅速崛起提供了便利。随着网络的普及，虚拟社区正在以惊人的速度产生，并通过多种多样的电子方式把网民“链接”在一起。虽然这是一些没有组织的临时性群体，成员之间或许从未谋面，但共同的兴趣和爱好、共同关注的社会主题、共同的利益需求，或者仅仅是为了追求刺激的感觉，都足以使他们走到一起。由于利益的表达和聚合更加自由，兴趣爱好相投或意识形态相一致的网民在网络中进行交流或组织活动显得异常简单。虚拟团体成为政治参与的主体之一，更加丰富了政治参与的内涵。

其次，从政治参与的形式和手段上看，网络政治参与和传统意义的政治参与有着明显的差别，这种差别主要表现在网络政治参与无论是形式上还是手段上都更加直接化和技术化。随着网络技术以指数级的速度迅猛发展，政治参与不再依赖人为的组织手段，或者依赖代表参与政治的“半直接民主”，而更多的是依靠人们自己，依靠网络行使民主权利，使直接民主成为可能。从这个意义上说，网络给人类社会的政治参与带来了根本性的变革，在未来的社会里，举行全民公决也许是敲击几下键盘，点击几次鼠标的事。当然这些都需要以网络技术的进一步发展为支撑。由此可见，网络政治参与手段的技术化特征已凸显。快速、廉价的政治参与手段，必然带来政治参与形式及效果的根本性变革。

最后，网络政治参与方式将更加便捷化。在我国，传统的政治参与大多仅限于投票、信访等几种简单途径，并且很大程度上依赖于报纸、电视、电台等传统的信息传递渠道。而在网络时代，随着互联网的接线头向各家各户延伸，社会成员对“政治参与”的体验更加直接。人们在家中点一下鼠标，就能马上对各种公共事务进行投票，参与讨论，发表见解，使公众和政府实现了没有中间环节的直接平等沟通。一位亲和的政治家可以立刻看到公众意见的调查，而一个社群则可以通过“在线参与”的方式进行政治对话，向政治体系输入要求和支持，其结果是使参与变得轻而易举，顺畅通达的电子访问大大削弱了严格的科层等级观念，更打破了种种限制，为平等自由的交流铺平道路。

超链接

“我向总理说句话”互动平台：http：//www.gov.cn/hudong/xzlwh.htm

（二）网络政治参与的功能

1. 正功能

在当今移动互联网时代，网络政治参与的便捷性、及时性、广泛性，以及与流行文化相结合的时尚性，吸引了大量的公民投入其中，大大提升了公民政治参与的热情与能力，对政府的行政、司法工作起到了一定的监督作用，体现了政治参与的微观功能。

网络政治参与的兴起，也对政府信息公开、网上市民服务、舆情回应与监管等工作提出了要求，促使政府工作更加法制化与规范化，并通过优化办事流程来提高工作效率。各国纷纷建立“电子政府”，实行“电子政务”，以畅通公民网络政治参与的渠道。一方面，电子政府实现了政治体系与社会各界的信息共享，为公民从政府网站上获取信息提供了方便，降低了公民政治信息收集的成本。另一方面，它强化了政治体系的回应力，借助网络信息技术，在政治体系与社会及民众之间架起了一座电子桥梁，使政府可以全面了解民众的呼声、意愿和需求，因此可以说电子政府是民众网络政治参与的基础和有效保障。1999 年，我国启动了政府上网工程，截至 2009 年 1 月，我国已开通 4.5 万多个政府门户网站①。但政府网站的建设与维护仍需要更符合网民的期望。

① http：//hi.people.com.cn/2009/12/071509367.html.

资料 5.10

网络反腐

从 2009 年网民曝光"九五至尊"天价烟的原南京市江宁区房产局局长周久耕事件，2010 年网帖曝光的原广西来宾烟草专卖局韩峰局长的"日记门"事件，2012 年曝光的原陕西省安监局局长杨达才的"表哥"事件，到 2013 年重庆官员"不雅照"事件，通过网络曝光有多名官员被"反腐"下课，更是让网络反腐成为时下最热门的话题和反腐人士热衷的反腐斗争方式。总结发现，案件从曝光到查处给我们呈现出一种网络反腐的现实路径：网民发帖—网友顶帖—形成热点—媒体追踪—事件放大—国家机关介入—真相大白—查处官员。这种"群体效应"的凸显和"蝴蝶效应"的加剧，发挥了日益强大的舆论引导与舆论监督的职责。在这种论调之下，有学者提出网络是普通公众可以用来展开舆论监督的工具之一，同样允许普通公众使用各种合法的监督方式实现法律所赋予的舆论监督的民主权利，包括批评、检举、揭发、控告、发表评论等方式。也有学者提出网络反腐是一种举报形式，也是将小群体之民意予以放大的一种形式，是现实中民意表达与传递的网络传播形式。因此，网络反腐并不能涵盖反腐败的全过程，更不能替代司法意义上的反腐败。

资料来源：袁希．中国网络反腐现状及其对策研究——基于 10 个典型网络反腐案例分析．重庆大学学报（社会科学版），2014－11－15.

2. 负功能

随着移动互联网和其他新兴大众传播媒介的发展，出现了以网络信息、社交软件、手机短信、电子邮件等信息发散传播为动力的人际动员新模式。与传统的政府主导型社会动员模式相比，这种新的社会动员模式呈现出许多新的特点：一是自发性，通常是由公众或民间社团自发发动起来的；二是爆发性，因为动员信息的传播速度很快，可以在极短的时间内达到动员的目的；三是隐蔽性，特别是通过手机短信、社交软件、自媒体和电子邮件传递信息进行动员，往往很难为外界所察觉。

从世界范围看，近些年来，这种以互联网和其他新兴大众传媒为信息传递手段的民众自发性人际动员模式已经成为一种普遍的社会动员模式，对各个国家的政治、经济和社会生活产生着越来越大的影响，甚至影响到一些国家的政局和政治稳定。

作为一种新的社会动员模式，如果能以理性、合法的形式出现，它有助于动员社会力量积极参与政治，协助政府解决某些社会问题。但是，如果不对这种公众自发性的社会动员带来的政治参与加以正确的引导和有效的调控，就有可能给社会带来负面影响，甚至进而引发危害社会稳定与正常秩序的群体性事件。①

可见，网络政治参与的新发展给传统的政治参与带来了活力，但是同时又有可能激

① 青连斌．有效掌控网络人际动员新模式．文汇报，2005－04－25.

发政治参与的负面功能。此外，我们也应该看到：在我国，随着社会的不断分化和重组，特别是由于社会经济成分、组织形式、就业方式、利益关系和分配方式的日益多样化，在人民根本利益一致的基础上出现了不同的社会利益群体、新的社会阶层和各不相同的利益诉求。网络时代决定了人民有更多的途径和方式表达自己的利益要求。面对网络政治参与的正负两方面功能，我们必须强化其正面的功能，同时尽可能将其负面作用减少到最低点。这就要求我们的党和政府必须建立健全社会整合机制，提高整合社会关系的能力，党要始终成为社会整合的中心，有效地整合社会，促进各种社会力量良性互动；必须加强对公民政治参与的引导，扩大公民有序的政治参与，既要保护和发挥公民政治参与的积极性，又要加强正确引导，引导各个社会利益群体、社会阶层和不同方面群众以理性、合法的形式表达自己的利益诉求、愿望和意见。

总之，公民的政治参与途径是多种多样的。除了参加投票外，公民可以参与政府政策的创制、复决以及对某一公职人员进行罢免；可以通过自己的言论，向社会陈述自己的政治见解，形成社会舆论，引导社会发展，影响政治过程；可以采取实际行动来支持或者反对某项决策；还可以进行一些随机的政治参与，如因特定利益与政府官员进行个别接触等，此外，还可以利用互联网参与政治。

有必要指出的是，公民的政治参与受到多种因素的影响和制约。首先，参与体制的形成是至关重要的，各国为公民提供的参与体制不同，公民在政治过程中所处的地位也就有所不同。其次，参与能力也是非常重要的。它包括公民的政治认知能力和政治行为能力两个方面。最后，政治参与的主观愿望也是不能忽视的重要因素。

资料 5.11

英美选民的政治冷漠症

2015 年 5 月 7 日，英国再次迎来大选，媒体掀起了报道高潮。不过，与媒体的狂热相比，普通英国人并不怎么投入，以至于名为“公共政策研究机构”的一家中左翼智库呼吁，“在年轻人 18 岁后第一次选举中应该强迫他们投票”，避免投票率过低。

2015 年是《大宪章》签署 800 周年，对于英国来说，是一个有特殊纪念意义的年份。然而，大量民众并未因此而提高行使投票权，让号称“民主进程样板”的英国颇为尴尬，或许正应了英国《金融时报》的评论：“英国的政治已经落后于这个国家”。

事实上，英国选民的“政治冷漠症”乃是“痼疾”。第二次世界大战后初期，英国大选投票率一度达到过 80%以上，此后即不断下滑。2001 年，英国大选的投票率只有 59%，创下了 1918 年以来的历史最低纪录。近十几年来，英国 18 岁至 24 岁青年选民的投票率一直徘徊在 40%左右。

不仅英国公民投票率近年来大幅度下跌，美国也遭遇同样的尴尬。对投票率有专门研究的美国选民研究委员会理事库尔蒂斯·甘斯说，自20世纪60年代以来，美国总统选举投票率的最高纪录是1960年的65%。当时，电视的力量提高了选民对总统选战的兴趣。美国总统克林顿1992年击败老布什和1996年赢得连任时，投票人数分别为1.044亿和9 630万，占选民总数的55.2%和49%。2004年的总统选举中，参加投票的选民占符合条件选民总数的58%至60%，能够与1960年肯尼迪击败尼克松时的选民投票率相提并论，也与1968年的投票率相当，创下36年来的新高。之所以有投票率低谷中的这种小幅上升，与伊拉克战争不无关系。伊拉克战争在一定程度上提高了英、美两国公民对政治的关注度和参与度。他们通过积极的或者消极的投票方式表达自己对伊拉克战争的政治态度。

本章小结

公民是国家的主人，公民行使政治权利来决定和影响政府的政治权力，必然要通过政治参与来完成这一使命。

政治参与有广义与狭义之分。广义的政治参与是指公民通过各种方式和途径介入国家政治活动和进程的政治性行为；狭义的政治参与是指普通公民和公民团体通过各种方式和途径影响政治体系决策的行为。

政治参与的特征：非职业性；动机复杂性与目的单一性；途径和方式的多样性；明确的行为表示性。公民政治参与带来宏观和微观两个正面功能，也可能会具有负面功能。

公民政治参与的一般途径主要有选举、创制与复决、社团活动等。互联网的发展为公民政治参与带来新的变化。

思考题

1. 政治参与的含义是什么？
2. 政治参与有哪些特征？
3. 政治参与有什么功能？
4. 公民的政治参与有哪些途径？
5. 网络时代给政治参与带来了什么样的影响？

第六章　政治文化与政治传播

引　例

2017 年 1 月，教育部发出《关于在中小学地方课程教材中全面落实“十四年抗战”概念的函》，要求在 2017 年春季教材中将“8 年抗战”一律改为“14 年抗战”，全面反映日本侵华罪行，强调“九一八”事变后的 14 年抗战历史是前后贯通的整体，应在课程教材中予以系统、准确体现。这也是对日本长期篡改教科书，减轻甚至否认第二次世界大战侵略罪行的有力回击。

2005 年，日本文部省审定通过删除从军慰安妇和“南京大屠杀”有关内容的历史教科书，迅速激起中国和韩国政府及民众的强烈反对。2013 年，日本文部省公布 8 家出版社出版的历史、公民等教科书的审定结果，再次对否认或者淡化日本侵略历史的新版教科书确认为合格。2017 年 2 月 14 日，日本文部省公布了中小学新版“学习指导要领”草案，首次明确要求在中小学社会课程中提出钓鱼岛是日本“固有领土”，且中日之间“不存在领土问题”。

从这个例子中，对学习本章内容有何启发?

政治文化属于政治社会的精神范畴，它是一个社会关于政治体系和政治生活的态度、信念、情绪和价值的总体倾向。由于政治文化与政治体系关系密切，政治文化研究也就成为政治体系研究的一个重要方面。又由于政治文化反映了政治体系的特点，故而研究政治文化的特征可以作为研究政治的一个重要方法和途径。政治文化一般包括政治心理、政治思想以及政治意识形态三个层次，具有政治性、民族性、阶级性、继承性等特征。政治文化对人们的政治行为、政治体系的发展变化以及政治民主、政治发展产生了重要影响。它在世界各国或地区表现为各种复杂类型，呈现变化多样的形态。政治文化的发展变化表现为文化日益世俗化以及公民参与度的加强。政治文化可以学习，它通过各种政治社会化媒介和途径来实现学习和传播，从而使自身得到不断延续。

第一节　政治文化的内涵与特征

一、政治文化的含义

政治文化是一个非常近期的概念，它的提出不过是 20 世纪 50 年代的事情。但是，政治文化研究却历史久远。古希腊时期亚里士多德曾专门研究政治革命和政治变迁的心理因素。近代思想家孟德斯鸠的《论法的精神》和《罗马盛衰原因论》、马克斯·韦伯的《新教伦理与资本主义精神》、托克维尔的《旧制度与法国大革命》和《论美国的民主》等著作都可以被看作政治文化研究的典型案例。

当代政治文化研究起始于美国政治学家阿尔蒙德（G. A. Almond）。1956 年，阿尔蒙德在美国《政治学杂志》上发表论文《比较政治体系》，首次提出了"政治文化"这一概念。在以后的研究中，阿尔蒙德和维巴（S. Verba）应用行为分析方法，采用民意调查的手段，系统研究和分析了美国、英国、德国、意大利和墨西哥五国国民的政治态度，并于 1963 年出版了《公民文化》一书。该书为政治文化研究提供了基本概念和理论框架，因此被视为"当代政治文化研究的经典之作"。此后，许多政治学家转向政治文化研究，他们通过社会调查，采用随机抽样、访谈、数据分析等技术手段，展开更加广泛的比较研究。在 20 世纪六七十年代，政治文化研究与现代化理论相结合，从理论和方法两个方面为跨国研究和社会转型研究提供了有力的支持。

超链接

政治文化研究网：http：//www. tszz. com

（一）西方学者对政治文化的定义

政治学家从不同的角度出发对政治文化作了定义。我们可以把西方学者比较有代表性的观点概括如下：

（1）阿尔蒙德认为政治文化是一个民族在特定时期流行的一套政治态度、政治信仰和感情，它由本民族的历史和当代社会、经济和政治活动进程所促成。

（2）维巴认为政治文化是由包括经验性信仰、表达性符号、价值观交织而成的体系；同时也界定了政治行为发生的背景乃是政治活动的主观取向，包括崇高的政治理想与一般政治行为规范的看法。

（3）阿尔蒙德和鲍威尔（G. B. Powell）又提出，政治文化是指政治体系的成员对于政治所持有的态度与取向的模式。

（4）派伊（Lucian Pye）认为，政治文化是政治系统中存在的政治主观因素，包括一个社会的政治传统、政治意识、民族精神和气质、政治心理、个人价值观、公众舆论等，其作用在于赋政治系统以价值取向，规范个人政治行为，使政治系统保持一致。

总体上说，西方学者对政治文化的定义多偏重于对政治心理的取向，后来的部分西方学者也对政治文化的含义进行拓展，如菲利普·阿利埃斯侧重政治符号的研究，穆迪把政治文化扩大到政治制度的研究等①，但都没有上述四种观点影响大，在此就不一一列举了。

资料 6.1

《菊花与刀》，破解日军不可战胜的神话

第二次世界大战末期，太平洋战争进入决战阶段。1945 年 5 月 8 日，纳粹德国宣布战败投降，而冲绳岛战役还在僵持阶段。日本到底还要硬扛多久才肯投降？这令美军感到十分迷惑与忧虑。事实上，太平洋战争进行到中期时，美军已经被“不怕死”“不投降”的日军搞得焦头烂额，以他们欧美民族的思维无法理解日军这种奇怪的特性。因此，美国军方委托国务院征召学者研究日本文化，以此寻求结束对日战争的良策。

1944 年，美国人类学家、文化心理学派代表人物之一的鲁思·本尼迪克特应美国政府之邀对日本文化进行研究，并将研究成果提供给军方，为其制定对日政策提供科学依据。1946 年，鲁思·本尼迪克特将研究成果整理成书出版，便是著名的《菊花与刀》——书名意味着日本民族特质的双重性，菊花是日本皇室的标志，也是美好品行的象征；刀是杀人的武器，象征着日本的武士道精神。这种武士道精神体现在战场上就是为了天皇，宁死不降。从硫磺岛、冲绳岛两次战役的情况来看，美军每接近日本本土一步都要付出美国人民不可承受的巨大的生命代价。据当时的美军参谋部估计，登陆日本本土作战至少会损失美军几百万士兵的生命。因此，美军选择向日本投放原子弹，撼动日本统治者，摧毁其斗志，迅速结束了战争。

（二）我国学者对政治文化的定义②

（1）认为政治文化是政治理论、政治制度、政治心理三个层面的综合。多数学者认为这种界定过于宽泛，不利于政治学与政治文化的研究。特别是政治制度与政治文化的区别是显见的，政治文化可以通过政治制度表现出来。然而，这种表现必须经过一定的

① 王乐理．政治文化导论．北京：中国人民大学出版社，2000：21－22.
② 同①37－41.

转换过程，不能认为政治制度就是政治文化或是其中的一部分。现在持这种比较宏观的政治文化观的学者已不多见。

(2) 认为政治文化只包含政治思想和政治心理两个层次的内容。如戚珩认为：政治文化“主要由三方面构成：一是以理论形态出现的政治理论、政治意识，二是以情感、习俗等表现的政治心理，三是在上述两方面作用下形成的政治价值及判断”①。

(3) 认为政治文化只研究政治心理层面。持这部分观点的学者多是接受了西方从心理层面界定政治文化的影响。如孙西克倾向于“接受国际政治学界对政治文化概念的限定，把政治文化作为‘政治体系的心理方面’加以研究”②。

(三) 政治文化的定义

通常一个政治体系包含有各种制度化和结构化的政治组织、机构和规则，我们可以把它看成体系中的硬性部分，但体系中硬性部分的内核就是精神部分，通常以文化形态表现出来，可视为政治体系的软体部分。若把政治文化定义到可以包含政治制度这些硬性部分，未免太过宽泛，那样和政治学的研究范围就没什么区别。根据中西方学者的研究成果，我们可以把政治文化定义为公民及其团体对其生活在一定历史条件下的政治体系所怀有的认知、情感和态度的总和，它与政治体系中制度性结构硬体相对应，是政治体系的精神部分。

政治文化虽然是政治体系的精神的观念的部分，但它并非纯粹的主观意识和想象。人们观念的形成总是和自身所处的特定历史条件下的社会物质生活条件密切联系的，其中最为重要的就是当时的物质资料的生产方式。所以我们理解任何社会的政治文化必须把其放入当时的社会物质生活条件去把握，不能仅仅停留在观念和意识层面。然而基于物质生活条件上的政治文化一旦形成，就具有相对的独立性和能动性，表现为它不仅随政治关系的变化而变化，而且还以某种观念形式保存下来，并继承下去，同时反过来对人们的政治生活和物质生产产生巨大的影响。

二、政治文化的内容

政治文化作为政治体系的精神反映，通常表现为政治认知、政治情感、政治态度、政治意识、政治信念、政治动机、政治价值观等形态。既然政治文化是公民及其团体对政治体系的认知、感情和态度，我们就可以根据其精神层次来把政治文化分为三个层次：政治心理、政治思想以及政治意识形态。政治心理是政治文化的表层部分和感性层次。政治思想是政治文化的深层和理性层次。而政治意识形态则是政治文化中特定的政治思想和价值形式，表现为权威的价值体系，因而我们把其单独分出来作为政治文化的

① 戚珩．政治文化结构剖析．政治学研究，1988 (4)．
② 孙西克．政治文化与政策选择．政治学研究，1988 (4)．

一部分。

（一）政治心理

人的心理是外在客观事物及其联系在人脑中的直观反映，表现为感性认识。同样，当人们置于政治环境和政治生活之中，就会受到各种政治信息的刺激和诱导，从而形成政治心理。政治心理可以概括为公民及其团体在其政治生活中，对各种政治关系、政治现象和政治行为等的自发的心理反映。这种反映是一种直观的以潜在形势表现出来的未定型的、不系统的感性认识。这种自发产生的政治心理因公民的个体的各种差异而表现不同。一旦形成就会相对稳定地沉淀下来，逐步上升为思想。其包含的要素主要有政治认知、政治情感、政治动机和政治态度。

1. 政治认知

政治认知是公民及团体对其所处的政治生活中的各种人物、事件、政治现象以及规律所作的认识、判断和评价。简单地说就是对政治生活的认识和初步把握。在现实的政治生活中，人们通过不同的政治实践活动，在政治环境各要素的刺激下，必会产生一些直观的和不自觉的心理反映，从而形成直观的心理认识。例如震惊世界的“9·11”事件的爆发，必会刺激人们对恐怖主义的关注，从而使人们产生对恐怖主义的直观认知。这一认知过程包括政治知觉、政治印象和政治判断三个过程。政治知觉是公民对政治生活的各类现象的属性、联系的反映，表现为对某一对象的最为直观的整体观念。而政治印象是在政治认知的基础上所形成的对对象较为稳定的记忆。政治判断则是在前二者的基础上所形成的对对象的评价和推论，是对对象的综合分析。政治认知的过程是整个政治心理的基础，对政治心理的发展和政治态度的形成具有重要意义。

2. 政治情感

政治情感是公民及团体对政治生活中的各个现象包括人物、事件等所产生的内心体验和感受。这种感受通常表现为喜恶、爱憎、亲疏等反应。这种情感基于两个心理层面即政治情绪和政治感情。前者是不稳定的难控制的状态，是暂时性的心理体验。而后者是相对较稳定的复杂的心理状态。政治情感是政治生活的感情纽带，是政治动机的源泉和基础。

3. 政治动机

政治动机是指激励并维持公民及团体的政治活动以达到一定的政治目的的内在动力，是隐藏在政治行为背后的内驱力。这种内驱力来自自身的政治需求，有基本的生理需求，也有更高的社会需求。所追求的政治目标就是能满足自己需求的各种政治角色和方式。动机的产生是基于政治认知和政治情感而形成的。政治动机决定了人们政治活动的积极性和自觉性，是政治行为的直接动因。

4. 政治态度

政治态度并不是一个独立的过程，而是上述三个过程的综合状态。其是政治认知、政治情感和政治动机的不同组合。态度上对对象的肯定或否定、赞成或反对、积极或消极将直接反映在政治行为中。政治态度是政治行为的准备阶段，是由心理到行为的必经环节。态度的倾向决定了政治行为的指向。

政治心理的上述要素是一个有机的整体，它们相互联系、相互依存，共同构成了政治心理的整个过程。政治心理在政治生活中表现为个体的心理和群体的心理两大部分，由各自不同的特性在政治生活中发挥着不同的影响。

（二）政治思想[①]

不同于政治心理仅是对政治生活中现象的感性认识，政治思想则是公民或团体对政治生活中的政治现象，特别是政治体系深思熟虑后所形成的比较全面的稳定的观点、想法和见解。它形成每个公民或团体的稳定的政治价值观。政治思想是人们对政治生活的总体思考，一旦形成就难以改变，并产生持久的影响。与政治心理相比，政治思想是一种较显性的政治文化，也就是说它常会以语言和文字等显性的并具有较严密的逻辑思维框架形式表达出来，并得以延传。根据其表象我们把其划分为政治理想和信仰、政治学说和理论以及政治价值观三种形式。

1. 政治理想和信仰

政治理想是人们对政治生活和政治体系将来的目标指向的设定。它是公民在政治活动中的精神依托，直接影响着他们的政治动机和行为。政治信仰略不同于理想的地方在于信仰者对特定的政治理论、信条、社会政治设计等抱有较深的感情。信仰产生后和政治理想一样都对政治生活的未来设定了明确的方向。政治信仰和政治理想构成社会成员最为重要的政治取向，直接决定着该社会的政治文化的性质。

2. 政治学说和理论

政治学说和理论都是人们对有关政治生活的系统性认识以及基于这种认识所形成的概念原理的完整逻辑体系，它是政治思想的总结和直接表述。学说和理论一旦形成将会对政治生活中的人们产生巨大影响，并形成历史的文化沉淀，保持相当持久的影响力，是政治文化极为重要的组成部分。

3. 政治价值观

政治价值观是基于自身的政治理想和信仰或政治学说理论影响下的对当下的政治体系、政治事件等总的看法。特定时代和地区人们的政治价值观，反映这个时代和地区人们的总体思想状况。它决定着人们的政治行为，是和政治理想、信仰以及政治理论的影响密不可分的。

政治思想可以说是政治文化的高度结晶，它直接决定了人们的政治行为和动机，是我们研究政治文化极为重要的内容。

---

① 孙关宏，等．政治学概论．上海：复旦大学出版社，2003：368－369．

（三）政治意识形态

政治意识形态是政治文化中较为特定的一部分，主要是由于它是居于统治地位的那个群体对国家政治生活的基本看法和价值规定。它是居于统治地位的那个群体的代言人对本群体的利益需求和政治思想加以理论化和系统化，从而形成本群体成员的政治意识形态，并被用以指导本群体成员的政治实践。与普通政治思想形态不同的是，它通常是借助国家力量通过各种途径成为该社会全体成员共同的政治意识和生活规范，成为当下社会的核心的政治文化。

政治文化的三种形式的划分是相对的，事实中政治心理、政治思想和政治意识形态是处在一个有机的动态的整体系统中，三者相互联系、相互渗透，共同构成政治文化的全部内容。

三、政治文化的特征

政治文化作为政治体系的精神层面，是政治体系的观念形态。因此它不同于政治体系中的政治组织、机制和制度等范畴。同时政治文化是文化中的特殊形态，表现为政治心理、政治思想和政治意识形态，区别于一般的文化形态。我们可以比较全面地把政治文化的特征概括如下。

（一）政治性和文化性

政治性主要是指作为一种文化形态，政治文化与其他文化形态相比，它与政治体系的关系更为紧密，其阶级性、国家性和国际性更加鲜明和突出。其内容总是围绕着国家权力、民主、选举等诸多政治范畴而展开的。政治文化中的政治意识形态最为明显。文化性主要指作为政治系统中的一个子系统，政治文化与其他政治子系统相比，更具变异性与延续性双重品格。文化是社会长时间的积淀，是代代遗留下来的知识结晶，继而影响着后世，比其他政治范畴更有延续性。文化的内容在继承过程当中不断被否定和发展，从而显现出变异性，特别是社会政治体系出现重大变革时，通常先是该社会的政治思想出现大的变化。

（二）民族性与普适性

民族性是指一定民族在特定的社会、经济、政治、文化条件下所形成的精神特质，不同于其他民族的特有的政治文化，它是一个民族不同于其他民族政治文化的个性特征。例如我们常说东方民族和西方民族在政治生活上存在差异，中国人和美国人存在政治观念差异等。民族性当然也意味着政治文化具有多样性，并且这种多样性不限于民族差异这一原因。国家的历史条件和具体国情不同，必然导致政治文化的多样性。

资料 6.2

政治文化的多样性：以美国人和加拿大人为例

美国人和加拿大人在文化上相当接近。他们读着同样的书报杂志，看着同样的电视节目，有着相似的生活方式。但是从政治文化来说却有着很大的差别。美国人比加拿大人更执着于个人的权利和对政府权威的限制；加拿大人则更为遵守法律，愿意让政府在经济社会管理方面承担一定的家长角色。美国人有时发现加拿大人有些过于顺从；加拿大人认为美国人太放纵，不守法。加拿大皇家骑警使用窃听电话和取证的方式是联邦调查局所不敢使用的。美国的公民自由团体会对加拿大皇家骑警所拥有的权力暴跳如雷，而加拿大人早已习以为常。

资料来源：罗斯金，等．政治科学．北京：华夏出版社，2001：129－130.

普适性不是说存在着普遍适用的一种政治文化模式，而是指不同的政治文化包含着某些相通的原则。比如在全球化的今天，民主、自由、平等、人权等意识已成为多数政治文化不能回避和否认的共同主题。又如，尽管不同的民族、国家、阶级乃至个人对这些共同原则观念的具体理解存在差异，联合国大会上仍有越来越多的国家签订共同政治条约和不断增加的政治方面的条约和协定内容都是不争的事实。

（三）时代性与继承性

时代性是指在不同的历史时期与阶段，政治文化具有不同的特点。奴隶社会的政治文化、封建社会的政治文化、资本主义社会的政治文化和社会主义的政治文化具有较大差异，都带着当时社会的时代烙印，呈现出阶段性和时间性。继承性是指后代的政治文化总是拥有从前代政治文化继承而来的成分与特性。政治文化具有相对独立性，从而表现为相对的稳定性。政治文化的变化发展通常不会和政治制度的变动同步。特别是原有的政治体系发生改变，旧的政治文化还会长时期沉淀在人们的心理意识中，对人们的行为产生持久的影响。

（四）阶级性与社会性

前者指不同的阶级持有的政治文化具有不同的特征；后者指处于同一社会中的不同阶级的政治文化具有明显的共性。政治文化作为人们对自身所处的政治体系所抱有的态度、情绪、信念和价值，总是体现他们自身的利益需求。在阶级社会里，就必然表现为一定阶级的利益和要求。不同的阶级有不同的政治文化。一个国家的政治文化多种多样，其中居主导地位的是统治阶级的政治文化。这种文化通常以政治意识形态的形式表现出来，并且被宣扬为整个社会的共同政治文化，从而实现其政治统治的目的。尽管如此，不同阶级的政治文化并非完全不同，它们之间也会存在共同的地方，具有普适的社会性，如对人权、民主等范畴的认识。

第二节　政治文化的结构、类型和功能

一、政治文化的结构

所谓政治文化的结构主要是指同一个人或同一群人即团体的政治文化的构成。根据系统分析的理论和方法，政治生活可以被分解为三个方面：政治体系、整治过程和公共政策。相对应的，政治学者们据此来剖析政治文化的内部结构，把政治文化分为体系的文化、过程的文化和政策的文化。下面我们来了解这三个方面的构成。

（一）体系的文化

体系的文化主要是包含一国公民对自身所处政治生活中的政治体系、国家制度、宪法性安排的态度和看法。根据阿尔蒙德的分析主要表现为三个方面的问题：政治合法性、国家认同与体制的权威。

1. 政治合法性

某一社会的公民愿意遵守当局制定和实施的法规，他们这样做并不是害怕因违法而受到惩处，而是确信应该守法，那么这个政治权威就具有合法性。合法性对系统的维持意义重大。这时，当局可以较为容易、有效地实施法律，所需的人力与物力将会减少，即使处于逆境之中，权威人物也有时间和能力来处理社会与经济问题。因此，即使是最专制的政府也愿意让公民们相信自己是合法的，以便运用强制手段来实施政策法规。在历史上，政治合法性的基础是变化的。传统社会的合法性取决于统治者的世袭地位，如君主、皇帝，或者是某种宗教习俗，如教皇。在转型社会里，政治领袖可能依赖于自身特有的能力、智慧或是某种意识形态。在现代的民主政治系统内，合法性取决于当权者在竞争性选举中获胜，或者是立法遵循了规定的宪政程序。在当代社会，合法性能够持续与否取决于政府的实际作为。简单来说，它离不开当局所制定政策的内容实质与实施程序。调查表明，20 世纪 50 年代至 60 年代，西方一些发达国家，如美国和英国，公民对权威人物的支持率相对下降，在法国和德国则相对上升。即使在现代化程度较低的传统社会里，政治合法性也有赖于政府是否能够满足人们对它的某些长期期望。

2. 国家认同

公民普遍支持政治共同体，意味着他们具有国家认同意识，意味着国家就能够在政治上维持起码的统一，不会陷入内战，不会走向分裂，政治体系就能够得到维持。对国家的认同意识危机在很多政治社会并不严重，但或多或少总是存在的。美国南北内战就是对国家即政治共同体认同意识危机的产物。在许多新建立的非洲国家里，由于新国家是由许多种族以及政治和地理的准国家单位构成的，这些准国家单位之间没有历史性的共同政治生活经验，其成员在各个方面获得的有关国家的信息极少，只知道效忠于地方政治单位，从而这些新兴国家就面临一个重组政治共同体合法性或者国家认同意识的任务，因为全国性政治共同体的合法性已经受到了挑战，它已经无法名正言顺地使人们服从了。政治共同体认同危机的结果就是政治上的分裂。即使在很多历史悠久的国家里，对政治共同体的认同危机实际上也是存在的，而且在某些特定条件下还会激化。解决国家认同危机没有一定的规则，传统的种族或宗教团体可能抵抗任何现代化的举措。对此，解决认同危机可以围绕一个具有超凡魅力的领袖，形成强烈的民族主义；另一种可能性是将一个民族国家一分为二。

3. 体制的权威

现代人观察政治共同体，一般要区分体制与掌权的权威人物。所谓体制是指一系列执行政治功能的结构以及指导这些执行行为的准则。所谓权威人物是指那些某个时期之内在体制内担任决策者角色的个人。人们对政治体制的认同和对掌权者的认同有一定的联系，但在很多情况下是分开的。也就是说，支持政治体制的公民不见得一定支持掌权者，反对掌权者及其公共政策的公民也不见得一定反对政治体制。比如，法国人有着强烈的爱国热情，对法兰西共同体有着强烈的认同感，同时也十分钟爱法兰西共和国的民主制度，但是在很长时间里法国人对于特定掌权者的支持却是软弱无力的，其结果就是法国政府频繁更换，政局非常不稳定，有些政府的生命力甚至只有几个月。而在许多新兴的国家，人民对于掌权者的支持远远超过了对新建立的政治体制的支持，如埃及人对纳塞尔的支持就是典型的例子。

（二）过程的文化

过程的文化是指一国公民对政治过程的一整套看法，主要表明公民对政治参与的态度。这可以从个人对于自己在政治过程中的影响力的看法和个人对于自己与其他活动者之间关系的看法两个角度加以说明。

1. 自我的影响力

阿尔蒙德根据政治发展的水准，将人们对自我在政治过程中的影响力的看法划分为地域型、依附型与参与型三种。地域型的态度是指公民对政治系统所知甚少，甚至一无所知。在看待自己同政治过程的关系时也是这样，他们认识不到自己可能对政治系统施加影响并应该承担必要的义务，他们所关心的只是非政治的生活事务。这种态度是传统社会与过渡社会政治文化的共同特征。在经济发达的国家里，随着文化教育、大众传媒和行政管理组织的普及和发展，纯粹的地域型态度日渐稀少。依附型的态度是指公民认识到自己是政治系统的组成部分，而且政治系统可以对自己的生活施加影响或潜在影响。对于警察和行政官员给予自己的待遇，他们可能抱有积极或消极的预想。他们甚至可能对体制中的权威人物产生某种合法感或者疏远感，会有各种政策选择。但是他们不能认识自己在政治当中可能起到的作用，更不会想到积极地影响政府的行为。总的来看，他们对政治参与始终抱着被动的态度。参与型的态度是指公民对政治输入，即社会当中那些促使自己介入政治的过程具有一定的认识，形成了鼓励自己利用各种参与机会的态度，相信自己通过努力可能影响国家的政治事务。调查表明，在大多数政治文化中，较之参与国家政治的能力，公民对自己参与地方政治的能力要自信得多。在不民主的政治结构中，公民一般倾向于顺从型的文化，而在民主的政治结构中，公民则倾向于形成参与型的政治文化。

2. 自身与他者的关系

这种关系主要表现为信任感。例如，人们对其他社会团体持何种看法；是否把自己视为阶级、种族、地区性组织等社会团体的一员；是否认同于某个政党或政治派别；如何估计社会团体之间的差距；团体之间存在多少政治信任与政治敌视，等等。政治信任既影响公民为实现政治目标同其他人进行合作的意愿，又影响政治领导人同其他团体结成联盟的意愿。如果各个集团都感到彼此意见不合，特别是当这种分歧感因实际的政治冲突而加剧时，集团之间就可能产生一种强烈的相互敌视感。这种敌视感一般来说只会随着冲突的加剧而加强，并积淀为某一社会政治文化的一部分，而冲突感一旦成为一种政治文化，就会导致下述恶果：相互敌视的集团甚至会因为一些细小的问题而产生激烈的冲突。政治集团之间的疏远和敌视感很可能造成政治冲突，甚至会使相对来说是例行性的政治决策过程都难以进行。因为有敌视情绪，对其他政治集团和合作性持怀疑态度的政治集团往往倾向于采取富有侵略性的行动，并把其他政治集团的许多行为看作挑衅性的行动，往往很难自我遏制。黎巴嫩伤亡惨重的内战、北爱尔兰新教徒与天主教徒之间的冲突、哥伦比亚的暴力运动、中东地区的巴以冲突等都表明了这一点。

资料 6.3

巴以问题的由来

巴以争端不是第二次世界大战后才开始萌芽的，而是有其深刻的历史渊源的。犹太人于公元前 11 世纪建立了以色列国。然而，到了公元前 926 年，统一的以色列国一分为二，北部的叫做以色列王国，南部的称作犹太王国。两个犹太人王国控制了巴勒斯坦地区。公元前 722 年和公元前 586 年，两个王国分别被亚述帝国和新巴比伦王国所灭。此后，巴勒斯坦地区又先后被波斯、希腊和罗马征服。公元 135 年，犹太人不甘忍受奴隶的处境，举行了武装起义。起义失败后，犹太人被迫背井离乡，流散世界各地。公元 7 世纪，阿拉伯帝国占领巴勒斯坦，当地居民大多皈依伊斯兰教，并与陆续迁入的阿拉伯人融合在一起，形成巴勒斯坦地区的阿拉伯人，即巴勒斯坦人。从此，他们世世代代居住了下来。19 世纪末，“犹太复国主义”运动大规模兴起，流落在世界各地的犹太人纷纷踏上回归之路，返回巴勒斯坦地区定居。从此，阿犹两族便开始了长达百年的土地争夺大战。

第一次世界大战后，巴勒斯坦沦为英国的委任统治地。1947 年 2 月，英国政府宣布放弃对巴勒斯坦的统治，把巴勒斯坦交给联合国处理。同年 11 月，在美国的强行推动下，联合国大会通过了将巴勒斯坦一分为二，分别成立以色列国和阿拉伯国的 181 号决议。1948 年 5 月 14 日，以色列国宣告成立，而阿拉伯国则因当时的阿拉伯国家一致拒绝 181 号决议而未能成立。以色列国成立的第二天，埃及、约旦、叙利亚、黎巴嫩和伊拉克等阿拉伯五国发动了讨伐以色列的第一次中东战争。巴以争端从较小规模的争斗演变成大规模的流血冲突，巴勒斯坦人和犹太人之间的仇怨越结越深，巴以争端也成了世界上持续时间最长、最为复杂的地区难题。

（三）政策的文化

政策的文化是一国公民对国家政策的基本看法，它反映着公民对重大问题的政策倾向和价值倾向。主要表现为两个层次：理想社会的想象和公共政策倾向。

1. 理想社会的想象

每一个人都根据自己的理想标准来评价周围的现实生活，如现有的社会是否已经达到了理想标准或者在一定程度上接近了理想标准，自己能否通过政治参与来改变自己的命运。对这些问题的不同回答，实际上反映了人们不同的政策文化。如果人们认为，现实生活已经很好了，不需要再去改变，那么，人们就会不关心与此相关的任何公共政策。如果人们认为，现实生活未达到理想的标准，并且能够通过政治参与来改变政策，从而改变现实，使现实变得更好，这时人们就会积极地参与政策的制定和实施活动。

2. 公共政策倾向

通过什么样的政策来实现美好的标准呢？这就是政策文化问题。在此，政策文化就是人们对政治体系作为的选择意向，即对社会资源的提取和分配以及行为管制的选择意向。政策倾向的差异的根源可能在于人们关于理想社会的标准的差异，也可能在于人们对自己社会的看法的差异。人们的政策倾向并非一成不变，它会随着条件的变化而有所改变。如在过去，人们都认为看病付钱，那是自己的事情。但在第二次世界大战以后的最近几十年里，由于福利国家政策的影响，西方大多数国家已经把免费医疗看作公民的一项基本权利。在中国，由于计划体制的长期影响，人们已经习惯于低房租政策、低物价政策，随着改革开放的深入进行，这些观念已经得到了一定的改变，人们对通货膨胀已经有了较强的忍受能力，对于日益上涨的房租改革也能够适应了。在政府管制领域里，个人的自由和权利对安全和秩序的需要是经常要涉及的基本问题。比如，美国的警察为了控制犯罪而经常窃听私人电话、查阅资料库、运用指纹识别技术、动用特别紧急搜查法案，有些人认为这是正当的，但对很多人来说这侵犯了个人的私生活不受侵犯的权利。前者的政治文化显然有利于警察制止犯罪，后者的政治文化显然不利于警察采取机动，但却有利于制止警察以此为借口任意干涉私人生活。

公共政策的制定和推行，与该国民众对美好社会的理解以及对待定问题的偏好即政策文化有关。如果公共政策反映了民众的政策文化并以民众的政策文化为基础，那么执行它的阻力就会小得多；如果公共政策违背了民众的政策文化，那么该公共政策即使有强力的支持，它的执行也会面临极大的阻力。如果大多数公民对其有起码的认同，政府公共政策的执行成本就会大大降低。

二、政治文化的类型

政治文化作为政治体系的精神倾向、人们对政治生活的态度和价值观，是人们以往政治经验积累和历史因素共同作用的结果。因此，不同经验和不同历史背景下的人们和团体就可能具有不同的政治态度和政治倾向。正是基于这种可能，政治学者们分别就不同的角度来研究分析一个社会中人们政治文化类型的分布状态，这里我们可以按以下几种分类进行分析。

（一）同质文化、极端文化和多元文化

根据政治文化在一个社会中是同质的，还是多元的，甚至极端分化的分布状态，划分为同质文化、极端文化和多元文化三种类型。

同质文化，有时也被称为整合性的文化，主要表现为政治生活中的人们的政治信念和价值取向很接近，对国家有高度认同，承认政治权威的合法性，对政府能力之评价高，参与欲望强烈。人民的基本政治规范及行为取向较易获得共识，能稳定系统。如今还没有一个国家或地区能有真正的同质型文化，充其量只有较高度的文化同质型。其特征可以简单概括为：始终比较一致的和阶层化的政治认同；政治暴力程度低并以文明程序解决冲突；社会团体之间的广泛的政治信任；合理的、强烈而持久的政治忠诚。学者罗森堡姆认为，在西欧和北美以及少数的中东和亚洲国家（主要是日本）中都可以找到比较同质型政治文化的社会。

极端文化，是民众对政治生活观念、价值出现严重的分歧的一种极端表现。在极端的两极分化的政治文化社会里，大多数公民处于两个对立的极端，此时社会分裂严重，社会矛盾重重，鲜明的表现是政治领导人的任何政策建议都可能遭到相当多的公民反对，无法得到实施。各种政治力量和派别之间难以达到妥协，内部纷争不断，容易出现政治分裂，最严重的是本国内部战火不断。这种状态下的政治文化，实行政治专制和集权统治往往是最后的选择。

多元文化，是一种社会的多数成员的政治信念和价值之间存在着相当差异，对国家认同、政治权威合法性的接受、政府的治理能力、对政治生活的参与感及民族意识皆不太一致。这种社会的政治文化呈现多极分布状态。如今多数国家和社会都有多元的政治文化存在，主要是多民族、宗教、种族、世界多种文化的交汇等导致的。在这种多元性

特征表现较为突出的国家里，政治体系就容易选择多党政治。

（二）统治者的政治文化与被统治者的政治文化

在一般的政治社会中，政治主体首先可以划分为统治者与被统治者，或者称为统治阶级与被统治阶级。依据政治主体的划分，政治文化首先可以划分为统治者的政治文化与被统治者的政治文化。

一般而言，统治者政治文化的主要特征在于他们强烈地维护现存的政治系统，维护已拥有的政治权力，维持现行的政策。统治者的政治文化是一个政治系统中占统治地位的政治文化，它可以决定本政治系统的基本政治价值。政策的制定和执行主要按统治者的意愿来运作。被统治者的政治文化的主要特征为没有强烈维护现存政治系统的意愿，一般情况下，对政治系统的取向有反对的、有关心的、有漠视的，在统治者与被统治者发生利益冲突、阶级矛盾激化时，被统治者的取向倾向于反对现存政治系统甚至要求改变或打破现存政治系统。被统治者的政治文化虽不占统治地位，但它仍然是主要的政治文化之一，尤其是在现代社会，有时被统治阶级的集体政治取向可以影响统治者的政治行为，甚至在某一政治事件上成为主导的取向。在阶级社会中，统治者的政治文化与被统治者的政治文化是两种有巨大差别的对立的政治文化，这种差别与对立是阶级社会存在的基础因素。对于阶级社会来说，它是与之俱来，随之而去的。每一种阶级社会形态都有统治阶级与被统治阶级的政治文化对立，诸如奴隶主与奴隶的政治文化对立之于奴隶社会，地主与农民的政治文化对立之于封建社会，资产阶级与无产阶级的政治文化对立之于资本主义社会。

还有一种较多学者采用的近似统治者的政治文化与被统治者的政治文化划分的，是精英文化和大众文化。虽然一个社会中精英通常是统治者中的成员，但被统治者中也会有精英，从而与上一种划分表现出不同。精英与大众的政治文化是不同的，精英对政治非常热心、比较活跃，而大众则比较冷淡；精英对政治的兴趣是长期的、一贯的，而大众的政治兴趣则随政治形势变化而发生改变。在大多数时间里，大众的政治兴趣比较淡漠，而在诸如政治不稳定这样的非常时期政治兴趣则比较浓厚。精英具有较确定的政治信仰，大众的政治信仰则往往不甚明确，且漂移不定；精英对政治问题的观察较敏锐，大众则较迟钝、肤浅。

（三）地域型政治文化、依附型政治文化与参与型政治文化

根据政治文化的历史发展历程可把政治文化划分为地域型政治文化、依附型政治文化与参与型政治文化。这主要是依据阿尔蒙德和维巴的划分。

地域型政治文化，也称褊狭（原始）型的政治文化，社会成员没有独立于他们地域性的宗教和社会取向的政治取向。对于政治体系的整体以及体系内的权威、制度和规范等，社会成员没有或缺乏明确的认知、情感和价值取向，更谈不上对体系内的决策及决策的实施施加影响。主要表现为政治生活中的社会成员没有明确的政治角色观念，对政

治体系没有期望，不认为体系应顾及自身的需要，也不认为个人能发挥什么力量，并未认知到整个国家的存在，效忠对象只限于本地方的政治体系。早期的传统社会就是代表，今天的一些非洲或南美洲的部族国家还存在这种政治文化。

依附型政治文化，也称臣属（顺民）型政治文化，是指政治体系的成员对政治体系中的角色、结构、权威、规范以及自己在体系输出方面的责任等有较明确的认知、情感和价值取向，而对于政治体系输入方面的取向以及社会成员作为政治参与者的自我取向却非常低。政治体系的成员与体系的关系实质上是一种被动的服从关系。这种类型的政治文化一般存在于中央集权型的政治体系中。主要表现为自身受到政策影响，但无法去影响政策之运行，对政治系统有认识，对政府的政策高度服从。代表性的国家是君主专制国家，如我国的封建社会。

参与型政治文化，是指社会成员对政治体系作为整体以及体系的输入方面和输出方面都有强烈而明确的认知、情感和价值取向，并对自己作为政治体系成员的权利、能力、责任及政治行为的效能具有积极的认识和较高的评价。主要表现为社会成员可以影响政府，也知道政府在做什么。其成员自我期许高，且参与积极，有能力感。这个在今天的民主国家较为普遍。

从人类历史的发展过程来看，政治文化是依地域型政治文化、依附型政治文化与参与型政治文化的顺序依次递进的，后一种政治文化渐次取代前一种。这似乎是遵循着一定的发展规律。但是，这种发展规律不是绝对的，也就是说，也可以找到依附型政治文化取代参与型政治文化的例证。而在具体的政治文化演进过程中往往有两种以上政治文化重叠存在的时期，一种旧的文化总是逐渐为新文化取代，而不可能像某种政权瓦解那样一朝灭亡。

（四）传统的政治文化、意识形态的政治文化和实践型的政治文化

根据社会成员所抱持政治信念的世俗化程度可以将政治文化分为三种：传统的政治文化、意识形态的政治文化和实践型的政治文化。

传统的政治文化，表现为社会公众对政治信念是一种盲目的遵从，根本不知其意义为何。这种文化形态在今天的部分政教合一的国家还存在着。

意识形态的政治文化，表现为社会公众积极遵从一整套具概括性且明确陈述的价值观，且将这一政治信念奉为圭臬，而不论其是否可能实现。这是一种封闭且理想化的政治文化。

实践型的政治文化，表现为政治信念较开放，在致力追求政治目标之际，讲究手段与过程的理性、制度化，看重与社会民众的磋商，讲究多数同意。这是一种较民主的政治文化，今天大部分民主国家就是这种类型。

三、政治文化的功能

政治文化属于精神范畴，是上层建筑的一部分，必会对人们的社会生活带来重要影

响。就历史事实而言，政治文化成为影响历史进程的一支非常重要的力量。政治文化所带来的功能作用可从两个方面来说明：政治生活方面和经济发展方面。

（一）政治文化对政治生活的影响

这里可以分两个层面来论述：一是对社会成员的政治行为的影响；二是对政治体系的建立、维持和变革的影响。

1. 对社会成员的政治行为的影响

社会成员一般可分为普通的社会成员和居于领导者和决策者地位的社会成员。首先，对一般社会成员而言，政治文化对其行为有约束作用。普通成员的行为是否符合政治系统所要求的行为规范，是否符合公众的期望，都会引起公众对他们的不同的态度和评价并反馈回来制约他们的再行为。当然，这里的行为是指作为政治系统组成部分的个人行为，而不是脱离了政治生活而谈的一般的个人行为。如我国封建时期的“修身、齐家、治国、平天下”的政治文化对社会一般成员就有很明显的约束作用。其次，对领导者和决策者来说，政治文化会影响他们的心态。决策者在决策中不能不考虑公众的要求，而且公众取向常常是决策中最重要的变项，在决策的结果中总要反映出这一要求，虽然有时决策结果是与要求相悖的。领导者在行使领导权时必须考虑到公众对他的期望和对他的领导行为的看法，并尽可能地使服从上司的指示和满足公众的期望保持一致，否则，他就难以获得广泛支持。

2. 对政治体系的建立、维持和变革的影响

简单来说政治文化对政治体系的建立既促进又制约。一方面，政治文化对政治体系建立具有积极影响作用，作为指导新的体系建立的思想、理论、政治观念，包含着一部分新的政治精英的政治取向，是政治文化的表现形式。在新的思想、理论、政治观念指导下建立的新的系统必然反映新的政治文化，也就是说，新的政治体系中融进了新的政治文化因素。新的政治精英的取向将影响越来越多的人的取向，使他们支持新系统的创建，并改变自己的政治文化，与新的政治系统相适应。典型的例子如我国革命时期的广泛思想动员和宣传。另一方面，消极的制约表现为政治体系必须适应传统的政治文化，从而和新的政治文化形成对立。政治体系的维持表现为政治的稳定，一国在政治文化的认同程度就明显对该国的政治稳定产生影响。英美政治文化认同程度高，政局多年来就相当稳定。我国对社会主义的政治文化的广泛认同，使我国一直保持安定团结的政治局面。相反，政治文化上形成冲突，甚至走向极端，政局就会不断更迭，社会混乱。政治文化之所以会影响政治体系的变迁，是由于社会经济的变化也会不同程度地引起社会成员新的利益要求和观念改变。当相当数量的社会成员的观念发生变化，也就意味着他们政治方面取向发生变化，会要求政治体制、政治规范、政治程序以及人事的变更这些方面的具体的变化，即标志着政治结构的变化。当然，政治结构的改变并不仅仅是由于政治文化的影响，它还受到经济和社会因素的直接影响。然而来自经济和社会的影响大都要通过社会成员的态度取向表现出来，这就是说，仍要转化为政治文化形态的影响作用。在政治生活中这种变迁的明显表现形式通常是革命、改革和政变等。

资料 6.4

英法资产阶级革命

在世界现代化进程中，英国和法国都经历了资产阶级革命，建立了资产阶统治，为两国的现代化开辟了道路。然而，英国和法国却经历了不同的发展轨迹。

1688—1689 年，英国资产阶级和新贵族发动了推翻詹姆斯二世的统治、防止天主教复辟的非暴力政变。西方资产阶级历史学家因为这场革命没有流血斗争，故称之为“光荣革命”。革命后的英国走的是“和平、渐进、改革”之路，采取自上而下的改革方式来解决社会矛盾，调节各社会集团之间的利益冲突，从而达到整个社会的稳定和持续发展。

相反，近代法国却采用自下而上的革命方式来解决社会矛盾和冲突。法国大革命，以 1789 年 7 月 14 日巴士底监狱暴动拉开序幕。君主专制政体被推翻后，法国充满了腥风血雨的斗争，人民起义不断，政权更替频繁，社会动荡不安。从 1789 革命到 1875 年第三共和国宪法颁布，在短短的 80 多年内，仅巴黎爆发的大规模起义就多达十几次；对待被推翻的国王、王后、贵族和政敌，采用断头台的方式执行死刑，造成了一种所谓的“革命的恐怖”。资产阶级革命期间，法国先后经历了三次共和政体、两次帝制、一次封建王朝复辟和一次“七月王朝”的君主立宪制政体，政局长期不稳。

同为欧洲的近代资产阶级革命，英国与法国的革命形式、发展道路为何存在巨大差异？研究表明，这是缘于英法两国民族精神特质存在明显差异性，英国人的保守、稳健让他们选择了渐进改革的道路，而法国人的激进、果断让他们选择了暴力革命的道路。

（二）政治文化对经济发展的影响

谈论政治文化对社会经济发展的影响，是一个复杂的话题。历史和现实表明政治文化同经济发展有着紧密的联系。

一般而言，政治文化通过影响社会成员的政治行为和政治体系，反过来影响经济体制的建立和运行，从而影响经济的发展。这一角度的分析应该是毋庸置疑的。但是学者们发现，即使政治结构体系很相近的国家和地区，其经济发展表现也有很大的差异；而政治体系存在明显差异的不同国家或地区，经济发展的道路和模式却有着很相近的地方。这里就存在着政治文化的重要影响。政治文化可以为经济发展提供价值规范和行为规则，独特文化中蕴含的独特价值会给经济带来异常的效果，当然这种影响有正面的也有负面的。我们可以看看下述研究事实：

著名社会学家韦伯认为，19 世纪与 20 世纪之交资本主义兴盛以及随后而来西方世界快速的经济发展，都同加尔文新教出现以来有关的一系列文化变迁分不开。宗教改革以后，加尔文的新教伦理逐渐演化为一种价值体系。这种价值观导向一种企业精神与积累资本的动机，它认为财富的积累有其内在的目的（不是生存或获取奢华的手段），它是神恩惠的标志，同时它又鼓励一种禁欲式的自我控制，而这有利于财富的累积。新教改革的重要功能之一是打碎了中世纪基督教世界观的钳制，冲破了传统的文化壁垒，引发了一种科学探索的精神，迎来了经济的现代化。从近代着眼，它推动了 18 世纪和 19 世纪的工业革命，并且最终带来历史上空前未有的繁荣程度；从长远来看，它广泛带动了 20 世纪的全球经济发展。20 世纪初叶，新教与经济发展的连带关系依然十分明显。在欧洲，经济上保持最强劲动力的国家有英国、德国、瑞典、丹麦、挪威、荷兰与瑞士，当时所有这些国家都是新教占支配地位的。余下的非新教国家，如比利时与法国，信奉新教的少数群体在经济开发过程中起到一种超乎比例的重要作用。美国和加拿大则已经成为发达的工业化社会。与此相对，几乎整个拉丁美洲完全没有受到工业革命的触动。

同样 20 世纪东亚某些地区的经济起飞背后就明显有儒家文化的因素起着作用，这已经得到广泛认同。1965 年到 1984 年，世界 10 个发展最快的国家和地区中，有 5 个深受儒家或佛教传统的影响，它们是新加坡、韩国、中国香港、中国台湾、日本。而且，在 20 个发展最快的国家和地区里，有 3 个国家华裔起着超出他们在总人口当中比例的经济作用，它们是马来西亚、泰国与印度尼西亚。在南亚、美国、加拿大和西欧，东亚移民都取得超出比例的、高水准的经济成就。这说明，儒家文化传统有利于经济成功。①

很显然政治文化不是简单地通过影响政治生活来影响经济发展，事实上它是更深地、更广泛地影响经济的发展。

第三节　政治社会化与政治文化的发展

一、政治社会化的含义

政治文化作为人们对政治体系和政治生活的态度、倾向的总和，其形成需要经过某种过程。人的政治行为并不是与生俱来的，而是通过后天的学习而获得的，即通过家

① 王乐理．政治文化导论．北京：中国人民大学出版社，2000：176－179.

庭、学校、社会环境等各种途径了解并掌握的。人们政治取向的形成也是通过同样的过程而形成的。这样的过程我们通常称之为政治社会化过程。

政治社会化就是指社会的政治文化的学习、传播、普及和延续的过程。政治文化是伴随政治系统产生的，那么作为构造政治文化的过程，自然与其同样古老。可以说，对政治社会化具体问题的研究在古代已被政治学者们注意到了。但对政治社会化研究的蓬勃开展开始于 20 世纪。1958 年，戴维·伊斯顿（David Easton）首次发表研究政治社会化的论文，其后该项研究得到了不断拓展和深化。综合当前学者对政治社会化的理解，其内容基本上包括两个部分：

一方面就个体角度来说，政治社会化是一个人通过学习和实践获得有关政治生活的知识、价值、规则、制度的过程，通过这样一个学习和实践的过程，一个自然的人就会转变成为一个具有一定政治认知、政治情感、政治态度和政治倾向的社会的政治人。这个过程也是其政治心理产生、发展和成熟的过程。同时，这个过程会贯穿人的一生。由于人一生的不同年龄阶段的认知能力和知识积累水平不同，通常会表现出三个阶段的划分，即儿童时期、青年时期和成年时期。在儿童时期，人就在社会生活中接触到部分政治规范，从而使他建立最初的肤浅的政治认知。随着人的生理上的成长发育，人的政治态度、价值、情感等也随其受教育程度的提高和社会活动范围的拓展面逐步建立起来，到其成年后，他的政治取向基本上固定下来。至此，他所获得的政治知识和政治技能已基本能够满足作为一个公民进行政治活动和在社会中正常生活的需要，其政治态度、价值判断标准、政治情感等也相对地固定下来。

另一方面就社会整体角度来说，政治社会化是一个社会将表现为普遍的政治知识、价值和规范制度的政治文化通过适当的途径广泛传播的过程，通过这种传播，社会中的人们把自己所具有的政治认知、情感、态度和倾向传授给下一代新的社会成员，从而使政治文化不断沉淀并得以延续。这种情况下的社会化实际上是一个灌输、教育和传播的过程。它主要表现为当政者的一种针对全体社会成员的有目的的政治行为，它必须通过各种社会教育机构、社会的各个组成部分来进行，社会化的目的是获得有利于政治系统的有效运作、巩固和延续的社会环境。从社会整体角度来看的社会化过程往往是一个有目的的过程，核心为创造和维持政治文化上的认同。

从上述对社会化的含义分析来看，政治社会化实际上就是政治文化的社会化，两者之间是不可分割的关系，可以说是内容和形式的关系，政治文化是政治社会化的内容，政治社会化是政治文化实现和形成的外在形式。

二、政治社会化的途径

每个政治社会都拥有一些完成政治社会化功能的机构、组织和符号，如家庭、学校、传媒、政治组织和国旗国徽等，这些都是政治社会化过程的途径。这些途径主要包括以下几种。

（一）家庭

在政治社会化的实现过程的多个途径中，家庭的影响是在这一过程中最先起作用的。因此，可以认为家庭是政治社会化的起点。家庭在政治人格的塑造、人生观的形成、基本政治生活规范的获得方面起着关键性的作用。尽管父母并不一定有意把政治问题作为教育子女的内容，但是，父母的言行会带给子女许多影响，比如对政治的基本观点、对政治事务与政治角色的态度等。心理学家发现，人们在离家很久以后，父母的影响还会长久地存在，包括政治行为方面的影响。最明显的例证就是，多数人的投票倾向和父母是一样的。家庭输导了一系列规范与价值观，传递着诸多信念与态度，如党派忠诚以及对政府的信任感或嘲讽态度。早期的环境和训练影响最强烈。对政治态度的形成过程所做的调查说明，最重要的政治态度的形成时期是 3 岁至 13 岁。儿童在 3 岁以前的训练几乎完全操纵在家庭手中。学龄期间家庭仍然起着主导性的影响。由于家长是满足所有生活必需品——食品、温暖、身体保护、友爱、认同感的重要来源，所以很自然，父母是儿童的主要榜样。一般而言，儿童从外界接受什么，成人之后就回报什么。父母对待政治事务的态度与行为，例如，他们对竞选活动投入多大的兴趣，或者在遇到不大的法律问题时是否准备接受特殊的照顾，可能都会影响到儿童未来的政治行为。比之父母有意识的灌输、教导有关政府和政治的任何特殊观点，前者往往起到更主要的作用。在一个人成年后的政治文化中，我们总能找到他早年在家庭中所受影响的痕迹。除非是经历了重大的政治变故，否则成年后的政治文化模式与他早年所受的家庭影响的基调是一致的。所以，我们应该恰当地确定家庭在政治社会化过程中的地位和作用，既不低估也不夸大。

（二）学校

学校是人们成长的非常重要的场所，因为受过学校教育的社会公民的价值观通常是在这一阶段形成。学校也是社会化过程中的最为系统化和强有力的手段。在现代社会，由于义务教育的普遍实施，从儿童到青年时期，人总要接受系统的、正规的和较为长期的学校教育，这种教育实际上是一种有意识、有目的、正规的政治文化的培养过程。在世界各国的学校中，学生无一不在系统地学习有关政治的课程，学校把政治的理论知识传授给学生并引导他们的政治兴趣，培养学生的政治信仰，训练学生初步的政治经验等。一般而言，学校教育巩固和拓展了青少年在家庭早期影响下所形成的政治态度，确立某种政治价值体系以及对政治体系的认识和认同，培养较为清晰的完整的政治取向。学校通过开设公民课或公共课等形式以及组织各种团体，学习政治知识，培养政治态度，树立政治价值观，了解组织和制度的含义和功能。在世界的各个角落，学生都在自己的教室里向国旗致敬，他们都被告知，应该对自己民族的象征抱着积极的情感。在讲授公民的含义方面，灌输个人对国家共同体要负有义务的信念。作为政治社会化的媒介，学校的作用是非常明显的。一个很明显的例子就是人们接受教育时间的长短往往决定个人政治文化的巨大差异，一般来说，一个人受教育时间越长，其政治兴趣越浓，参与意识越强，对政治的认知也越系统和完整，对一些基本政治价值的认识也越深刻。受过高等教育和只接受了初等教育的人的政治取向往往不同。我们基本上都认同民主的政治文化环境的形成离不开教育水平的提高。

资料 6.5

中国传统政治文化的政治社会化机制

中国素以“礼仪之邦”著称于世，历朝历代无不深谙“化民成俗，其必由学”“建国君民，教学为先”的道理，总是通过控制教育，把有利于维持统治秩序的思想、理论（汉武帝以后基本上是儒学）灌输给全体社会成员，把整个社会成员的思想、言论、行动纳入大一统的轨道。

首先，儒学经典是历代官府学校的基本教材。自汉武帝诏令设置太学，并令“天下郡国皆立学校官”以来，中央官学和地方官学就构成传播儒家学说的中心网络。历代官学基本上都以儒家经典为主要教育内容。其次，儒家学说也是私学教育的基本内容。私学是封建统治阶级借以向社会传播官定儒学的又一主要途径。隋唐以后，儒经更成为私学教育的主体内容。特别是书院（书院发端于唐，兴盛于宋以后，是私学的高级表现形式），以广为传授儒家义理之学、修养之道为己任，如朱熹给著名的白鹿洞书院精心规定了以“五伦”为首要学规的教条，可以说它也是历代各书院普遍遵守的学规、教条。最后，儒家思想的教学内容还渗透到儿童及初学者的启蒙和通俗教育中。对儿童的启蒙教育也是封建时代儒家学说传播和延续的重要一环。儿童在家庭和各种类型的学塾，包括私塾、义学、书馆等范围内接受儒学教育，初步形成与封建意识形态相适应的情感、观念和价值取向，为日后步入社会、忠君报国打下心理和情感基础，让儿童阅读经书以及历代名贤大儒的经书注解，让他们了解古代圣贤的处世、立身、齐家、治国之道，以培植他们符合统治秩序的人格特征。

资料来源：金太军．论中国传统政治文化的政治社会化机制．政治学研究，1999（2）．

（三）大众媒体

诸如电视、广播、报刊以及新兴的网络等大众传播工具已经是现代人生活中必不可少的一部分，人们日常对社会和世界各地的信息都是通过大众媒介获取的，并且政府即便是实现简单的功能都离不开大众媒体。因此，其在政治社会化过程发挥着异常重要的作用。大众传播媒介的特点是其无处不在地与社会成员接触，其形式纷繁和易于接受，是其他途径所难以比拟的。传播媒介中的政治倾向性、政治价值判断的标准，对人们的政治观念与态度都有影响。另外，大众传播媒介也是政治知识的传播者，并通过经常的传播诱发和提高人们的政治兴趣。由于大众传播媒介传播政治信息，致使社会成员之间经常进行政治问题的讨论特别是两代人之间的讨论，从而产生政治社会化的直接后果。媒体通过各类政治事件特别是如总统竞选、战争、政变等重大政治事件的大量报道和分析评论，吸引公众的注意力，增加他们的关心程度和了解程度，进而引导公众的政治心理发展方向，同时直接宣传某种政治态度、观念和政治感情，一般来说官方媒体这方面的倾向比较突出。当然大众传播媒体对于每个人的政治方面的影响往往因人的年龄、社会经济地位、教育程度、职业等有所不同。人们对于大众传播媒介所提供的政治信息并不是全部接受，而是经过个体的筛选。

资料 6.6

中国大众媒体的巨变

改革开放以来我国媒介形态发生巨大变化。一方面，电视得到广泛普及。改革开放 30 多年来，我国的电视传播取得了长足的发展。据央视市场研究公司发布的《全国卫星频道覆盖率普查》显示，2006 年，全国电视观众总户数已达到 3.06 亿户，电视观众总人口数达到 10.7 亿人，全国平均电视机普及率达到 85.88%。另一方面，互联网崛起。我国的互联网络尽管起步比较晚，但发展极其迅速。1994 年我国正式连入互联网，1995 年 5 月 17 日邮电部宣布向社会各界开放互联网业务。据中国互联网络信息中心（CNNIC）发布的《第 39 次中国互联网络发展状况统计报告》，截至 2016 年 12 月，中国网民规模达 7.31 亿，相当于欧洲人口总量，互联网普及率达到 53.2%；手机网民规模达 6.95 亿；包括支付宝/微信城市服务，政府微信公众号、网站、微博、手机端应用等在内的在线政务服务用户规模达到 2.39 亿，占总体网民的 32.7%。随着互联网应用水平的提升，各种新媒体、自媒体不断涌现，中国大众传媒出现了令人眼花缭乱的新变化。

超链接

新浪网：http：//www.sina.com.cn

（四）社会共同体

社会共同体是政治社会化的又一途径。社会共同体是社会地位、利益相近，信仰大致相同，且有某种共同志趣的人组成的，诸如政党、工会、学会、协会、俱乐部甚至包括其他更多非正式的团体等。这些社会共同体的组织形式或松散或紧密，但作为个人自愿参加的组织，具有相同的意识，往往在政治文化的确定上起着某种强化的作用。同时通过社会共同体的社会化过程也可能改变个人的政治取向。形形色色的社会共同体中社会化功能较突出的主要有三类：青年团体、政党和政府。

青年团体，尤其是学生的团体例如学生会、青年政治组织是一些规模较大的组织，其组织本身、工作程序都是相当完备的和正式的。在比较正式的青年团体中，青年可以学到更为深刻同时又更为具体的政治知识，获得更为生动的和实用的政治经验，形成更为明显的政治认同观和价值观，这类社会团体在帮助甚至加速青年政治文化形态基本定型方面发挥着重要作用。

政党在现代社会中发挥着重要的社会化功能。政党宣传自己的政治纲领和政策主张，并力图使之为大多数人所接受，同时吸纳新的成员并对之进行培养和训练。例如，政党将公民介绍给候选人或当选官员，赋予公民一种自己可以参与政治输入的感觉，从而加深他们在政治系统内的成功感。在党内活动中，人们学着在公开场合发言，主持各种会议，作出必要的妥协，从而加深了他们的政治能力感。政党又是训练基地，让那些富于才干的成员成长为领导人。政府不可避免地成为社会化的机构。

政府无可逃脱地充当了政治社会化的机构。实际上政府所做的一切都考虑到公民们的反应。由政府提供的信息、教育和宣传品，永远不是用来削弱公众的支持率和忠诚感的。国家的伟大象征，比如英国国王或王后的加冕典礼，具有强化公众支持率的效果。旌旗飘扬的游行，令人难以忘怀的军备检阅仪式，具有同样的效果。其他社会化机构的类似行为也有同样的效果。例如，学校、医院与公共设施悬挂旗帜；总统、总理或者其他重要领导者宣读就职演说、各类演讲都会在各个民族的青年学子的心中激起一种敬畏感。

上述四项只是政治社会化的主要途径。具备政治社会化功能的途径还有许多，诸如工作单位、居住区的社区组织、网络虚拟社区、选举集会、游行示威等。可以说，所有带有一定政治功能的公共场合，都会带有一定程度的政治社会化的功能。

资料 6.7

虚拟社区

虚拟社区（Virtual Community）又称在线社区（Online Community）或电子社区（Electronic Community），最早的关于虚拟社区的定义由瑞格尔德（Rheingole）提出，他将其定义为“一群主要借由计算机网络彼此沟通的人，他们彼此有某种程度的认识、分享某种程度的知识和信息、在很大程度上如同对待朋友般彼此关怀，从而所形成的团体”。随着互联网社交平台的不断丰富，虚拟社区的形式越来越多样化，早已不局限于最初的论坛社区，目前，我国最常见的形式有微博粉丝圈、微信朋友圈、QQ 群、微信群、网络游戏社区等。

虚拟社区与现实社区一样，也包含一定的场所、一定的人群、相应的组织、社区成员参与和一些相同的兴趣、文化等特质。而最重要的一点是，虚拟社区与现实社区一样，提供各种交流信息的手段，如讨论、通信、聊天等，使社区居民得以互动。虚拟社区区别于以往社区的最大特点就是它的虚拟性，它是虚拟性和社会性的结合。

同一虚拟社区的人们可能从未谋面，通过网络彼此交流、沟通、分享信息与知识，形成了个人社区关系网络，最终形成了共同的社区意识和社区文化，从而对成员的思想、行为产生影响。

三、政治文化的发展

政治文化通过各种社会化的途径得以代际相传，呈现历史继承性，从而也表现出不断发展的前进趋势。历史发展的规律性也决定了政治文化发展趋势的规定性。

（一）政治文化发展的趋势与动因

政治文化发展的趋势主要表现为文化的日益世俗化和参与型文化的日益形成。

文化的世俗化主要表现为公民开始运用明确的、中立的、普遍的标准来衡量客观事物和政治现象。简单地说，人们逐步习惯于用自己经常的利益理性地衡量和评价政治，自身倾向于追求知识、财富和个人的自我实现，对政府的评价更具有现实性，更看重政府的实际作为，在政治生活中不再盲目绝对服从。

参与型文化的日益形成表现为有更加活跃的社会动员，人们的参与兴趣也开始不仅仅是针对那些与他们的生活直接相关的事情，而且也针对他们生活的社区面临的比较重大问题。人们开始比较愿意参加政党，参与各种政治活动，支持某些候选人，并在选举中投票。

政治文化发展的动因来自内外两个方面。从内部来说主要是由于生产力的发展，人们的生活水平提高，利益不断分化，促使人们越来越多地把利益作为衡量政治的最为重要的标准，促使人们的政治行为更加理性化。同时人们也意识到政治体系与自身的利益的相关性，参与政治的动机加强。社会教育的普及、知识水平的不断提高也使得人民愈来愈意识到自身有能力认识和控制身边的环境，同时人们的权利意识也不断增强，开始逐步摆脱过去消极服从的顺民角色而向公民角色转变。从外部来说，主要是外来的政治文化的引入对现有政治体系中的政治文化产生的冲击和碰撞影响了人们原先固有的一些观念。这必会引起人们对自身文化的关注和思考，进而整体上推动政治文化的变化和发展。

（二）政治文化与政治民主化

现代政治的基本特征就是政治民主化。民主政治是和专制政治相对的，通常来说专制下的政治当权者排斥民众进入政治系统，不允许民众有独立的政治判断和行为，民众没有机会掌握政治实践的技能，政治文化表现为依附性。近代资产阶级革命诞生了民主政体，民众的自由、尊严和权利开始得到承认，政府的权力应是源于人民，人民应该参与与自身有关的政治决策。政治民主化的实现必须依赖一套较完善的民主机制，但同时要培育与该机制运行相应的政治文化，因为民主政体存在与之相应的文化基础。“为民主政治而奋斗的政治家经常致力于创立一套正式的民主政治制度和成文宪法，或者努力组织一个政党来鼓励群众的参与。但是，一个稳定的、有效的民主政府的发展，不仅仅依赖于政府和政治的结构：它依赖于人们对政治程序的取向——依赖于政治文化。除非政治文化能够支撑一个民主的系统，不然，这个系统成功的机会是很渺茫的。”①

一般来说，一个民主政体的文化基础主要表现在：一是政治体系的权威性是建立在公民普遍认可条件下的。不同于传统社会政治权威的正当性是建立在世袭或神谕基础上的，现代民主政体下政治统治的合法性取决于当权者是否在公开的竞争性选举中获胜，并在制定和执行政策和法律时是否遵循既定的认可的宪法和法律程序。二是公民对自己在政治过程中的影响力有较强的自信，对政治生活有较清醒的认识，并积极地参与政治生活。三是民主政体下有参与主体的多元化，使得公共政策往往倾向于渐进性和保守主义，表现为各种利益平衡的结果。这种政体下激进政策难以产生。

对于处于现代化进程中的发展中国家来说，构筑现代民主政体，推进政治民主化，仅仅构建民主的外在形式——机制是不够的，还必须培育相应的政治文化，而这又是一个长期的系统的过程。

第四节　政治传播

政治传播对于型构政治文化有着重要的作用。在政治传播过程中，政治行为主体向受众传播政治信息并力图使之接受这些政治信息，这显然是一个政治文化酿造的过程。在一定程度上，政治传播越充分，政治社会化就越容易进行，政治文化的基础就越稳固。

一、政治传播的含义

“政治传播”一词，译自英文“Political Communication”，也有学者译为“政治沟通”。而从其缘起来看，译为“政治传播”或许更为传神。早在 20 世纪 20 年代，美国政治家引导公共舆论、控制媒体的行为就引起了传播学家沃尔特·李普曼的注意。正是这一政治与传媒间关系的研究，带来了政治学与传播学的交叉学科——政治传播学。从传播学的角度来看，媒体的报道除了受新闻工作者自身见解的影响外，还有各种因素在起作用，如媒体集团资方的干涉、政治传播的影响等。从政治学的角度来看，政治传播可以有效地影响媒体，进而影响公众，无疑是提升政府正当性、提高政府行政效率的重

① 阿尔蒙德，维巴．公民文化．杭州：浙江人民出版社，1999：586.

要工具。在政治传播学的诞生地美国，不同学科背景的学者投入政治传播研究后，对政治传播作出了不同的界定，主要分为两类，即从政治学本位出发的政治传播定义，以及从传播学本位界定的政治传播定义。不过，他们的界定大多比较模糊。像丹·尼谋和凯斯·桑德斯所说“政治传播是政治家、政府组织与公民三个环节的中介或渠道”，查菲所述“传播活动在政治活动中所扮演的某种角色”，阿尔蒙和波尔所言“可以改变政治文化与政治结构的系统功能”，以及布莱恩·麦克奈尔所谓“关于政治的有目的的传播”①，等等。这样的界定，让人难以弄清政治传播的内涵与外延。

从20世界80年代出现政治传播相关研究，到2000年蓬勃发展，政治传播研究如今已在我国产生较大影响。国内对政治传播概念的界定，同样分为两类，即政治学本位的界定和传播学本位的界定。② 前者如“政治传播是由政治系统的结构和功能导致的政治信息的传递和处理过程”③，后者如政治传播是“政治传播者通过多通道、多媒体、多符号传播政治信息，以推动政治过程、影响受传者的态度和行为的一种对策”④。在政治传播研究兴起的过程中，政治传播的不同界定各有侧重、各有千秋，但缺乏统一认识不利于政治传播研究者间的交流与对话，也不利于政治传播研究发挥其应有的社会效应。为此，有学者对政治传播的概念进行了辨析，并得出了如下简洁而又符合术语学逻辑规定的界定：政治传播是特定共同体的政治信息扩散和被接受的过程。⑤

这一界定中的特定共同体可以是一个国家，一国的对内政治传播更加侧重沟通；也可以是国际社会，由此构成国际政治传播。至于政治信息，也即政治传播的内容，则是指“以中介形式对各种政治关系相互作用以及运动过程的表征，它反映了人类社会生活中政治活动的内容、形式、特点和规律，以及人们对以国家政权为核心的政治制度、政治实践的要求和态度”⑥。换言之，政治信息是政治领域、政治系统或与政治领域、政治系统有关的信息，是涵盖现实政治活动和现象的信息。现实政治活动很多，如社会公共事务的管理，社会秩序的稳定与社会中的冲突，权力、利益、资源的分配等，均属此类。⑦

作为一个过程，政治传播就如一般意义上的传播一样，是由多个环节构成的。这方面，美国政治学家哈罗德·拉斯韦尔的“5W模式”可谓经典。1948年，拉斯韦尔发表《社会传播的结构与功能》，指出传播过程由五个基本要素构成，即谁（who）、说什么（what）、通过什么渠道（in which channel）、对谁（to whom）说、取得什么效果

① 郭剑．“政治传播”定义发展探究．中国科技术语，2014（6）：52.
② 同①51－52.
③ 李书元．政治体系中的信息沟通——政治传播学的分析视角．郑州：河南人民出版社，2005：34.
④ 邵培仁．政治传播学．南京：江苏人民出版社，1991.
⑤ 荆学民，施惠玲．政治与传播的视界融合：政治传播研究五个基本理论问题辨析．现代传播，2009（4）：19.
⑥ 景跃进．政治学原理．北京：中国人民大学出版社，2011：268.
⑦ 施惠玲，杜欣．政治传播内容中政治信息与政治话语的区分及其意义．南京社会科学，2016（3）：117.

(with what effect)。这一简明而清晰的“5W 模式”，道出了传播过程的基本环节，也是我们考察政治传播过程的基本着眼点。

二、政治传播的功能

充分有效的政治传播，有利于政治文化的发展，对于国家社会的稳定与发展均具有重要的正向作用。具体而言，政治传播的功能包括：

首先，政治传播促进政治社会化，有利于政治文化的发展。在现实政治过程中，政治社会化与政治传播往往多有重叠之处。政治社会化要借助家庭、学校，也要借助各种社会组织，更离不开大众传媒这一重要工具。而大众传媒正是政治传播的重要渠道，至于家庭、学校和各种社会组织，也可以在政治传播过程中充当重要的传播者，或是传播的中介。政治传播的内容，也即各种政治信息，承载着政治社会化所欲传授的政治认知、情感、态度和倾向；政治社会化，则通过强化一定的政治认知、情感、态度和倾向，使政治传播中的受众接受政治信息背后的政治价值，提升政治传播的效果。从个体的角度讲，政治社会化是个人成长为政治人的过程，也就是受众吸收、接受政治传播的各种政治信息的过程；从整体的角度讲，政治社会化实际上就是政治知识、政治价值等广泛传播的过程，而政治传播就是这个传播过程的重要组成部分。充分有效的政治传播，对于提升政治社会化的实效，其意义显然不言而喻。政治社会化是政治文化的社会化，政治传播对于政治文化的发展，显然亦有不可替代的重要作用。毕竟，充分的政治传播，符合参与型文化这一政治文化发展趋势的内在要求。

其次，政治传播促进政治民主化。在政治民主化进程中，政治传播起着一定的教化作用，而公民接受良好的民主政治教育，也就意味着政治民主有了良好的社会基础。同时，充分有效的政治传播，也就意味着政治信息的充分流通，而信息的充分流通，对于政治民主化有着重要的积极作用，这表现在以下两个方面：第一，促进政治平等。信息的充分流通，可以消解政治信息不对称导致的政治不平等，而平等是民主政治的终极价值追求。第二，促进政治公开。信息的充分流通，可以瓦解带有专制倾向的秘密政治，从而促进政治民主化。

最后，政治传播提升政治认同，有利于提高国家政权及其行为的正当性。现代社会，人民主权思想深入人心；现代国家，无不奉行民主政治。从这个意义上说，政治传播促进政治民主化，也就提升了国家的政治认同。同时，政治传播还从以下两个方面提升了政治认同：第一，促成政治共识。政治信息的充分流通，辅以公民的理性，可以达成自觉的政治共识，而自觉的共识则意味着真正的政治认同。第二，促进科学决策。充分有效的政治传播，有利于决策过程中形成充足的信息储备，从而提升决策的科学性，为公民认同当局、典则或共同体打下稳固基础。进一步说，政治认同的提升，必然提高国家政权及其行为的正当性，促成国家的长治久安。

三、网络政治传播

网络时代的到来，使政府、公众和传媒间的关系发生了巨大变化，从而深刻地改变了政治传播。我国的网络政治传播萌芽于 20 世纪 90 年代初，从 1997 年《人民日报》、新华社等主流媒体纷纷上网后，步入了快速发展的轨道，并在 2006 年 1 月 1 日“中央人民政府门户网站”正式开通后，开始了纵深发展。到 2007 年年底，我国的新闻网站完成了中央、省、市三级建设。2003 年被称为中国网络舆论元年。随着 QQ 空间、微博等基于“关系网络”的社会化媒体的发展，网络政治传播于 2008 年前后进入繁荣期，大量网络事件不断引发社会热议。2013 年，中国进入移动互联网时代，网络政治传播迎来了发展的新契机。[①] 结合中国网络政治传播的发展历程，可以发现，网络政治传播有如下三大特点[②]：

第一，政治传播身份的平等性。网民身份的平等性带来了网络政治传播过程中传播者、受众的地位平等。网络政治传播，有别于过往所熟悉的自上而下的政治宣传或政治教化，传播者与受众的地位完全对等，因而必须以平等的姿态进行交流。从普通民众等通常的受众角度看，无论身份、地位为何，均可在网上发表自身对政治问题的独立思考，受众可以一跃而为传播者。从政府部门、政府官员等通常的传播者角度看，传播过程中体现亲和力，可以拉近政府与公众的距离，在发布时多感受受众的立场可以提升传播的效果，在倾听中则有扮演受众角色的切实需要。就传播媒介而言，传统的大众传媒面临着新媒体、自媒体的挑战，在自媒体时代，甚至已难以界定何者为受众、何者为传媒。网络时代，传统意义上的受众既可以仍然是受众，又可以转身变为传播媒介乃至传播者，这充分显示了网络政治传播身份的平等性。

资料 6.8

新媒体与自媒体

随着数字技术和移动终端技术的发展，“新媒体”和“自媒体”成为传统大众媒体的有力挑战者。

联合国教科文组织对新媒体下的定义是：“以数字技术为基础，以网络为载体进行信息传播的媒介。”因此，新媒体涵盖了所有数字化的媒体形式，包括所有数字化的传统媒体、网络媒体、移动端媒体、数字电视、数字报刊等。新媒体是相对于传统媒体而言的新的媒体形态，是利用数字技术、网络技术、移动技术，通过互联网、无线通信网、有线网络等渠道以及电脑、手机、数字电视机等终端，向用户提供信息和

---

① 贾哲敏．我国网络政治传播发展历程与基本架构．编辑之友，2015 (12)：66-67.
② 陈丽芬．网络问政：网络时代的政治传播新范式．现代传播，2012 (2)：150.

娱乐的传播形态和媒体形态。从功能来说，新媒体就是能对大众同时提供个性化内容的媒体，是传播者和接受者融会成对等的交流者，而无数的交流者相互间可以同时进行个性化交流的媒体。新媒体的特征是交互性与即时性，海量性与共享性，多媒体与超文本，个性化与社群化。

利用新媒体平台的发展而产生的"自媒体"（We Media）又称"公民媒体"或"个人媒体"，是指私人化、平民化、普泛化、自主化的传播者，以现代化、电子化的手段，向不特定的大多数或者特定的单个人传递规范性及非规范性信息的新媒体的总称。美国的脸书（Facebook）和推特（Twitter）是当今世界最成功的自媒体平台。国内自媒体平台包括：博客、微博、微信、百度官方贴吧、论坛/BBS 等网络社区。自媒体具有平民化、易操作、交互强、传播快的优势，打破了时间、地域的局限，使用户也能成为新闻的采集者和传播者，相对于大众媒体的话语垄断而言，自媒体的出现使得普通民众也掌握了话语权。

第二，政治传播渠道的多元性和便捷性。互联网，特别是移动互联网的便捷性造就了网络政治传播渠道的便捷性。随着社会化媒体、自媒体的普及，报刊、广播、电视等传统媒体受到了挑战，政治传播的渠道越发多元。即便是网络政治传播的渠道，也已不再局限于政府门户网站或主流门户网站，网络论坛、手机应用、微信公众号、即时通信、社交网络给广大受众带来了即时接触政治信息的便利；政府部门大量通过"××发布"及时传播政治新闻和各种政治信息，在扩大政治传播覆盖面的同时，也提升了政治传播的实效。当然，政治传播渠道的多元和便捷，也有着其不可忽视的负面作用，例如埋下了制造和传播政治谣言的隐患，必须加以治理。

第三，政治传播过程的交互性。网络开放、互动的特质，使传统的单向传输在网络政治传播中成为不受欢迎的模式。在网络政治传播过程中，传播者、受众的身份互换，对于政府、媒介与公众三者来说，均已是无可争议的事实。特别是公众这一传统的传播接受者，可以通过网络论坛、博客、微博、即时通信、社交网络等发布信息乃至与传播者或其他受众展开辩论，凸显了网络政治传播过程的交互性。近年来，包括国家领导人在内的各级领导干部与网民的互动已屡见不鲜，"两会"代表在网上公布提案和议案广泛征求网民意见，均系网络交互政治传播的生动体现。

必须注意的是，由于网络身份的匿名性，网络政治传播往往泥沙俱下，大量不实之词乃至别有用心的谣言充斥网络，给网络政治传播的发展笼罩了大片阴影。作为理性的公民，在网络政治传播过程中，应牢牢守住不妄议中央、不传播政治谣言的底线。

本章小结

政治文化是公民及其团体对其生活在一定历史条件下的政治体系所怀有的认知、情感和态度的总和，它与政治体系中制度性结构相对应，是政治体系的精神部分。政治文化的内容分为三个层次：政治心理、政治思想以及政治意识形态。政治文化的特征表现为：政治性和文化性、民族性与普适性、时代性与继承性、阶级性与社会性。

政治文化的结构分为体系的文化、过程的文化和政策的文化。根据不同的标准，政治文化可以分为各种类型。政治文化的功能主要表现在政治生活方面和经济发展方面。

政治社会化是指社会的政治文化的学习、传播、普及和延续的过程。政治社会化过程的主要途径有家庭、学校、大众媒体、社会共同体。

政治传播是特定共同体的政治信息扩散和被接受的过程。政治传播可以促进政治社会化，有利于政治文化的发展，可以促进政治民主化并提升政治认同。网络政治传播具有身份平等、渠道多元便捷、过程交互的特点。

思考题

1. 政治文化的基本内容有哪些？
2. 政治文化的特征主要表现在哪些方面？
3. 政治文化在政治生活方面有何功能？
4. 政治社会化的途径是什么？
5. 网络政治传播有何特点？

第七章 政治发展

引 例

2003 年 3 月 20 日，美国以消除伊拉克的大规模杀伤性武器、推进伊拉克乃至中东地区的民主为名发动了伊拉克战争，以暴力推翻了萨达姆·侯赛因领导的复兴党政权，打碎了伊拉克旧的国家机器，独裁者萨达姆也被新的伊拉克政府处以死刑。

美国占领伊拉克之后，帮助伊拉克建立了民主制度，形成了什叶派、库尔德人、逊尼派"三分天下"的格局，形成了一种"教派分权"与"种族分权"重合的"多重分权"政治模式，严重削弱了原本就不牢固的伊拉克民族国家认同，导致伊拉克国内局势动荡不堪，暴力冲突不断。

2011 年 12 月 18 日，美军全部撤出伊拉克后，伊拉克的治安与防卫能力大大降低。2014 年，极端恐怖组织"伊斯兰国"（IS）崛起并迅速扩张，不仅给当地民众带来深重灾难，也严重威胁到欧美国家的安全。截至 2017 年 3 月，"伊斯兰国"仍然控制着伊拉克与叙利亚的大片领土。

伊拉克战争是一场有争议的非法战争，它并未得到联合国安理会的授权。美国"解放"伊拉克人民，并将西方的民主制度移植给了伊拉克，这种"帮助"发展中国家政治进步的做法是否合理?

任何政治体系都不是停滞的，都在演变和发展中，近代社会走向现代化的过程，更是伴随着政治变迁。无论是资本主义国家还是社会主义国家，无论是发展中国家还是发达国家，都存在着政治发展的问题。研究政治发展与政治现代化的关系、政治发展与政治稳定的关系、政治发展的普遍性与特殊性、政治发展的道路与途径等问题，是政治学的一个重要领域。当今中国社会面临着比较紧迫的政治发展问题，探索中国政治发展的基本任务以及基本特点，也是中国政治学的重要任务。

第一节 政治发展及其基本目标

一、政治发展的含义

（一）政治发展理论产生的背景

作为政治学的一个重要范畴，政治发展概念是西方学者于20世纪50年代提出的。他们使用这个概念描述第三世界国家在传统社会向现代社会发展的过程中政治上所发生的变化。政治发展理论的兴起与发展尤其与第二次世界大战后以美国为首的西方资本主义国家的全球战略分不开。在第二次世界大战前，西方政治学界的研究兴趣几乎完全聚焦于欧美发达国家。战后，随着世界殖民体系的瓦解和两极冷战格局的形成，以美国为首的西方资本主义世界为稳住自己的阵营，迅即向亚非拉一些新独立的民族国家提供援助。它们原以为只要提供资金和技术，这些国家就可以走一条与西方国家相同或相似的现代化道路，成为它们阵营中的一员。然而，尽管西方的发展援助持续不断，西方对第三世界国家的“民主试验”仍是费尽心机，这些国家的工业化和经济增长并没有促进社会政治的全面发展，相反，政局不稳、行政无能、贪污腐败、内部分裂、暴力冲突等政治危机始终困扰着这些国家。这些政治危机使得它们不仅无力完成振兴民族经济进而推动现代化进程的重任，反倒使全社会笼罩在贫困、饥馑和毫无安全感的阴影之下。这种政治不发展在经济现代化过程中所产生的严重的负面影响，反而使政治发展作为制约社会总体发展的关键环节凸显了出来。它表明，第三世界国家的现代化道路不同于西方发达国家。那么，第三世界国家如何才能产生西方国家已经发生的政治上的变化呢？这就引起了西方政治学界的广泛关注和研究，进而也促进了对西方国家现代化进程中政治发展的历史回顾，政治发展理论由此兴起，并风行于20世纪60年代。

（二）西方学者关于政治发展的基本观点

美国是政治发展研究的大本营，从事这方面研究的重要学者多集中于美国。政治发展理论的代表性著作主要包括丹尼尔·伦纳的《传统社会的消失》（1958年）、阿尔蒙德和詹姆斯·S. 科尔曼的《发展中区域的政治》（1960年）、卡尔·多伊奇的《社会动员和政治发展》（1965年）、戴维·阿普特的《政治现代化》（1965年）、卢西恩·派伊的《政治发展面面观》（1966年）以及塞缪尔·P. 亨廷顿的《变化社会中的政治秩序》（1968年）等。

1966年，阿尔蒙德在其《比较政治学》一书中首次使用了“政治发展”这一概念。他认为，政治发展就是一个政治系统对国内或国际环境的变迁所作的反应，特别是对政权建立、国家建立、参与和分配等挑战所作的反应。具体来说，政治发展包含三个方面的内容：结构的分化；子系统的自主性；文化的世俗化。

亨廷顿则认为，政治发展包含三个方面的内容：（1）权力的理性化，即由单一的、世俗化的、全国性的政治权威，取代各种各样传统的、宗教的、家族的或种族的政治权威；（2）政治功能的分化以及发展各种具有专门职能的机构；（3）社会性政治参与。[①] 与阿尔蒙德比较，亨廷顿更加强调政治制度化的发展对政治参与扩大的反应，强调政治稳定和秩序对政治发展的意义。他主要不是在理论上论证西方自由民主模式是发展中国家政治发展的未来方向，而是运用比较历史的分析方法，探求发展中国家实现政治现代化的具体可行之道。

卢西恩·派伊在其《政治发展面面观》中把西方学术界对政治发展的定义归纳为十种：（1）政治发展是经济发展的先决条件；（2）政治发展是工业社会典型政治形态的生成过程；（3）政治发展是政治现代化过程；（4）政治发展是民族国家的运转；（5）政治发展是健全立法、完善行政；（6）政治发展即民众广泛地参与国家的政治生活；（7）政治发展是政治民主化的过程；（8）政治发展是获得稳定有序的社会秩序的过程；（9）政治发展是政治体系能力增强的过程；（10）政治发展是社会发展的一个方面。

总的来看，西方学术界关于政治发展的基本理论依据都是一个，即现代化的理论。也就是说，他们为那些落后的发展状况极不相同的国家规划了一个共同的目标，这就是现代化。这一理论有两个突出的特点：

第一，带有浓厚的西方本位主义色彩。虽然西方学者倡导价值中立原则，但在政治发展理论建构和实证分析中，往往有意无意地用西方的经验、价值观和发展模式来研究、评估和设计发展中国家的政治发展。

第二，西方学者虽然从经济、政治、社会、文化的广阔视野下分析影响发展中国家政治发展的众多因素，但对欧美发达国家的干预、侵略和殖民统治这一严重影响发展中国家政治发展的因素则讳莫如深。

（三）政治发展的定义

中国在20世纪80年代开始介绍和研究政治发展理论，一般来说，国内学者从广义和狭义两个方面理解政治发展。广义的政治发展泛指人类政治进化的过程和状况，既涵盖政治形态的飞跃，也包括政治体系向合理化方面的变迁和调整；狭义的政治发展特指以农业文明为基础的传统政治体系向以工业文明为基础的现代政治体系的演进。我们只有结合这两个方面，才能对政治发展有一个全面理解。如果仅仅局限于狭义的理解，就不能发现西方政治发展理论的深刻局限，可能简单地把政治发展看成是模仿和移植西方政治制度的过程，从而误导我国政治发展的过程。但是，如果仅仅从广义来理解政治发

① 亨廷顿．变化社会中的政治秩序．上海：三联书店，1992：32.

展概念，我们就可能停留于抽象地谈论发展，忽视当前政治发展的实质和主要任务。

超链接

北京大学政治发展与政府管理研究所：http：//www. gov. pku. edu. cn

综上所述，我们认为，政治发展就是人类政治体系及其运作不断走向进步的过程和状况，在当前，它是与社会结构转型联系在一起的，政治发展表现为从传统农业社会走向现代工业社会的过程中，政治上层建筑适应现代社会的变化而出现的进展。一般而言，衡量一国政治发展的标准主要是在一定政治秩序的前提下实现政治民主化和政治制度化。

资料 7.1

不丹王国的民主化

不丹，位于中国和印度之间，面积 3.84 万平方公里，人口 79 万多，实行君主制。1998 年 6 月，不丹第四代国王吉格梅·辛格·旺楚克解散内阁，将政府行政权移交给大臣委员会。随后他下令成立宪法起草委员会，并公布宪法，规定不丹实行两院制议会，实行“两党制”。2006 年 12 月，老国王宣布退位，将王位正式传与曾在牛津大学求学的儿子凯萨尔·旺楚克。2008 年 11 月 6 日，不丹国王五世吉格梅·凯萨尔·纳姆耶尔·旺楚克正式继承王位，时年 28 岁。他在谈到为什么要实行议会民主制时解释说：“我可以努力做个爱民的国王，但我无法保证不丹代代都有好国王，为了不丹人长远的幸福，我们必须推行民主，一个有效的制度比王位更重要。”

二、政治发展与政治现代化

政治发展与政治现代化是既紧密联系又相区别的一对概念，广义的政治发展包含了政治现代化，而狭义的政治发展就是指政治现代化。

（一）现代化理论是政治发展的理论基础

现代化理论是政治发展理论的基本理论依据，就此而言，政治发展就等同于政治现代化，西方在现代化过程中所取得的政治成就是世界各国政治发展的目标。显然，离开传统农业文明走向现代工业文明的整个现代化变迁过程，是谈不上什么政治发展问题的。我们在谈到“发展”一词时，总是包含着相互联系的两层含义：第一，发展反映的是事物积极的、正向的变迁，发展总是意味着某种方向性；第二，发展预含着存在某种普适价值和目标，如果没有这种共同的价值和目标，谈发展就没有意义。在漫长的前现代社会，在政治仅仅意味着某种暴力和阴谋的偶然产物的专制时代，是没有政治发展问题的。政治发展之所以有意义，显然不在于它仅仅反映了任何社会、任何国家、任何民族都经历着或发生着的客观自然过程，而在于它表明，政治生活对于经济生活以及社会文化生活起着巨大的制约作用和导引作用，在于人的主观能动性能够在这一领域发挥重要作用。因此，只有与政治价值变化相互联系的政治变迁过程才是政治发展。正是政治现代化过程中，随着政治活动走向社会，一般民众获得正常参与政治的机会，民主价值日益确立，政治发展问题才提上了议事日程。因为民主政治需要完全不同于传统专制政治的运作制度，需要政府承担不同的功能，需要不同的政治文化和政治价值。正因为政治发展与政治现代化的密切联系，因而在许多政治学家那里，政治发展与政治现代化是不加区别的，即使在那些对之进行区别的政治学家那里，二者的主体内容也是重叠的。

（二）政治发展与政治现代化的区别

但是，政治发展毕竟不等同于政治现代化。随着政治发展研究的深入，政治发展逐渐与政治现代化相区分。这集中体现在亨廷顿的思想中。亨廷顿指出，政治发展与政治现代化的区别存在于两个方面：第一，政治发展作为整个现代化的伴生过程，其结果可能是消极的，也就是说随着第三世界国家现代化进程的发展而来的，很可能是政治上的不发展或政治衰朽；而政治现代化概念则反映的是一种积极的变化。第二，即使两者都属于积极的变化，它们所对应的内涵显然是有区别的：政治现代化着重于政治参与的扩大，即政治的民主化，而政治发展则偏向于政治体系制度化程度的提高。换句话说，一个制度化水平较高的政治体系具有较高的“政治发展”水平，但也许不是一个“现代化”的体系。所以亨廷顿把政治发展界定为“政治组织和程序的制度化”。同样，一个政治参与得以扩大的民主化国家实现了政治现代化，但是参与的扩大既可能带来政治的稳定，也可能造成社会的动荡不安。实际上，不少新兴独立的发展中国家就出现了频繁发生的政变、叛乱、内战等动荡局面，如亨廷顿所指出的，“现代性孕育着稳定，而现代化过程却滋生动乱”①。

（三）政治发展与政治现代化的辩证关系

政治发展与政治现代化的区分实际上反映了政治发展的共性与个性、普遍性与特殊性的关系。

从时间维度来说，政治现代化是政治发展的一个阶段。虽然没有现代化的过程就不会产生政治发展问题，但我们不能说在现代社会以前不存在客观的政治发展过程，更不能说现代西方国家已经穷尽了政治发展的内容，像日裔美籍学者弗朗西斯·福山所说的那样，历史已经终结于现代西方的自由民主制度。显然，无论是处于现代化转型中的第三世界国家，还是已经充分现代化了的西方国家，都存在着广义的政治发展问题。历史没有也不可能终结。政治现代化不是人类政治发展的最终目标，政治发展的最终目标是

---

① 亨廷顿．变化社会中的政治秩序．上海：三联书店，1992：32.

人的解放和全面发展。

从空间维度来说，每一个国家都要经历政治现代化的政治发展过程，政治现代化的基本政治成就是每一个国家政治发展的目标，但是，每一个国家完成政治现代化的途径、方式和手段又随着这些国家的历史文化、经济发展水平、当时的国际环境等条件的不同而不可能不带有自身的特点和个性。对于广大第三世界国家来说，西方国家现代化的道路是不可能重复的，西方国家的具体政治制度也是不能照搬的。

从具体内容来说，政治现代化只是政治发展的一个方面，是非常重要的方面。人类的政治发展立足于为人的优良的共同体生活创造条件，而不仅仅是追求现代化。因此应该从生态—生长的动态平衡的观点出发理解政治发展的内容，把政治发展看成是“建立适应一个特殊社会的历史—社会—文化要求变化的稳定的政治体系”①。传统文化本身是人类政治生活富有意义的不可或缺的组成部分，一个民族没有独特的文化传统就不可能存在政治生活。同时，如果某种特定的文化消失了，仅凭自由、平等、民主、法治等一系列抽象的现代化政治原则把一个社会凝聚在一起是不可靠的。现代西方“差异政治”“认同政治”“种族政治”等在20世纪90年代成为政治学的热门话题，冲击着西方自由主义的普遍主义传统，它表明把政治发展等同于政治现代化的观点是有深刻局限的。政治发展与政治现代化的区分，对于破除政治发展理论上长期存在的西方中心主义也是富有建设意义的。

三、政治发展与政治稳定

（一）广义政治发展与政治稳定的关系

政治发展与政治稳定的关系，是当代政治学研究的一个重要课题，它对于理解政治发展的含义也是非常重要的。从广义的政治发展概念来说，政治发展不以追求政治稳定为目标，不如说政治发展过程是以一系列的政治无序为代价的。特别是在马克思主义的理论中，政治作为上层建筑，是随着经济生活的发展变化而发展变化的，一旦经济基础发生质的变化，旧的政治体系必然为新的政治体系所取代，而其中阶级斗争又成为推动政治变革的伟大力量。因此，马克思主义把阶级斗争和政治革命看成是政治发展的前提和动力，政治稳定完全服从于阶级斗争和经济发展。

（二）狭义政治发展与政治稳定的关系

但是，在狭义的政治发展概念中，政治秩序和稳定则具有比较重要的价值和意义，甚至具有首要的价值和意义。因为，政治活动作为与经济、社会、文化等活动相区别的一个根本特征就在于，政治活动的合理性首先是为其他领域的活动提供秩序和保障，政治的根本特征是把社会的冲突和暴力限制在一定的范围内，通过平衡社会利益结构，达

① 王沪宁．比较政治分析．上海：上海人民出版社，1987：237.

到整个社会的稳定有序。暴力本身是非政治的、反政治的，社会的动荡不安本身就是政治缺失的标志。同时，就狭义的政治发展概念来说，革命本身不等于政治发展，革命对发展的作用主要表现在革命所造成的结果为新的发展创造前提上。而革命过程本身则主要起摧毁和破坏作用，尽管它在特定历史条件下是社会重新获得秩序的前提。

（三）政治发展对现存政治体系的影响

因此，必须在不同的层面上讨论政治发展与政治稳定的关系。对于现存的政治体系来说，狭义的政治发展的概念更具有实际意义，因此，当代政治学对于政治发展的研究，往往表现出对政治稳定和政治秩序的关切。当代政治发展理论的这种价值取向，与政治发展研究所针对的特定对象——处于现代化进程中的政治体系有着密切的关联。现代化是一场全方位的、深刻的社会变革，即从传统的社会向现代社会的变革。在人类历史上，当一个社会遇到新旧两种社会结构转型时，都会发生政治不稳定和无序状态，这是由其“过渡政治”的性质所决定的。现代化的一些主要成果，如工业化、城市化、识字率提高、经济增长、社会动员等，往往加重了政治体系的负荷，政治体系也难以满足不断扩大的参政要求，这就增加了政治动荡的可能性。而只有在现代化达到较高程度、政治体系的制度化水平大大提高的情况下，政治体系才可能从不稳定状态走向稳定状态。亨廷顿曾一语道破现代化与政治失序的独特关联：如果说穷国显得不稳定的话，并非由于它们贫穷，而是它们想致富。正是因为现代化容易导致政治不稳定，对于政治学研究来说，弄清如何在现代化进程中寻求政治稳定就显得颇为重要了。

政治稳定不仅是政治体系自身存在和运作的需要，而且在多数情况下也是经济发展和社会进步的前提条件。如果一个国家长期处于严重的政治动乱和无序之中，经济发展、社会安全和人民生活必然会受到极大的负面影响。在中国改革开放和社会主义现代化建设的进程中，邓小平也曾指出：“中国的问题，压倒一切的是需要稳定。没有稳定的环境，什么都搞不成，已经取得的成果也会失掉。”[①] 正是因为如此，政治发展从某种意义上说意味着从政治不稳定结构走向政治稳定结构。

不过，把政治稳定看成是政治发展的核心内容是与整个现代化背景相联系的，因而政治发展所关注的政治稳定也只有与现代化进程结合在一起才有意义。邓小平虽然把稳定置于重要的战略地位，但他同时认为政治稳定是为了发展，只有发展才是硬道理。所谓发展，不仅包括经济与社会的发展，也离不开政治发展。从这个意义上说，政治发展所要求的稳定，是动态有序的稳定，是稳定与发展的统一。

四、政治发展的基本目标

从广义的政治发展来说，政治发展是社会形态总体发展的一个有机组成部分。政治

---

① 邓小平．邓小平文选．1版．第3卷．北京：人民出版社，1993：284.

发展的基本目标是社会的协调发展和人的发展，政治发展的基本内容是政治制度的根本变革，表现为政治制度不断适应生产方式发展的要求，以及国家政权的阶级基础和社会基础不断扩大。从狭义的政治发展来说，政治发展的基本目标是建立一个适应现代化进程的稳定的政治体系，其基本内容包括两个方面：从人民方面来说，就是政治参与的不断扩大和政治民主化程度的提高；从政府方面来说，就是政府应变能力的增强和整个国家能力的提升。概而言之，就是政治民主化、政治制度化和政治高效化。这里所讲的政治发展的基本目标主要是从狭义上说的。

（一）政治民主化

政治民主化是政治发展的根本目标，是政治现代化的必然要求。民主是人类社会开化程度和进步状况的重要标志，也是政治文明的重要标志。人类历史上，先后出现了原始民主、古代城邦民主、资本主义民主、社会主义民主等多种民主政治形态，虽然其中的内容、程度、性质多有歧义，但都是政治发展的重要里程碑。当代一些西方政治发展论者往往把政治民主视为发展中国家政治的重要目标，甚至唯一目标。他们以西方民主观念和民主内容为标准，认为一个不民主的社会，不论其经济发展程度多高，人民如何富足，在政治发展中都不能算作进入高度发展阶段。对于这种观点，我们必须承认，政治民主化确实是各国政治发展的重要标志，但我们必须强调，不能以政治民主化这一目标的一致性来否定政治民主的具体形式的多样性和差异性，也就是说，对于不同的国家来说，实行直接民主还是间接民主，在什么样的政治制度基础上创建代议制民主等问题，应该由各国自行寻找答案，各国拥有选择自身政治发展道路的自由。一般而言，就政治民主化这个考察角度来说，政治发展意味着广泛的政治参与、政务公开、机会均等、实行法治、保障人权等。对于发展中国家，要实行政治民主，固然需要价值认同，但更重要的是培育民主生成的经济社会土壤。对于实现政治民主化的国家，则需要巩固和健全民主。

（二）政治制度化

政治制度化是政治发展的主要内容，它既是政治民主化的重要保障，又是政治秩序和政治稳定的根本保证。亨廷顿认为，制度化本身的含义是稳定的、受到尊重的和重复出现的行为模式，政治组织的适应性、复杂性、自立性和凝聚性是衡量其制度化程度的标准。[①] 在这里，制度化本身是包含了价值判断的。制度化就是把现代化进程中变化了的权力关系和社会关系稳定下来，满足不断扩大的政治参与要求，把社会成员之间的利益关系纳入一个相对平衡的结构之中。因而制度化包含着政治民主和政治秩序两重含义。从政治发展的历史进程来看，政治发展表现为国家政治体系制度化程度不断提高的过程。一方面，现代化是一个社会经济关系发生剧烈变化的过程，这种变化要求人类政

---

① 亨廷顿．变化社会中的政治秩序．上海：三联书店，1992：12－22.

治的形式突破传统的共同体，发展到以地域和公共权威为基础的民族国家，从而使人类的政治体系成为具有一定内在机制、具有统一的法律制度、一体化的司法和行政组织形式的政治体制。另一方面，政治制度必须具有适应现代化发展的控制能力和调适能力，为此就必须具有完善的分工和专业化。在传统社会结构中，政治体系的结构分化程度很低，同一结构或角色同时承担着若干不同的社会功能，而同一功能又往往由若干性质不同的结构或角色承担。而现代社会的发展要求政治结构功能的分化，这种分化就是一个不断制度化的过程。

（三）政治高效化

政治高效化是政治发展的功能性目标，其核心是政府的行政管理效率。高效有力地管理政治、经济和社会事务，向来就是重要的政治目标。历史上政治体系变革和调整固然有诸多原因，但其中最重要的一个原因就是为了提高政治效率。发展中国家的当务之急是加速经济发展，提高人民生活水平。但由于发展中国家现代化进程具有政府主导型、自上而下推进的特点，客观上需要高效有力的政府，合理配置国内人、财、物等各种资源，从而促成经济腾飞。政治高效化一般要做到：第一，领导层政治决策高效统一；第二，政治运行机制充满活力，行政执行高效统一；第三，政治系统有良好的动员能力和应变能力，能确保社会稳定和谐，经济快速持续健康发展；第四，避免陷于专制独裁，从而牺牲公民的自由、平等和社会公正。因此，在政治发展过程中，要调适民主与效率的矛盾。

尽管在现代化进程中各国政治发展的基本目标是一致的，但是这些目标的具体内容在一定历史时期往往存在冲突和矛盾。因而，由于国情不同，条件各异，面对社会变迁中的复杂问题和矛盾，各国在政治发展上的具体目标选择都各有侧重，形成了不同的目标组合。在政治发展过程中，究竟优先考虑何种发展目标，是单元突破、二元结合，还是多元推进？这固然要权衡各自的优劣短长，但关键还是应依据各国具体的政治、经济和文化情形，既要考虑现实可行性，又要在宏观政治发展观念的指导下进行，即既要保证政治体系的稳定和提升政府能力，又要以人为本，促进人的全面发展。

第二节　政治发展的类型与途径

一、政治发展的基本类型

政治发展的基本类型也就是具有一定典型性和普遍性的政治发展模式，它是对具体发展道路的一种理论抽象。当代政治发展学者对于政治发展的道路和模式从不同角度进行了研究，提出了不同的分类方法。巴林顿·摩尔在其《民主和专制的社会起源》一书中，提出了政治发展的三种类型：其一是以英、法、美为代表的资产阶级民主革命道路；其二是以德、日、意为代表的法西斯主义道路；其三是以俄国、中国为代表的共产主义道路。亨廷顿则把西方的政治发展道路概括为欧洲大陆式、英国式、美国式三种模式。由于政治发展理论兴起的主要背景是第三世界国家的发展问题，西方发达国家的政治发展道路也是在这一背景下通过回顾进行研究的，因此以现代化进程的先后为标准划分政治发展的类型就更具有意义。国内学术界一般把政治发展类型分为早发内生型和后发外生型两种。

（一）早发内生型政治发展

早发内生型政治发展指的是以英国、法国和美国等西方国家为代表的发展模式。起源于 17 世纪的英法等欧洲国家的政治现代化及发生于 18 世纪的美国政治现代化与后发型国家相比，它们的前现代传统社会结构的状况有着明显的不同。

1. 早发内生型政治发展的特点

第一，在欧洲的早发内生型的现代化国家中，其社会存在多元型的等级结构，封建庄园和自治城市并立，而对于移民国家的美国来说，其原先是英国的殖民地，深受欧洲现代化国家的影响，所以在取得独立后，就逐步进入了现代化行列。这种多元型的社会结构使新生的现代化因素可以从旧的社会内部产生，并且通过这种内力的作用而引发长期的渐进性的社会内部变革。可以说，这些早期现代化国家的政治发展的演进过程是一个自然历史过程。

第二，早期现代化国家的现代化启动的外部条件是通过开辟海外市场、殖民扩张进行资源掠夺和资本积累以及向外移民等手段取得的优势，获得了政治现代化的物质支持。这就是说，这些国家面对的是稳定且分散的农业世界，国际发展差距和技术差距不大，所以可以在一个相对宽松的国际环境中获得政治发展的空间。

第三，西方发达国家的政治发展一般是以商业革命和工业革命为先导，政治发展的主导力量是新兴市民阶层或资产阶级，政治发展的总趋势是自下而上地推动政治革命或变革。

第四，早期现代化国家往往实行自主型市场经济，采取从轻工业到重工业的工业化的发展模式与战略，经济发展与政治发展基本同步进行。

2. 早发内生型政治发展的历程

西方发达国家能达到目前的状况，也经历了一个相当漫长的发展过程，其间存在不同的历史阶段。从政治发展的角度来看，大体经历了三个时期：第一，国家建设时期，即通过王权专制完成现代民族国家的建设过程。这个阶段大致从 16 世纪开始，经过了整整两个世纪的时间。第二，民主化时期，即通过资产阶级革命和渐进式改革建立民主政治的体制，扩大政治参与。这个阶段大致从 18 世纪开始，经过 19 世纪的大发展，到 20 世纪才完成。第三，福利化时期，即国家职能或政府干预扩大，建立了现代意义的福利国家。这个阶段主要是在20世纪被提上议事日程的，到六七十年代后，西方国家基本上都已经进入了福利国家的时期。虽然不同的国家在这三个时期的具体情况有所不同，所经历的时间长短不同，每一时期特征的表现程度不同，但总的来说，都或多或少地面临了这三个时期的任务。因此，可以把这三个阶段看成是现代化阶段政治发展的一般历史进程。

（二）后发外生型政治发展

后发外生型政治发展主要指的是发展中国家的政治发展模式。在世界现代化进程中，后发外生型政治发展的启动多来自外部的冲击。这主要是由于这些国家不是以体制内部的观念变革为先导，同早发内生型国家相比，由传统到现代的转变缺少了内在动力，因此这些国家的政治发展是由于外部的原因引起的，由此产生了这些国家政治发展明显不同于西方发达国家的特点。

1. 后发外生型政治发展的特点

第一，后发外生型政治发展由外部挑战所诱发，且往往是在异质文化短期内的突发撞击下催生的。后发国家所面临的外部条件与早发国家有着明显的区别，它们面临的是激烈的国际政治、经济竞争以及不断扩大的经济差距和技术差距。尤其是早发国家的军事侵占、经济掠夺使各个后发国家面临着严重的民族危机和国家危机，迫使其进行经济的图强、政治的变革。

第二，后发国家的传统社会结构分化比较简单，没有形成独立的市民阶层，没有也不可能从内部产生进行现代化的内在动力，自我转型困难。这就使得在政治发展的过程中，起着相当重要作用的是国家政权而不是市民阶级，其社会变革能否顺利实现，关键在于中央政权能否自上而下处理好传统向现代的转化。

第三，后发国家的现代化进程一般是以政治革命或政治改革运动为先导，推动经济改革与技术更新，政治发展一般发生于工业化之前，而在经济开始起飞后，政治发展往往又严重滞后于经济发展，因此政治发展与经济发展经常不能同时推进。

第四，后发国家政治发展起步较晚，大多是从第二次世界大战后才开始，因而后发国家普遍面临先发国家政治发展成就的压力，往往在同一时期要完成先发国家在几个不同时期完成的任务。

2. 后发外生型政治发展的不利因素

发展中国家在政治发展过程中的总体特征是“后发性”，这一特征使这些国家在政治发展过程中存在很多不利的因素。

第一，发展中国家面临时间和问题的巨大压力。西方发达国家的现代化过程经过了四五百年时间，在这一过程中，问题和挑战个别地出现，并一个一个分别得到解决，且解决一个问题均有充裕的时间，很少受其他国家“示范效应”和激烈的国际竞争的压力的影响。而后发国家面对西方国家强大的“示范效应”和激烈的国际竞争的压力，不得不把西方历史上依次出现的若干时期浓缩为一个，同时解决上述所有问题。于是，一边是极其落后的内部现实，一边是高度发达的外部示范，两者形成了巨大反差。这种反差往往诱导后发国家不顾历史传统和现实照搬西方模式，造成政治发展过程的巨大挫折。

第二，后发国家的政治发展由于面临西方发达国家示范的压力，其发展往往缺乏自主性，其发展道路呈现出某种特殊的发展逻辑。一方面，在摆脱殖民统治获得民族独立之前，广大第三世界国家原本处于人类发展的各个不同的历史阶段，但是由于受到西方发达国家示范效应的影响，往往自觉或不自觉地仿照发达国家走过的道路进行自己的发展历程，照搬或仿照西方国家的议会制、多党制，扩大政治参与、实行普选等。另一方面，根据依附论和世界体系论的观点，发展中国家不得不处于整个国际依附或依存的体系中，这种依附、依存关系的存在使发展中国家政治体系功能脆弱、不稳定，往往易受国际、地区性政治局势、经济因素的强大影响而发生变动，缺乏自主性。

第三，后发国家由于大多曾先后沦为西方列强的殖民地或半殖民地，因而其正常的自然发展进程已被打断，在政治发展过程中普遍面临着传统文化与现代化之间的巨大张力。西方国家殖民统治对后发国家的国家地位、主权独立等方面的巨大冲击，对这些国家独立后的政治发展必然产生影响，使得这些国家在政治发展遭遇挫折时，往往把现代政治文明与西方文明加以简单等同，加以拒绝。同时，后发国家传统政治文化中的专制、奴性、人治等消极因素也严重制约着这些国家的政治发展。

正因为后发国家存在着诸多不利于政治发展的因素，因而与它们经济上的不发达相对应，后发国家往往在现代化进程中出现了“政治欠发展”的现象。卢西恩·派伊认为，发展中国家普遍面临着六大政治危机，只有克服了这些危机，这些国家才能实现政治现代化。这六大危机是：（1）认同危机，即民众对部落、村落、宗教、语言团体等保持着认同和忠诚，而缺乏现代国家观念；（2）合法性危机，即政治体系的权威与正当性经常受到民众尤其是传统集团的挑战；（3）贯彻危机，即政府的政策、法令难以实施贯彻；（4）参与危机，即政治体系缺乏正式制度化的途径容纳新兴政治力量的参与要求；（5）一体化危机，即国家呈现非整合的分散状态；（6）分配危机，即政府很难运用分配手段解决社会的两极分化。实际上，发展中国家在现代化过程中，大多出现了政局不稳、行政不力、政治独裁、两极分化以及严重的政治腐败等问题。这些问题往往是相互关联、盘根错节的。如何解决这些政治欠发展问题，是发展中国家政治发展研究面临的主要课题。发展中国家的政治发展过程，也可以说就是上述问题的解决过程。

需要指出的是，上述早发与后发模式的划分都是就纯粹状态而言的，而实际上早发与后发只能相对而言。不少国家都处于早发与后发两种纯粹模式之间，因而兼有两种模式的某些特征。例如，相对第三世界国家而言，德国是早发国家，但与英国和法国相比德国又属于后发，所以德国政治发展既具有早发国家的特征，又带有后发国家的某些遗痕。

资料 7.2

“阿拉伯之春”

“阿拉伯之春”（The Arab Spring），是指自 2010 年年底在北非和西亚的阿拉伯国家和其他地区的一些国家发生的一系列以“民主”和“经济”等为主题的反政府运动，促进了一些国家的政治改革，但也给一些国家带来了政治动乱。冲突最激烈的利比亚和叙利亚则爆发了全面内战。截止 2017 年 5 月，叙利亚内战仍然没有结束。

这场政治运动从突尼斯开始，浪潮波及埃及、利比亚、也门、叙利亚等国，阿尔及利亚、约旦、沙特、阿曼、巴林、摩洛哥、科威特、黎巴嫩、卡塔尔等其他阿拉伯国家乃至部分非阿拉伯国家也都受到不同程度的影响。这场阿拉伯革命推翻了突尼斯、埃及、也门、利比亚等 4 个国家的政权，这些国家稳坐江山数十年之久的政治强人和独裁者如多米诺骨牌般接二连三地倒下。

由这次民主运动引发的叙利亚内战从 2011 年年初开始，由于美欧与俄罗斯在对待叙利亚问题上采取的立场不一致，再加上后来又夹杂着“伊斯兰国”问题，因此，总统巴沙尔·阿萨德得以在夹缝中求生存，继续维持自己的统治。2017 年 4 月，美国空袭叙利亚，对巴沙尔·阿萨德发出警告，希望能迫使其下台。

二、政治发展的基本途径

如何推动政治发展，以何种方式或手段来实现政治目标，这就是政治发展的途径问题。尽管各国因各自政治发展的基础和条件有所不同，其发展的道路也有所差异，但是在如何实现政治发展目标这一方面，都是通过变革原有政治关系的方式来进行的，而变革政治关系的主要方式有两个，即政治革命和政治改革。

（一）政治革命

1. 政治革命的含义

政治革命是以阶级为政治主体的旨在推翻另一个阶级政治统治的暴力行动，是实现政治权力迅速变革、用一种政治体系取代另一种政治体系的激烈变革，是政治体系发生的全面质变。在这一斗争过程中，社会政治关系、政治制度、统治主体、公共政策及重要的政治价值观都发生迅速的、根本的、全面的变革。

2. 政治革命对政治发展的作用

政治革命是历史前进的重要推动力，是社会由低级向高级的阶段发展的决定性手段和重要环节。政治革命的根本问题是围绕国家政权问题展开的，作为一定社会的上层建筑的核心，国家政权的更替是政治革命成败与否的重要标志之一。它不仅意味着推翻原有政治制度和政治结构，还包括建立新的政治秩序，并使之制度化。

作为政治变革的重要手段，政治革命与叛乱、起义、造反、政变以及独立战争等不同。政变、起义以及造反，就它们本身来讲，只能改变领导权或者改变政策、政治制度，但它并不能改变一个社会的结构和价值观。而独立战争主要是一个政治共同体反对外来政治共同体统治的斗争，这并不必然导致胜利一方实现社会结构等方面的变革。当然，在形式上，革命又往往与这些社会的剧烈变迁形式分不开。如中国近代以来的政治革命就与反对帝国主义的独立战争联系在一起。正因为政治革命是整个社会结构和权力关系的根本变革，所以只有在具备一定的主客观条件时，政治革命才可能产生。政治革命根源于生产力和生产关系的矛盾以及由此产生的阶级利益冲突，只有具备了客观的革命形势时，政治革命才能够爆发并取得成功。人为地“制造”革命、阻止革命终究是不可能成功的。当然，在这些客观条件具备时，还需要具备政治革命的主观条件，它包括革命阶级的觉悟程度、组织程度以及革命领导者集团的成熟程度等。

值得注意的是，政治革命是政治发展的重要途径，但政治革命本身并不等同于政治发展。认为政治革命一旦成功，腐败、贫穷、落后、愚昧就会立即随风而逝的想法是不切实际的。事实上，一场政治革命的真正完成还有赖于革命后持久而广泛的政治重建、政治更新和政治社会化。这是因为：第一，新生的政权需要一段时间加以巩固和完善，人们对其合法性的认同也不会随着革命而自然产生；第二，旨在摧毁旧的上层建筑的政治革命总会在一定程度上损及经济基础，甚至生产力，新社会不可能建立在废墟上，而必须要重建；第三，新社会的价值体系需要以新的文化形态固定下来，而这一过程是漫长的，它遵循着文化发展的规律，不以革命者的意志为转移。因此，在革命后初期，新政权要继续变革旧的政治体系，用完成革命的力量非程序性地、权威式地组织和领导社会生活。

3. 政治重建

政治重建，是指旧体系中其功能需要继续发挥和保存部分的重建，这主要是指行使社会管理职能的部分。因为历史发展具有连续性，这方面的重建是必然的。政治更新，就是按照革命承诺和宗旨，全面改造整个社会的各种关系，如政治关系、经济关系、社会关系等，并设置机构，建章立制，奠定新社会的本质基础。革命后的政治社会化，主要是观念重建，把革命的一整套价值观念灌输给整个社会，实现社会在行为和微观层次上的变革。特定国家政治革命后政治重建、政治更新和政治社会化时间的长短很难一概而论，它取决于具体的社会历史文化条件。一般来说，私有制类型的革命性更替，这一过程相对较短，从私有制到公有制的革命，这一时期肯定要长些。

（二）政治改革

1. 政治改革的含义

政治改革是在现存政治制度不发生根本质变的前提下，进行一种有计划、渐进地调整和变革政治体制的活动，是政治关系和组织形式的内部调整和自我完善。政治改革是政治发展的重要途径，尤其是现代社会，发展的过程在一定程度上也是不断进行改革的过程。对发展中国家来讲，在走向现代化的过程中，往往需要对包括经济、政治体制在内的传统体制进行全方位的改革，为现代化开辟道路。

2. 政治改革的特点

作为政治发展的一种基本方式，政治改革有它自身的基本特点：

第一，政治改革不同于改良，政治改革虽然不是改变现存基本社会制度，但也不是只对原有体制的个别方面、个别环节进行调整，而是对旧体制进行一场全面的、根本性的社会政治变革，是对传统体制的彻底更新。而政治改良只是在维护原有体制基础上进行的个别性的微调和局部体制的变化而已。因此，从这种角度来看，我国历史上的诸多变法，更多的是政治改良，如商鞅变法、王安石变法、戊戌变法等。

第二，政治改革与政治革命不同，改革是在现存政治制度基础上，在领导、政策、政治体制等领域进行的一种自上而下、采取和平的方式进行的缓慢的社会变化。它主要通过更新观念、制定并实施改革方案、协调利益关系、建立和巩固新的体制和法律制度等措施，推进政治现代化和民主化，从而实现政治发展的目的。而革命往往诉诸暴力，轰轰烈烈，摧枯拉朽，犹如急风暴雨。它是针对包括政治制度在内的价值观念、社会结构、施政方针乃至社会政治领导方面的迅速和剧烈的一种社会变化。

第三，政治改革过程是一个复杂和艰难的系统工程。无论是政治革命还是政治改良都没有政治改革所面临的问题复杂。亨廷顿认为，改革者所面临的问题要比革命者更为困难，一个成功的革命者无须是政治巨匠，一个成功的改革者则必须是一个一流的政治家。因为改革的过程中不仅要面对保守势力的反对和阻挠，还要面对过激势力将改革推向改变现政权的革命企图。所以改革者必须具备高超的政治灵活性和适应性，才能在这种两面作战中将改革引向成功。此外，对于改革者来讲，他必须具有更高的控制社会变革的能力，要熟练地驾驭各种社会力量。因为改革者的着眼点是改善现状，因而要善于平衡社会的政治、经济等各个领域中的变化。而革命则是破坏现状，革命者不是控制不同社会势力之间的平衡关系，而恰恰是利用这种不平衡，强化革命的势力，依靠广泛的社会动员和政治参与来改变社会和经济结构。

第四，改革战略的选择对于改革是否成功很重要。在政治改革的过程中，选择什么样的改革形式和顺序是改革能否成功的一个关键环节。亨廷顿提出了改革的“闪电式”战略和“费边式”[①] 战略。闪电式战略的特点是，改革者制定全面的改革计划，并且一开始就将计划和盘托出，让人知道他的全部目标所在，然后尽力全面地实施改革计划。这种战略有利于动员和凝聚改革力量，大刀阔斧地推进改革，有利于缩短新旧体制转轨所引起的阵痛和混乱。但是，由于改革的目标、内容和结局太早让既得利益集团知晓，

① 费边为罗马帝国统帅，曾五次出任罗马执政官。费边以“谋定而后动”著称，他的战术在历史上被称为“费边战术”。

改革所遇到的阻力可能较大，风险也较大，容易造成社会动荡，以致改革完全失败。费边式战略即渐进式战略，它的特点是，改革者隐瞒改革总目标，将改革内容分解为相对独立的若干项，并根据社会发展的实际情形，改革内容的难易程度和成功概率，排定改革的先后次序，分期分批加以实施。这种战略较为稳健、温和，容易被人接受，可以减轻改革带来的内心焦虑和社会动荡。如果总体目标明确，突破口选得恰当，可以在不太引人注意的情况下积小胜为大胜，达成改革的目标。但是，由于持续时间长，小改很难突破旧体制的界限，容易使支持改革的人感到失望，失去信心，甚至陷入迷惘，坐失改革良机。对于发展中国家的改革者而言，其面临的现代化压力日益强大，选择哪一种改革战略和方式都必须同本国的具体国情相结合，与不同的改革阶段相结合，宜在保持社会政治稳定的基础上进行改革，将两种策略混合使用。改革者应把问题逐个分解，一俟时机成熟，尽快把其中一个问题提出来处理，趁其对手措手不及时，把它从政治议程中移开，迅速解决问题。

资料 7.3

政治体制改革的三种模式

当代世界各国都面临改革问题，20 世纪是政治风云激荡突变的时代，资本主义发生病变，出现了殖民主义扩张和法西斯主义，殖民主义瓦解后出现了许多发展模式，社会主义阵营的分裂重组也产生了不同的改革模式。不过，在这些模式中只有三种具有典型意义：第一种是西方发达国家的“法治化”改革模式，一切改革都通过立法进行；第二种是俄罗斯的“休克式”改革模式；第三种是中国的“渐进式”改革模式。总的来说，西方的改革具有在体制内、通过法律进行、不波及社会的特点，不存在社会承受力问题，这种模式的前提就是基本制度已经成熟，民众的政治文化是理性的。俄罗斯的改革总体上没有离开其传统路径，没有创新，要全面复兴尚待时日。中国改革的模式也有一个从不成熟到成熟、从不自觉到自觉的过程，所谓“模式”的提出就意味着已经走上正轨了。

3. 中国的政治改革

党的十一届三中全会以来，中国进行了经济体制和政治体制的改革，在 30 年的时间中，逐渐形成了“渐进式”的改革模式。不过中国模式尚需克服的问题也还很多，择其要者，有三点是特别重要的：其一，改革要练“内功”，不要图轰轰烈烈，不要引导老百姓不切实际的奢望；其二，要逐步从行政化改革到法治化改革，通过法律进行改革，把改革公开化；其三，要从政策改革到制度创新的改革。政策改革是中国传统的方式，历史上的改革都是政策改革，不是制度改革，结果往往陷入困境，以致半途而废。创造一个制度可以解决很多问题，可以巩固改革成果，而一个政策只解决部分问题，而且改革很容易倒退回去。美国总统华盛顿非常重视制度，他说“开始是人创造制度，后来是制度创造人”，他给亲属的信中说“凡事按制度进行就顺利”。在中国的改革过程中，改革开放的总设计师邓小平就充分认识到了制度的重要性，他有三段经典名言：一是“制度好可以使坏人无法任意横行，制度不好可以使好人无法充分做好事”；二是“我们今天再不健全社会主义制度，人们就会说，为什么资本主义制度所能解决的一些问题，社会主义制度反而不能解决呢?”，“斯大林严重破坏社会主义法制，毛泽东同志就说过，这样的事件在英、法、美这样的西方国家不可能发生”；三是“如果不坚决改革现行制度中的弊端，过去出现过的一些严重问题就有可能重新出现”①。由此也可以看出，中国的改革进程必须走制度化的道路，从而巩固改革的成果，为进一步改革奠定良好基础。

第三节　政治发展的普遍性与特殊性

一、政治发展的普遍性

政治发展，是各国各社会在历史发展的每一时期都要面临的重要任务。作为社会发展的重要组成部分，政治发展是由社会发展推动和决定的，因而，任何社会的政治最终都将随社会的发展而发展，政治发展具有普遍性。这主要表现在以下几个方面。

（一）政治发展现象本身的普遍性

第一，政治生活是社会生活的重要组成部分，发展贯穿着任何社会政治史的始终。历史事实证明，社会经济发展是政治发展的基础，任何形式的政治都必将随着社会的发展而发展。就像发展是社会存在的根本属性一样，发展和运动也是政治存在的根本属性。从这个意义上讲，政治发展是普遍的现象。任何社会，只要它还需要政治，那么这种政治随时随地都面临着如何进一步发展的问题。

第二，政治发展首先应当是发展中国家的任务。在现代西方，“政治发展”的概念是针对发展中国家所面临的政治体系的建设、政治稳定的加强或民主政治的发展这一系列任务而提出来的。因此，西方政治学者认为，政治发展主要是发展中国家所要面临的任务，而且这种发展的理想模式的设计都应以西方政治体系为蓝本或参照系。很显然，这种政治发展观念是有限的、狭隘的。这体现在两个方面：第一，片面地把西方政治体系作为理想的目标，认为发展到这个目标，发展中国家的政治就能实现稳定、民主化和现代化；第二，认为西方发达国家不存在政治发展问题，政治发展只是发展中国家的任务。这种观点带有强烈的西方中心论色彩，否认政治发展现象的普遍性，是有很大局限

① 邓小平．邓小平文选．2版．第2卷．北京：人民出版社，1994：333.

性的。

发展中国家由于历史、社会和文化等方面的原因，面临的政治发展任务要相对重些、急迫些。但就发展本身而言，这是发达国家和发展中国家同样要面临的问题。发达国家的历史已经充分证明了这一点。发展中国家的发展历史表明，西方学者和政治家试图向发展中国家传播的政治体系及其原则，并没有在这些国家牢固确立起来，喧闹一时的“民主试验”不是中途夭折，就是名存实亡，不少发展中国家的政治体系始终处于动荡和混乱之中。

第三，西方发达国家仍然需要政治发展。政治发展是普遍的现象，是任何社会政治都要面临的问题。西方国家的政治体系虽然经过几百年的演进和发展，现已经达到相当完善和成熟的地步，但是，这并不意味着这套制度从此后就可以以不变应万变了。根据西方马克思主义学者的考察，现代资本主义国家尽管在政治稳定和人权保障上已经达到了相当高的程度，但是西方国家普遍存在的人的片面发展、黑色暴力和恐怖事件、选举腐败、金钱政治等各种政治领域的危机，也使得西方国家的政权面临着合法性危机。法国思想家福柯就揭示了西方国家对人的监控的无孔不入的特征，说明西方的政治自由也是很有限的，甚至是虚假的。德国思想家哈贝马斯指出，西方发达国家的政治系统对人们生活世界的广泛深入的渗透，使得人们的生活处于高度异化状态之中，因此西方的民主政治必须要根本重建才能摆脱危机。

（二）政治发展规律的普遍性

政治发展具有自身内在的规律，这是政治发展普遍性的重要表现。政治发展规律的普遍性表现在：

第一，经济发展决定政治发展。政治是建立在经济基础之上的上层建筑，因此经济领域的变化和发展必然决定政治上层建筑的变化和发展。首先，政治变革与发展的终极原因是经济条件的变化。不能把政治变革与发展看作孤立的东西，并在政治本身中寻找政治变革与发展的原因或动力。政治是经济的集中表现，政治生活领域的各种冲突与变化，实际上都是经济领域的冲突与变化的反映。其次，经济发展促进政治发展。从总体趋势讲，生产力是一种不断向前的力量，生产力的发展必然会对生产关系提出新的要求，这种要求往往会构成现实政治发展的动因。当社会生存的物质条件发展到迫切需要变革它的官方政治形式的时候，旧政权的整个面貌就发生变化。经济发展为政治发展所提供的基础越是雄厚，这种变革的速度也就越快，其规模也就越大。反之，在经济发展比较缓慢的条件下，要求政治快速发展也是不可能的。最后，政治发展必须与经济发展相适应。一方面，任何一种政治发展都不是完全自发的，它都需要一定的社会和经济条件的诱发和推动。当经济发展还没有需要一种新的政治形式与之相适应时，人为推动所形成的政治发展就往往是相当脆弱的，甚至是不可能的。因为这种发展所形成的新的政治形式缺乏相应的经济基础。另一方面，由于政治发展具有相对独立性，所以政治发展有可能超前于社会和经济的发展。当政治发展处于超前状态时，如果超前的政治发展没有相应的经济基础及时跟上，那么超前的政治发展也将可能因基础的薄弱而陷入危机。

第二，政治发展的根本目的是为经济发展服务。政治发展所具有的相对独立性，使政治发展具有自己相对独立的轨迹与进程，不可能与经济发展完全相对应。政治发展的这种相对独立性，为政治发展对经济发展的反作用提供了前提条件。如果政治发展完全受经济发展决定，丧失应有的独立性，那就无所谓反作用。基于对经济发展向政治体系提出的要求的准确把握，主动变革政治，推动政治发展，不仅会使政治发展适度超前于经济发展，而且也将为经济发展提供更好的政治条件。世界历史一再表明，真正的政治发展都将为经济发展提供新的可能，积极帮助新的经济发展局面的形成和巩固，并为消除阻碍经济发展的各种过时的旧经济因素和旧政治因素创造条件。政治发展对经济发展所能产生的积极作用，决定了在社会发展的每一个阶段，政治革命是经济革命的前提和先决条件。这一点，在近代西方资产阶级革命的过程中，在社会主义国家的政治革命过程中，都得到了有力的证明。政治发展应为经济发展服务，但这并不意味着政治发展要永远超前于经济发展，事实上这也是不可能的。从理论上讲，超前的政治发展要对现实经济发展有实际意义，其超前的范围总是有限度的，因而，它最终也必然会被经济发展所超越。被经济发展所超越的政治发展或者落后于经济发展的政治发展，都可能成为经济发展的阻碍。因此，真正的政治发展会与经济发展形成一种良性循环关系，在这种循环中，政治与经济相互促进，共同前进。

第三，政治发展的核心是国家政权。政治最主要和最根本的问题，是国家政权问题。真正的政治发展，不仅仅是各种政治表现形式的变化与发展，更重要的是国家政权的建设与发展。国家政权的发展是政治发展的核心。不论过去、现在还是未来，政治发展都将在以国家政权为核心的基础上展开。国家政权之所以是政治发展的核心内容，在于国家政权在整个社会、经济生活中处于举足轻重的地位。首先，国家政权问题是政治的中心问题。在阶级社会发展过程中，无论是剥削阶级占主导地位的社会，还是人民掌握政权的社会，各种政治问题的解决都是通过政权实现的。其次，国家政权在社会生活中起着支配性作用。尽管国家政权的本质是阶级统治的工具，但就它所具有的功能而言，国家政权对社会生活的各个领域都产生十分重要的作用。现代社会化大生产的复杂性，以及现代社会各种矛盾和冲突的复杂性，决定了国家在整个社会发展中成为推动社会进步、组织新的社会的重要力量。所以，政治发展应该紧紧围绕国家政权展开，着重于政权的民主化、制度化、法制化、高效化建设。掌握了政权、上升到统治阶级地位的阶级，为了巩固统治，推动社会发展，都十分重视国家政权的建立和完善，并以此为核心推动政治的全面发展。对于已经建立起来的社会主义国家来说，如何健全和完善国家政权是推动社会主义国家政治发展的关键性问题。邓小平同志认为，中国政治发展的关键在于改革和完善党与国家的领导制度。他在 1980 年的《党和国家领导制度的改革》一文中指出，政治改革所要消除的主要弊端是：官僚主义现象、权力过分集中、家长制现象、干部领导职务终身制现象和形形色色的特权现象等。改革实践证明，党和国家领导制度的改革，不仅完善了党和国家领导体制，理顺了党政关系，而且也大大推动了中国民主政治的发展。

资料 7.4

英美法三国的国家政权建设

英国资产阶级在20世纪为了适应经济和社会发展的要求，实现自身利益，先后进行了两次权力大转移。第一次是通过1911年的议会法，把权力从上院转到下院；第二次是在第二次世界大战后，随着行政对社会干预范围的扩大，权力重心又从下院转到内阁。同样，美国在其发展过程中，也根据形势的发展，多次修改宪法，以保证政权的适应性和民主性的提高。英美两国在19世纪末20世纪初所确立的文官制度，也正是它们健全资本主义国家政权、推动政治发展的一个重要成果。法国戴高乐总统在创立第五共和国后，通过对法国政权机构的大胆改革，赋予总统以相当高的集权地位，结束了法国大革命以来长期陷入混乱的政治困境，把法国政治发展推到了一个新高度，从此，法国的经济发展才走上了正轨。

第四，阶级斗争推动政治发展。如果说经济发展主要是遵循经济生活自身的规律的话，那么，政治发展就直接与社会阶级的各种权力斗争密不可分。因为，政治发展直接改变了人们的权力关系，直接威胁到一部分既得利益者的利益，而这些人是不可能自动退出历史舞台的。政治发展总是在社会和政治领域伴随着权力斗争，甚至是流血的武装冲突；革命是暴力夺取政权的行为，改革也总是在各种权力斗争和冲突中展开的。十七八世纪部分法国史学家和部分英国史学家，如基佐、梯叶里、米涅等人，就发现近代欧洲历史的动力是新兴资产阶级为争取社会和政治的统治同封建贵族所作的斗争。政治领域内的各种斗争，实际上不过是阶级斗争的表现。这正如马克思指出的：国家内部的一切斗争——民主政体、贵族政体和君主政体相互之间的斗争，争取选举权的斗争等，不过是一些虚幻的形式，在这些形式下进行着各个不同阶级间真正的斗争。由此顺延，人们不难得出这样的结论：在以阶级划分为基础的社会中，任何形式的政治发展都是在阶级斗争中进行，都是阶级斗争的结果。在这种社会中，阶级斗争的水平和规模，直接决定着政治发展的速度和所能达到的水平。在当今晚期资本主义社会以及社会主义社会中，无论是资本主义，还是社会主义，都选择了市场经济，而市场经济就必然发生利益分化和利益斗争。正是这种利益的不断分化和重新组合，不断地推动着政治的变化。对于政治发展本身来说，这种发展不论表现为对现实政治的改革和推动，还是表现为对现实政治和制度的革命性的彻底改造，往往都伴随着一定形式和规模的阶级或阶层斗争。

（三）政治发展趋向的普遍性

一方面，政治发展趋向的普遍性首先表现在，在整个人类历史发展上，政治发展是朝着更高级的形态演进的。社会历史发展的规律性，决定了社会历史发展的必然趋向。根据历史唯物主义基本观点，社会是一个活的发展着的有机体，人们的社会生产关系是随着物质生产资料的生产实践、生产力的变化和发展而变化和改变的。人与自然的关系决定人与社会的关系。随着人们征服自然能力的增加，生产力的发展，人们的社会关系也必然发生变化。因此，高一级的社会经济形态取代低一级的社会经济形态是历史发展的必然。这就决定任何社会的政治形态，在其发展过程中，总体发展趋势必然是朝着与更高经济形态相适应的政治形态发展。

马克思主义认为，资本主义生产关系是社会生产过程的最后一个对抗形式。但是，在资本主义社会的胚胎里发展的生产力，同时又创造着解决这种对抗的物质条件。从整个人类历史发展来看，资本主义社会被更高形态的社会形式所代替是历史的必然。这个更高的社会形态就是共产主义。共产主义将彻底结束这种对抗形式，促使国家消亡，建立自由人的联合体。各社会的政治发展最终也必将趋向这一理想。虽然在现阶段，社会主义的实践遭遇到了重大挫折，但是不能说比资本主义更高的社会形态不存在，也不能说不存在人类共同的理想目标。

另一方面，政治发展趋向的普遍性不仅表现在整个人类历史发展上，而且表现在历史发展过程的各个时代上。也就是说，处于同一历史时期的各国政治发展的趋向是相对一致的。这是因为，决定处于同一时代国家的政治发展的经济规律是一样的。每一历史时代的政治发展都会在世界上形成某种总趋势、总潮流，这种总趋势、总潮流就是由该时代的基本经济运动决定的。英国资产阶级革命在欧洲引起巨大的反响，各国相继发生了资产阶级革命，其中以法国大革命为高潮，形成了近代资产阶级革命的总趋势、总潮流。同样，由俄国“十月革命”开始的世界无产阶级革命，中间经过中国革命胜利这一伟大的成就，形成了现代无产阶级革命的总趋势、总潮流。美国政治学家亨廷顿在其《第三波》中也描述了世界民主化的三次浪潮。应该看到，随着世界各国交往日益频繁，各国社会日益趋向一体化，每一时代经济运动所决定的该时代的政治发展的总潮流、总趋势，将越来越具有影响力，从而能把更多的国家引入这相对统一的发展趋向。

二、政治发展的特殊性

从辩证法的一般规律而言，共性存在于个性之中，共性通过个性来实现自己的存在和发展。政治发展的普遍性是通过政治发展的特殊性实现的，没有政治发展的特殊性就没有政治发展的普遍性。列宁曾经指出：“多样性不但不会破坏在主要的、根本的、本质的问题上的统一，反而会保证这种统一”①。从理论和实践来说，发展越是具有多样性，越是能达到发展本身所设定的目标。政治发展的特殊性主要体现在四个方面：

① 列宁．列宁选集．3版．第3卷．北京：人民出版社，1995：382.

（一）政治发展模式的特殊性

第一，政治发展模式的特殊性体现在空间上的多样性，即在不同国家，由于各国社会、历史和文化的差异，政治发展的具体道路和方式也不相同。英、法、美三国虽然最终都走到了资本主义社会，但在这过程中，三国资产阶级在革命中所走的道路和所采取的方式却不尽相同，革命胜利后所确立起来的政权形式也不完全相同，各自都代表了一种模式。

第二，政治发展模式的特殊性还体现在政治发展途径的多样性。政治发展是一项复杂的工程，是全面性的发展。在这过程的开始，发展是局部的，多从政治领域的某一方面开始。在不同的国家，由于社会、历史和文化等因素的差异，政治发展起初的领域是不一样的。有的从政治文化开始，有的从政治制度变革开始，有的从社会改造开始。不同的发展起点，就形成了不同的发展过程。法国资产阶级是从意识形态开始的，启蒙运动为法国的政治斗争打开了道路，因此，18 世纪的法国是以哲学革命作为政治革命先导的。而英国的革命则是从经济运动所引发的阶级冲突与新阶级出现开始的。

第三，政治发展模式的特殊性对于中国的改革事业有着重要的启示意义。现实政治发展道路和模式的多样性，就从根本上要求人们在推动社会主义建设和发展过程中，必须把马克思主义的基本原理与本国的实际很好地结合起来，走适合本国国情的道路。只有这样，各国的社会主义建设才能达到预期的目标。邓小平指出："我们的现代化建设，必须从中国的实际出发。无论是革命还是建设，都要注意学习和借鉴外国经验。但是，照抄照搬别国经验、别国模式，从来不能得到成功。这方面我们有过不少教训。把马克思主义的普遍真理同我国的具体实际结合起来，走自己的道路，建设有中国特色的社会主义，这就是我们总结长期历史经验得出的基本结论。"①

（二）政治发展过程的特殊性

政治发展过程的特殊性指的是，在不同的历史时期，政治发展的任务和目标是不同的。其原因在于不同历史时期政治发展所依据的经济生活规律是不同的。比如，自由资本主义时期和垄断资本主义时期的政治发展，就有很大不同。自由竞争要求民主制，与之相适应的是强调议会民主；垄断则要求集中，与之相适应的是行政集权民主的发展。自由竞争资本主义时期，政治发展的主要内容是为社会提供稳定的秩序和法制；垄断资本主义时期，政治发展的内容更强调人权和公民福利。各个不同历史时期政治发展的内容具有特殊性，各个国家在不同的历史时期的政治发展也具有特殊性。比如，中国在 1949 年以前，政治发展的根本内容是革命成功。革命成功后，政治发展的主要内容是保障和巩固国家政权以及为经济发展开辟道路。在经济发展达到相当程度时，随着利益的分化和重组，政治发展的内容又主要是社会的公平分配以及通过国家干预再分配建立

① 邓小平．邓小平文选．1 版．第 3 卷．北京：人民出版社，1993：2－3.

一个和谐的社会。为此，我们就必须根据政治发展历史时期的不同，确立不同的政治发展目标和任务，以此推动整个社会的发展。

（三）影响政治发展因素的特殊性

影响政治发展因素的特殊性主要指的是偶然性因素在政治发展过程中的作用。这表明：

第一，偶然性因素导致不同国家不同时期的政治发展存在差异。必然性表明的是事物发展的普遍性和共性，偶然性表明的是事物发展的个性和特殊性。政治发展除了具有其必然的普遍的一面外，还有其偶然性的一面。偶然性作为必然性的补充和表现形式，是政治发展所不可缺少的。虽然偶然性并不是政治发展的决定性因素，但是它对政治发展还是具有很大的影响作用的。正是偶然性的作用，才使得政治发展具有各种各样的可能性，才使得人的主观能动性在政治发展过程中可以切实发挥作用。从政治发展的历史事实来看，当政治发展正处于量的积累阶段，发展还没形成强大的趋势，或其必然性的实现还缺乏相应物质条件时，偶然因素对政治发展的影响作用就比较大。当然，偶然因素驾驭整个发展局面的情况只是暂时的，它最终一定会被发展本身所蕴含的必然性所突破。随着必然性的增加，偶然性作用所具有的意义也就自然降低。

第二，偶然性对社会政治发展的作用是双重的：一是加速作用；二是延缓作用。偶然性对于政治发展的加速作用，对于处于某一时期的政治发展是十分关键的。在世界历史上，许多社会革命和政治革命都是由一些偶然性因素推动出现的。比如，粮食短缺成了法国革命中巴黎人民攻取巴士底狱的主要驱动力；1845 年和 1846 年的马铃薯病虫害和歉收对 1848 年欧洲革命运动的普遍爆发产生了推动作用，等等。事实证明，革命领导者个人的素质作为一种偶然因素，对政治发展所起的加速或推动作用，有时是相当关键的。如马克思的出现对于现代世界无产阶级革命运动的意义，毛泽东对于中国革命的意义，邓小平对于中国改革的意义等。当然，在历史上出现的个人，作为某种偶然因素，也可能会对历史的发展起消极的延缓作用，甚至会使政治发展在一个国家的一段时期停顿下来，使整个社会走上曲折的过程，拉长发展目标实现的时间。

第三，是否能够正确把握偶然性因素，体现了政治发展能力的差异。在政治发展过程中，偶然因素很多，它们的出现是难以预测的。但是，正确掌握、估计和应对各种已出现的偶然性因素所产生的作用和影响，是推动政治发展的关键环节之一。这首先应从各种偶然性中探讨其所反映的某种普遍性和必然性，从而准确地判断政治发展所处的时机、条件和面临的问题。这样不仅能保证政治发展不会错过新遇到的时机，而且也能使政治发展中将会出现的问题在刚刚出现的时候就能得到及时解决，从而全面保证政治发展的顺利进行。其次，应积极利用偶然性因素所产生的推动作用，加速政治发展内在必然性的实现；同时，对于那些具有消极作用的偶然因素，应根据影响的大小，在努力消除其影响的同时，积极采取相应的补救措施，最大可能地推动政治发展。

（四）政治发展程度的特殊性

政治发展程度的特殊性，指的是政治发展的程度会因具体国家的特定历史发展阶段的不同而产生差异。政治发展应该与社会历史进程相适应，这表明：

第一，政治发展具有普遍性与长期性，但是这并不意味着人类历史发展一开始就出现了政治发展问题，更不意味着政治发展越快越好。实际上，“发展”观念本身是近代社会才有的，它意味着人类历史运动必然有一个不断“进步”的过程，而且这种“进步”往往是无止境的，或者通向一个从未在人类实践过程中变为现实的未来的既定目标。在人类历史发展的漫长过程中，在很多古代文明中出现过“历史循环论”或“政治循环论”的观点，即认为人类的历史、政治发展在达到一个发展顶点后，其后的阶段不过是在重复着过往的经历，不断地在衰败—发展—再衰败—再发展的封闭回路中，回到历史记忆中那最光辉的顶点，或向这个顶点靠近。对于这样的循环论来说，在顶点形成后的历史演变过程中，人们根本就不会提出政治发展问题，因为人们在设定政治运动的目的时不是向前看的，而是向后看的，政治的运动实际就是“政治回归”甚或“政治倒退”。只有在近代社会，随着工业革命的产生，整个社会生产力产生了巨大发展，人们才形成了“发展”“进步”等观念。与发展观念密切联系的是人类主观能动性的觉醒，当人们意识到可以通过自己的行为来改变整个世界的时候，政治发展的念头才会在人们头脑中出现。根据西方学者的考察，西方人具有政治发展观念，认为可以通过有意识的人类活动以改变政治秩序的观念，直到法国大革命前后才出现。而传统中国长期处于专制政治之下，人们所能想到的至多只能是王朝的循环，而不是制度的改进。在遭遇西方列强的毁灭性打击之前，中国传统的知识分子几千年来甚至根本就没有设想过不同于专制政治的另一种政治。因此，人类历史上有政治发展，也有政治不发展。

第二，政治发展是由社会生活的各方面因素和各种力量的交互作用的影响决定的，其中以经济物质条件为决定性力量。当现有的政治形式还能容纳经济发展时，政治所面临的发展任务就没有那么急迫，此时，政治的发展就显得比较平稳和缓慢；另外，当现实社会陷入严重危机，无法为政治发展提供必要的条件时，政治就处于不发展状态。

特别值得注意的是，政治发展本身有一个合理的度的问题。政治发展适应社会发展，不仅意味着政治发展应是积极主动的发展，而且意味着政治发展是一种有控的发展。这就是说，合理有效的政治发展，除发展本身的性质与趋向和社会发展的总趋势之外，还有一个合理的发展过程和规模的问题。合理的发展过程和规模，既取决于现实社会的经济生活条件，也取决于人们在推动政治发展时对这一条件的认识和把握。合理的政治发展过程，是政治发展实现最终目标的关键；而过程的划分和每一过程所应达到的发展水平的确定，则应完全基于该社会的特殊国情。

第三，政治发展程度的特殊性还意味着，政治发展对社会发展的适应是全方位的，它不仅要适应变动中的社会经济生活，而且要适应构成整个社会发展背景的社会历史、文化传统、民族精神和社会心理。如果该社会经济发展决定政治发展的性质、任务、动力和过程，那么，这些背景因素就影响政治发展的具体方式、途径和价值原则的选择和设定。当然，适应是为了更好地发展，而且这种适应是创造性的适应。事实证明，完全不顾历史性和民族性所处的发展阶段的政治发展，最终都将因这种发展无法被社会所完全接受和无法与一定的社会精神相吻合，而陷入危机和破产。因此，政治发展程度的特殊性是一个非常重要的问题，处理好这一问题需要我们对政治的本质特征有深刻的把握，不能抽象地就政治发展谈政治发展，而必须把政治发展与整个社会的发展联系起来，合理把握政治发展的度。同时，要区别政治发展与政治的本质特征。政治发展是为了实现政治的本质特征，是一种形式的发展。政治的本质特征是通过有效地平衡各种社会力量，巩固政权，这一点是在政治发展的全过程中必须予以保证的。

第四节　中国的政治发展

一、中国政治发展的基本历史过程

如果我们放宽历史的视界，用政治发展的眼光来看中国近代史，就会发现，自从1840年西方国家用殖民侵略方式使得中国社会遭遇近代危机以来，政治发展的命题就已悄然浮现。这也就是说，中国的政治发展问题是从晚清开始的。1840年以后，晚清政府就一直处于政治衰朽不断加深的过程中，内忧外患，风雨飘摇，苦苦支撑。虽然其间也有开风气之先的近代士人和统治者为求自强进行改革，如1898年短促的戊戌变法，以及1905年开始的更大规模和力度的宪政改革运动，但要么因为改革战略不当，要么因为旧制度积重难返，它们终究未能避免革命的爆发，政治发展的旧路径也随之中断。

孙中山领导的以建立民主共和国为目标的辛亥革命，是对传统的臣民关系式的政治文化的第一次大的涤荡，在革命中初步传播了以公民权利为核心的现代政治文化。孙中山设计的五权宪法政治制度，既吸取英美关于权力制衡与整合思想之精华，又立足中国实际，本来可以促使中国政治发展之路重新获得一个新的更高起点，但由于各类军阀的阻挠，造成中国资产阶级革命派政治权力的丧失、政治意图的失败和政治地位的衰落，中国的政治格局也陷入军阀割据的分裂状态。此后的国民党政府虽然在形式上统一了中国，并且遵照孙中山的政治发展阶段理论，开始尝试“军政”“训政”“宪政”的发展道路，但大都名不副实，且由于长期内战、抗日战争和各种帝国主义势力的觊觎，中国始终没有产生一个具有稳定合法性并且有能力进行政治发展的政府。这种情形一直持续到1949年中华人民共和国成立。

中华人民共和国成立以后，适合中国国情的人民代表大会制度、共产党领导的多党合作和政治协商制度以及民族区域自治制度等构成了社会主义政治制度的基本框架，政治合法性问题已经解决，政治秩序得以确立，政治发展的初步目标已经实现，这就为进一步的政治发展创造了条件。但是，国际形势变化和国内经济建设的繁重任务，意识形态上的偏见，以及“文化大革命”造成的严重后果，使得中国的进一步政治发展被一次又一次地向后推延。

1978年党的十一届三中全会以后，与改革开放、社会主义经济体制改革相适应，中国政治发展的步伐开始加快，在20世纪80年代中期开始了以“党政分开”为核心的政治体制改革。邓小平在1986年指出：“我们提出改革时，就包括政治体制改革。现在经济体制改革每前进一步，都深深感到政治体制改革的必要性。”[①] 1992年，邓小平的南方谈话激发了中国进行经济体制改革的活力，其后，党的十四大明确指出要建立社会主义市场经济体制，市场经济体制的逐步建立和完善为进行政治体制改革创造了条件。1997年党的十五大适时提出了“依法治国”方略，以改善党的执政方式和执政能力。2000年江泽民提出了“三个代表”重要思想，强调党必须始终代表中国先进生产力的发展要求，代表中国先进文化的前进方向，代表中国最广大人民的根本利益。这样，党的先进性和广泛的代表性，就成为党的执政合法性的最大来源。2001年党中央确立了“以德治国”与“依法治国”相结合的治国方略。党的十六大提出了“发展社会主义民主政治、建设社会主义政治文明”的重要目标。党的十六大之后，以胡锦涛同志为总书记的党中央，带领党和人民，成功在新的历史起点上坚持和发展了中国特色社会主义，形成了科学发展观。“以党内民主促进人民民主”的政治发展道路，坚持以人为本、构建社会主义和谐社会的重要思想，以及推进党的执政能力建设和先进性建设等重大举措，对于中国政治发展有着直接的促进作用。

包括邓小平理论、“三个代表”重要思想和科学发展观在内的中国特色社会主义理论体系，成为新时期我们党领导全国人民进行社会主义现代化建设的重要思想基础。这些思想充分体现了政治发展在整个社会发展和经济发展中的重要作用，为中国的政治发展指明了方向，并初步形成了中国政治发展的四条基本途径，即从扩大农村村民自治和城市社区自治为基础的基层民主入手推进我国的民主化进程；从建构市民社会入手，通过产权制度的创新以及社会自治系统的完善，推进中国的民主化进程；从完善法治保障宪政入手建立中国的民主政治；以党内民主的发展促进人民民主等。

党的十八大以来，以习近平同志为核心的党中央毫不动摇坚持和发展中国特色社会主义，勇于实践、善于创新，深化对共产党执政规律、社会主义建设规律、人类社会发展规律的认识，形成一系列治国理政新理念新思想新战略，为在新的历史条件下深化改革开放、加快推进社会主义现代化提供了科学理论指导和行动指南。习近平总书记提出并深刻阐述了民族复兴中国梦这一重要战略思想，进一步揭示了中华民族的历史命运和当代中国的发展走向，也为中国政治发展指明了前进的方向。就推进中国特色社会主义

① 邓小平．邓小平文选．1版．第3卷．北京：人民出版社，1993：176.

事业，党的十八大作出了经济建设、政治建设、文化建设、社会建设、生态文明建设“五位一体”的总体布局。此后，以习近平同志为核心的党中央，立足“全面建成小康社会”的历史使命，于党的十八届三中全会部署“全面深化改革”，于党的十八届四中全会要求“全面依法治国”，在党的群众路线教育实践活动总结大会上宣告“全面从严治党”，最终在党的十八届五中全会上明确提出，以协调推进“四个全面”实现“五位一体”的总体布局。“四个全面”战略布局，确立了新形势下党和国家各项工作的顶层设计，也指明了中国政治发展的总体格局与战略方向。党的十八大报告提出了必须坚持中国特色社会主义的“道路自信、理论自信和制度自信”。在2016年庆祝中国共产党成立95周年大会上，习近平总书记将“三个自信”创造性地拓展为“四个自信”，明确提出，应坚持中国特色社会主义“道路自信、理论自信、制度自信和文化自信”，并强调指出“文化自信，是更基础、更广泛、更深厚的自信”。习近平总书记关于“四个自信”的重要论述，凸显了中国特色社会主义的文化根基和文化理想，对于中国在政治文化上明确目标、树立自信，具有重大现实意义。党的十八届六中全会研究全面从严治党重大问题，审议通过了《关于新形势下党内政治生活的若干准则》和《中国共产党党内监督条例》。以习近平同志为核心的党中央加强全面从严治党，制定和完善了一系列法规制度，推出了一系列重大举措，净化了党内政治生态，赢得了党心民心，为开创党和国家事业新局面提供了重要保证。党的领导是中国特色社会主义的本质特征和最大优势。执政党的理论创新和自我完善，构成了中国政治发展的重要内容，又为推动中国政治发展提供了重要的思想和组织保障。

二、中国政治发展的基本特点

制约中国社会主义政治发展的因素是复杂多样的，大体上可以分成几个方面：一是传统政治文化的制约；二是西方政治文化的影响；三是现实政治斗争和利益格局的制约。在这些因素的影响和制约下，中国社会主义政治发展不能不具有自身的许多特点。

第一，在政治发展的指导思想和价值取向方面，我国社会主义政治发展是在马克思主义、毛泽东思想和中国特色社会主义理论体系指导下进行和展开的。这一指导思想，是中国社会主义政治发展的灵魂和指针，其所要求的代表人类先进文化、社会生产力发展要求和全体人民的根本利益，是中国政治发展的最大价值取向和根本方向。

第二，在政治发展的社会路径方面，我国的政治发展是以经济体制改革为先导，并在改革的历史进程中与经济体制改革互动进行的。经济是政治的基础，经济发展水平决定了政治发展的进度和程度。我国的政治发展更是在生产力比较落后的情况下进行的，不解决人民生活水平提高的问题，必然会给政治体制改革带来很大的隐患。当然，在经济体制改革取得进展后，政治体制改革也必须跟上，经济发展为政治发展奠定了基础，相应地，政治发展又可以推动经济进一步发展。中国的改革进程充分注意到了两者之间的良性互动关系，因而在推行经济体制改革的同时，也及时把政治体制改革提上了议事日程，并在经济体制改革的不同阶段都推行了适应经济发展的政治体制改革，这在行政体制的改革上可以得到很好的体现。

目前，我们要慎重地看待政治发展与经济发展的关系问题，具体而言，就是要正确对待所谓政治发展“滞后”于经济发展的观点。这种“滞后”观实际上暗含着这样一种倾向，即希望政治发展能超前于经济发展。这在发展之初已有相当的争论。这实际上是一种政治浪漫主义的主张，在实践中是很难做到的。从中国的改革实践看，经济体制改革和政治体制改革存在一定的互动关系。通常是经济发展驱动政治改革，但经济改革如没有政治改革，那就推不动、推不开。所以我们说是“伴随”的关系。但是若从改革的结果看，政治体制改革确实有“滞后”的一面。其表现如：农村迫切需要重建和加强基层政权组织，市场经济的发展使得城市需要加强现代化管理体制，规范政府行为。事实上，存在这类政治发展相对“滞后”的现象，正是由改革以经济体制改革为先导，以及改革的渐进性决定的。公正地讲，改革后由经济发展推动的政治发展，无论从政治发展的哪个指标来衡量，我们都取得了很大的进步。

资料 7.5

中国政治发展的经济路径

发展中国家有其特殊的国情，应该有自己的发展道路，找到自己的政治发展模式。20 世纪的世界政治史已经证实了这一点。对中国来说，我们正处于社会总体转型的大变革时代，必须把经济改革的建设作为最大的政治来抓，政治发展应该有“经济政治学”的内容。

要看到，经济改革同时也是政治改革。经济体制改革虽然是经济领域的变革，但它的起因是重建政府与人民的关系的需要，动力则是政府政策推动和推广。比方说，在农村实行的家庭联产承包责任制，是农民自发创造而由政府认可和推广的。它改变了原来人民公社时期的政治结构，改变了国家与农民的旧有关系。这就需要重建乡村基层政权。城市经济体制改革的一个重要内容是政企分开，政府的职能、机构改革在这一过程中同时进行着不断的探索、调整，虽然我们至今未能解决这个问题，但对政治发展无疑是一个重要的经验。经济改革在不断调整权力的横向分配，如政府与企业、政府与社会等，也在不断变革权力的纵向分配，现实的中央与地方关系的变革都是由经济改革推动的结果。

我国的政治发展是经济驱动型的政治发展，改革是从体制外改革到体制内改革渐进式推进的。这种改革战略被实践证明卓有成效。如果我们当初先大刀阔斧地搞政治改革，以此来推进经济发展，就有可能增加改革的难度，造成社会更大的震荡。这是改革的时序问题，也符合中国的实际以及政治、经济发展的客观规律。

第三，在政治发展的自身途径方面，我国的政治发展是以政府管理效率为主导，通过政府管理的效率化，进而逐步完善社会主义民主的过程。社会主义政治文明包含安全、秩序、效率、公平、正义、公正、民主等诸多价值，这些价值之间是相互联系在一起的，共同构成了政治发展的价值追求，然而，诸多价值又不可能同时予以实现，因而存在相互排斥的一面，这就决定了社会主义政治发展必须在诸多价值间作出选择，按照合理的顺序，逐步予以实现。在中国社会发展和改革的总战略上，作为改革开放总设计师的邓小平确定了效率优先、兼顾公平的原则。这一价值选择原则并不仅体现在经济改革层面，而且同样体现在中国政治发展和改革的层面上。经济体制改革的进展，特别是市场经济体制的建立和完善，必然要求中国政府首先是一个高效能的政府，这就是改革为什么必须“效率优先”的基本原因。只有在政府的高效管理下，实现了经济发展的目标，提高了人民的生活水平，我们才能进一步去实现社会主义政治文明的其他价值追求，而社会主义民主政治建设同样是要逐步推行的。

第四，在政治发展的内容方面，我国的政治发展是一种结构性的整体转型过程。这主要体现为社会关系、利益格局、政府管理和政治文化的整体转变。在社会关系方面，要破除传统的以血缘、朋友、籍贯等为基础形成的裙带关系；在社会主义市场经济体制的基础上，建设良好的市场主体的契约关系；在发展社会主义民主政治的基础上，建设良好的公民平等参政关系；在加强党的建设的基础上，建设良好的服从于为人民服务这一宗旨的干群关系、党群关系。在利益格局方面，要加强利益格局的调整，要在经济持续快速稳定增长的基础上，实现地区间、城乡间的协调发展，让全体人民都分享到改革开放的成果。在政府管理上，要立足依法行政，转变政府职能，实现精兵简政，建设一个高效能的政府。在政治文化上，要破除封建文化和西方腐朽文化的影响，在马列主义、毛泽东思想和中国特色社会主义理论体系的指导下，加强社会主义精神文明和政治文明建设，加强思想道德建设和教育科学文化建设。

第五，在政治发展的形式方面，我国的政治发展具有在中国共产党领导下，在坚持社会主义根本政治制度的前提下，有秩序、有步骤地进行的特点。这也就是我们常说的中国的改革是自上而下的渐进式改革。中国的政治发展是在历史条件比较恶劣、生产力比较落后的情况下进行的，这决定了它需要一个强有力的政治领导力量，而中国共产党恰好担负了领导进行社会主义建设的重任，中国共产党的领导地位是历史上形成的，是为人民所普遍认可的。中国的历史发展也证明，社会主义道路是中国人民的必然选择，因而在政治发展上，我们必须坚持社会主义根本政治制度。同时，正如前一特点所述，社会主义改革涉及社会方方面面的整体转型，因而具有极大的复杂性，这决定了改革必须在保证政治秩序的前提下，有步骤、分阶段地稳步推进。

第六，我国的政治发展是在对外开放、世界经济出现一体化趋势的外部环境下进行的，因而必然深受世界格局变化的影响。经济的对外开放，必然进一步引发资本主义政治文化和社会主义政治文化的交锋。在经济全球化的影响下，国际组织、跨国公司等国际政治行为主体，以及区域一体化的世界经济政治发展趋势，都对各国的主权形成了挑战，这种挑战进而影响到一国的政治体制和政府管理方式等的自主选择。西方国家始终竭力向全球推销自身的政治、经济、文化模式，力图抹杀社会主义发展模式的合理性，这对中国坚持走独立自主的社会主义建设道路形成了挑战。以美国为代表的西方大国奉行强权政治和单边主义的对外政策，这也为中国的和平崛起埋下了各种隐患。我们必须在坚持对外开放的同时，进一步完善社会主义市场经济体制，深化政治体制改革，发展社会主义民主政治，为迎接上述挑战和争取最后胜利奠定良好的基础。[①]

三、中国政治发展的基本任务

中国政治发展的根本目标是建立社会主义民主政治，为了实现这一根本目标，在不同历史时期有不同的基本任务。我们必须适应经济发展和政治改革的进程，找到有效的突破口，有所侧重，有所作为。具体而言，在相当长一段历史时期内，中国政治发展的基本任务主要包括改革和完善党的领导方式和执政方式、坚持和完善社会主义民主制度、贯彻依法治国的方略、坚决遏制和反对政治腐败四个方面。

（一）改革和完善党的领导方式和执政方式

改革和完善党的领导方式和执政方式，发展党内民主，提升党的执政能力，对于中国政治发展具有全局性意义。改革和完善党的领导方式和执政方式是党自身情况变化的必然要求。中华人民共和国成立几十年后，党已经从领导人民为夺取全国政权而奋斗的党，成为领导人民掌握全国政权并长期执政的党；已经从受到外部封锁和实行计划经济条件下领导国家建设的党，成为对外开放和发展社会主义市场经济下领导国家建设的党。党的十三大就已经把党政分开列为政治体制改革的关键内容之一，并且提出了发展党内民主推进人民民主的具体设想。党的十六大报告进一步提出了完善党的领导的总体构想，即党的领导主要是政治、思想和组织领导，通过制定大政方针，提出立法建议，推荐重要干部，进行思想宣传，发挥党组织和党员的作用，坚持依法执政，实施党对国家和社会的领导。因而，我们必须按照依法执政的要求改革和完善党的领导方式和执政方式，完善党内民主，从制度和法律方面完善几个环节。这些环节包括党依法进入国家政权组织，掌握和控制国家权力；坚持按照法定程序提出立法建议，从制度上保证党的路线和主张上升为具有普遍约束力的法律；改革党的领导体制，保证国家机关依法行使职权；充分保障党员的民主权利，完善党内制度建设，发展和完善党内民主等。

（二）坚持和完善社会主义民主制度

我国社会主义民主制度的核心是人民代表大会制度和党领导下的多党合作制度，由

---

① 王浦劬．把握中国政治发展特色，建设世界一流政治学科．“北京大学政治学与行政管理学丛书（2000年）”总序．

于传统文化和历史发展等原因，这一制度还很不完善，其主要表现就是在具体可操作的制度设计上尚有待于进一步完善。其实，民主不仅是一种先进的人文价值和政治理想，也是一种实际的操作程序和技术，只有研究和设计出一整套实现社会主义民主的制度安排和组织程序，才能让广大公民切身感受到自己当家做主的权利。在中国的基层民主实践发展到一定阶段之后，应该适时地推进更高程度、更大范围的民主试验。以村民自治和居民自治为代表的基层民主实践，是中国民主建设的一个稳妥的切入点，有利于推进民主政治的进程。基层民主的成功推行，为我们探讨由社会民主走向政治民主的途径增添了信心。通过制度建设扩大公民在国家层面的政治参与是中国政治发展和民主建设的重要内容。政治参与有两个重要方面，即参与公共决策和监督公共权力。因而，要完善深入了解民情、充分了解民意、广泛集中民智、切实珍惜民力的决策机制，推进决策的科学化和民主化。同时，党和政府还要自觉接受人民群众的监督，建立结构合理、配置科学、程序严密、制约有效的权力运行机制，从决策和执行等环节加强对权力的监督，保证把人民赋予的权力真正用来为人民谋利益。

（三）贯彻依法治国的方略

贯彻依法治国方略是一项系统工程，涉及方方面面，工作非常艰巨和复杂，目前最为重要的是做好以下工作：第一，要立足社会主义市场经济发展、社会全面进步和全球化发展的新形势，加强立法工作，提高立法质量，不仅做到有法可依，还要保证所依之法为良法。只有这样，依法治国才具备了实施的基本前提。第二，依法治国还必须有全新的法律观念来支撑，要求从政府到普通公民都自觉维护法制的统一和尊严，彻底抛弃以往“人大于法”“言大于法”“文件大于法”“政策大于法”等种种有悖于法治观念的错误认识。第三，进行司法体制改革。社会主义司法制度是保障社会公平和正义的重要机制，司法体制改革是实现依法治国的重要环节。目前司法机关的机构设置、职权划分和管理制度还不完善，必须从制度上进一步健全权责明确、互相配合、有效监督、高效运行的审判体制。主要包括：深入研究法院体制和审判组织改革，保证法院依法独立公正审判；完善诉讼程序制度，保障当事人权利；改革执行管理体制和执行权运行机制，解决执行难问题；改革审判工作和管理机制，提高审判效率；加快法官职业化建设，提高法官素质；强化监督机制，防止司法腐败等。

（四）坚决遏制和反对政治腐败

严重的政治腐败是发展中国家普遍面临的问题，是发展中国家“政治欠发展”的重要表现之一。我国在经济发展、政治发展过程中，也出现了某些很严重的政治腐败现象，甚至出现了腐败一度蔓延，严重损害了党和政府的权威和形象。可以说，不坚决遏制和反对政治腐败，中国政治发展就不可能取得真正进步。政治腐败降低了人民对党和政府的信任，破坏了党群关系、干群关系，增加了改革的困难和成本，阻碍了市场经济体系的顺利建立，扭曲了合理的利益分配关系，导致社会不公，影响了社会稳定，增加了政治发展过程中的阻力。如果不能有效地遏制政治腐败现象，则政治、经济发展所带来的繁荣、稳定往往是短暂的，严重的政治腐败造成的政治不稳定很可能使中国的改革受阻，甚至中断现代化的进程。中国的反腐败是一场全面的、持久的斗争，一方面要健全市场体系，完善市场机制，明确公共权力与社会的关系，减少公共权力对社会的干预，大力建设精神文明，提高国家工作人员自身的道德文化素质。另一方面，要完善现代公务员制度，建立科学高效的现代行政体制，加强廉政制度建设，发挥人民群众、社会团体、舆论媒体以及国家机关内部对国家机关及其工作人员的监督、制约作用，坚持长期的反腐败斗争和反腐败教育。当然，只有在不断提高生产力水平和不断加强社会主义民主法制的基础上才能真正把政治腐败控制在一定范围内。

本章小结

政治发展概念是西方学者于20世纪50年代提出的。政治发展的基本目标是政治现代化、政治制度化和政治高效化。西方政治学把政治现代化作为政治发展的目标，把政治稳定看成是政治发展的核心内容。

政治发展类型分为西方国家为代表的早发内生型和发展中国家的后发外生型两种。政治发展的途径有两种：政治革命和政治改革。政治革命是政治发展的重要途径，政治改革的是发展中国家走向现代化的必由之路。

政治发展的现象、规律、趋向具有普遍性。而具体国家具体时代的政治发展在其模式、过程、程度和影响因素等方面又具有特殊性。因此，在诸多因素的影响和制约下，中国社会主义政治发展也具有自身的任务与特点。

思考题

1. 政治发展的基本目标是什么？
2. 在后发外生型政治发展过程中存在哪些不利因素？
3. 政治改革有哪些基本特点？
4. 政治发展的特殊性主要体现在哪些方面？
5. 当前中国政治发展的基本任务是什么？

第八章　国际政治

引　例

冷战结束之后，国际关系发生了重大调整，“9·11”事件之后，这一调整又得到进一步加深，尤其是大国关系的调整，成为当今国际关系中最引人注目的现象之一。“9·11”事件后，国际恐怖主义威胁凸显，使反恐上升为大国关系的新的利益交汇点。近年来，“伊斯兰国”逐渐取代“基地”组织，成为更大的恐怖主义威胁。“反恐”对大国关系的影响，不仅体现在打击阿富汗塔利班、“基地”组织和“伊斯兰国”的合作上。事实上，在阿富汗塔利班被摧毁之后，国际反恐已经从具体行为抽象为共同接受的意识形态概念。为预防国际恐怖主义的升级，防止大规模杀伤武器扩散的重要性变得尤为突出，这对于大国合作提出了新的要求。国际反恐不仅使大国的共同利益面增加，而且使国家利益的传统形态和对它的传统理解发生变化，某些传统矛盾在一定条件和一定程度上被淡化、减小或是退居次要地位。以美俄关系为例，美国在中亚的军事存在从地缘政治利益来说与俄罗斯的政治和安全利益相矛盾，但从反恐利益来说则符合俄罗斯的安全利益。

那么，当今的国际政治关系格局会如何变化？中国应该如何在这种新格局中找到属于自己的位置？

国际政治是一种复杂的社会现象，是国际社会中各种行为主体相互联系、相互作用的结果。这些行为主体之间的相互关系，由此形成的国际体系的结构和特征，以及中国处理对外关系的基本原则，是政治学研究视野扩及国际范围时应当研究的重要问题。

第一节　国际政治及其影响因素

国际政治是人类社会发展到一定阶段才形成的，与民族国家体系的发展密切相关，要弄清国际政治的含义，就要分析它的概念、特征，对国际政治产生影响的主要因素，以及其作为一种政治现象与国内政治的区别和联系。

一、国际政治的含义与特征

（一）国际政治的概念

“国际政治”“国际关系”和“世界政治”这几个概念往往被相互替用，它们之间既有联系又有区别。其中，国际关系泛指主权国家之间的一切互动关系，既包括政治、外交、军事方面的，也包括社会、文化、科技方面的，而以国家名义展开的各种活动大多带有政治色彩，国家间的政治关系是国际关系的主要内容和集中体现；这些关系既包括各国政府之间的联系和互动，也有非政府组织和其他团体之间的联系和交往。而世界政治所描述的政治活动比国家间政治关系的外延更广，既包含了国家间的政治活动，也包括了国家内部的政治活动，是人类社会各个层次、各种类型政治活动的总和。

国际政治是“国际”和“政治”两个词的组合，就字面含义而言，国际政治即国家与国家之间的政治关系，也可以理解为国际关系的政治层面，或世界政治的跨国层面。自民族国家产生以来，便有了国家间的交往，逐步发展了国家间经济、政治、军事、社会、文化等各领域的联系。最初这些联系偶尔发生，简单而松散，国家间的政治关系也是如此。随着民族国家体系的建立，国家间的交往和联系越来越密切，特别是 15 世纪末 16 世纪初以后，资本主义生产方式以其强大的生产力，推动了各国的分工、生产和贸易方式的国际化进程，世界市场的形成和殖民主义体系的出现，使人类社会日益走向相互联系的整体，18 世纪到 19 世纪大工业和科学技术发明带来交通和通信的飞速发展，国家之间的政治交往和互动便有了现实的必要性和可行性，现代意义上的国际政治便形成了。20 世纪 70 年代以来，经济全球化的深化和扩展以及国际相互依存度的加深，国家间的政治关系和经济、科技、文化关系之间的界限越来越模糊，各领域相互渗透和融合，国际政治的外延已经大大扩展了；另一方面，传统的国际政治主要是民族国家间的政治关系，而随着各种非国家行为主体，如国际组织、跨国公司、各种跨国宗教团体等日益壮大，它们越来越多地介入各种国际事务，并且在国际政治关系中产生了越来越大的影响和作用，这些非国家行为体之间及其与国家之间的互动关系也被纳入了国际政治的范畴。

因此，可以从广义和狭义两个层面来理解国际政治的概念：广义上，国际政治可以理解为各国际行为主体之间一切可以归结为政治的事件和关系，是全球范围内各种跨国政治活动的统称，不仅仅单指国家间或政府间的政治关系；而狭义上的国际政治仅指主权国家之间的政治互动关系，主要体现为军事和外交层面。

（二）国际政治的主要特征

首先，国际政治体现了无政府国际体系中的政治关系。国际政治中不存在一个公共权威来制定各种国际行为主体的活动规范，尽管长期以来形成的国际法和国际行为准则对行为主体有一定的制约作用，但缺少有强制力的权力机构来维护国际公共秩序并对违规者进行惩罚；另一方面，行为主体往往源于自身的利益需求采取行动，它们的利益需求存在较多差异甚至是冲突，即所谓的“零和”，一方所得即另一方所失。无政府状态决定了国际政治中各行为主体尤其是国家具有天生的“自保”本性，它们意图在综合国力的较量中占据优势，以获取权力和确保自身安全为第一要务。当然，无政府状态并不意味着无秩序，在国际公共权威缺失的前提下，各主要国际行为主体的长期互动逐渐发展出了一些被普遍接受的行为规范，如主权平等原则、和平解决国际争端原则、互不干涉内政原则以及平等互利原则等，这些行为规范体现在联合国宪章、国际法规、国际双边和多边条约以及国际道义准则中。虽然这些共同的行为规范得不到源自于民族国家体系之上的权力机构（因为至今仍不存在这样的一个机构）的有强制力的维持，但在一定时期内为国际体系的相对稳定和各行为主体的安全和发展提供了某种程度的保障，也是国际合作的一个重要基础。

其次，国际政治的根本动因是国家利益的综合博弈。国际政治是各行为主体间围绕权利、权力和权益实施对外政策的各种活动的总和，在国际体系中寻求生存和发展的民族国家，不论是为了满足最基本的权力欲望或是安全需求，它们在国际上的各种行为都是围绕国家利益而展开的。可以说，任何国家参与国际政治活动的根本目的都是为了维护本国的国家利益，每个国家对自身国家利益的主观认定，不仅是该国对外政策的基本目标，而且还决定了该国参与国际政治活动的方式和规律。

最后，国际政治的主要表现形式是各主权国家对外政策的制定和实施。尽管国际政治包含了国家间的政治关系，但国际政治并不意味着对各国际行为主体进行管理，也就是不存在一般意义上的政治所要进行的对各种稀缺资源的分配活动。尽管各种全球性资源的分配也和国家间的博弈密切相关，但是这种分配的实质不是“管理”，而是“妥协”，各个国家制定对外政策，以平等的身份参与国际合作与竞争，由于各国对外政策之间存在着联动效应，一国制定和实施的政策必然影响到其他国家政策的实施效果，特别是主要大国的政策变化具有更大的影响力。为了谋求各自利益最大化，尽管原则上每个国家都可以独立自主制定自己的对外政策，但实际上考虑到各国政策之间的相互影响，政策的制定过程都不单纯是单个国家的孤立行为，而必须综合衡量自己制定的对外政策可能引起相关国家对外政策的变化，反过来影响本国政策的实施效果。所以受国际政治中各国对外政策联动效应的影响，国家最终实施的对外政策往往并不是最能体现该国国家利益的“最优”方案，而是“次优”方案，这就是国家之间相互妥协的结果。因此，国际政治的变化和发展，最直接的表现就是各国特别是主要大国对外政策的制定、实施、反馈和修正的动态过程。

二、影响国际政治的主要因素

国际政治是国家之间动态发展的政治关系，受各种因素的影响而呈现出不同的国际体系结构和特征，这些因素既包括宏观上影响国际政治基本模式和国际体系的因素，也包括微观上作用于各行为主体双边或多边关系的因素，这些因素的综合作用是对国际政治的历史阶段和现实特征进行分析的基础，多种因素的动态变化主导了国际政治的演进规律。其中，对国际政治能够产生关键性影响的因素包括时代性质、综合国力、国家利益以及地缘政治等。

（一）时代性质是国际政治的基础

任何时期的国际政治都是在一定时代背景下产生和发展的，时代的性质和主要矛盾决定了国际政治的特征和运行规则。一旦时代性质发生转变，便会引发国际政治主要矛盾的变化，推动旧的国际体系解体和新的国际体系形成。第二次世界大战期间，德日法西斯的侵略战争和世界人民的反法西斯战争构成了时代的最主要矛盾，因此该时期的国际政治主要体现为侵略与反侵略、战争与和平；第二次世界大战结束以后，欧洲、亚洲的一些国家建立了社会主义制度，一大批殖民地、半殖民地国家纷纷获得独立，社会主义国家、资本主义国家和新兴民族国家共存的局面，形成了新的国际格局，以苏联为首的社会主义阵营和以美国为首的资本主义阵营之间的竞争和对抗，是该时期的最主要矛盾；20 世纪 90 年代初以来，冷战结束，两大阵营的两极对抗局面不复存在，一方面，一些威胁国际和平的因素没有消失，被冷战时期两极均势掩盖的矛盾和冲突因素开始发挥作用，如民族矛盾和民族分离主义上升，局部战争和地区冲突时有发生，国际恐怖主义更是以其极端方式对抗现有国际秩序；另一方面，随着冷战的结束，经济全球化的深入发展，世界各国求和平、求发展的热情被激发出来，客观上要求维持一个相对稳定的国际环境和进行各种形式的国际合作。因此，和平与发展成为冷战后国际政治的主题，国际格局多极化趋势日益明显，主要大国之间的竞争与合作，对全球性问题的共同关注，主导了冷战后国际政治的特征和未来走向。

（二）综合国力的对比是影响国际格局的重要因素

综合国力是指一国所拥有的能在国际政治中发挥作用的全部实力的有机综合，既包含已有实力，也包含潜力及其转化为实力的机制。综合国力反映了一个国家在国际社会中的自由度和影响力，是衡量一个国家在国际政治中地位的尺度，也是一个国家实现国家利益的主要手段。综合国力的构成包含了硬实力和软实力两个方面，其中，一国的人口数量和地理条件、经济和高科技实力、军事实力属于硬实力的范围；而国民素质和民族凝聚力、经济政治和社会制度、政府体制和效率、文化因素则属于软实力的范畴。作为主权国家的重要特征之一，综合国力对国家的行为、地位和作用以及国际政治格局都有重要的影响，它决定国家间政治关系的性质，以及国家对外政策的目的、方式。任何国家制定的对外战略和政策，都必须与本国综合国力以及国际力量对比相适应。在国际政治历史上，国家实力的消长，特别是主要大国国家实力对比的变化，往往引发对经济资源和政治资源的争夺和重新分配，导致国际体系的剧烈变动。而世界各国特别是主要大国综合实力的对比和相互关系，决定了国际体系的基本结构和国际格局的特征，反映了国际政治的基本内容、状态和发展趋势。全球性综合国力的较量已经成为当代世界范围内国家之间最主要的竞争方式。

资料 8.1

综合国力的评估

一些研究综合国力的国际政治学者，试图将综合国力要素简化为数量指标，用数学方法表达国家之间综合实力的对比关系。有代表性的计算方法如美国乔治敦大学战略与国际研究中心主任莱伊·克莱因提出的克莱因公式，日本综合研究所的综合国力评估体系，美国政治学者小约瑟夫·S. 奈的“软、硬实力”评估模式和中国军事科学院黄硕风的综合国力动态方程模型等。举例如下：

克莱因公式：$P_n=(C+E+M)\times(S+W)$，其中 P_n 代表综合国力值；C 代表人口和领土构成的基本实体；E 代表由国内生产总值、能源、关键性非燃料矿物、工业生产能力、食品生产和对外贸易等构成的经济实力；M 代表战略核力量和常规力量之和构成的军事实力；S 代表战略目标，包括国家对外政策的目标和要保护的国家利益；W 为追求国家战略的意志，是指国家动员其国民支持政府的国防和外交政策的能力。

（三）国家利益是国家制定对外政策的指南

每个国家的对外政策和行为都以各自的国家利益为出发点和归宿，因此，国家利益也就成为国际政治的核心要素。国家利益是指满足国家生存和发展的必要条件，是一个多层次的复杂概念。国际政治关注国家对外政策和行为，从外交决策角度可以将国家利益划分为根本国家利益和一般国家利益。根本国家利益包括国家安全、领土完整、社会制度稳定和经济发展，这些要素是国家利益最高层次上的表现，其内容相对比较稳定，构成了特定历史条件下国家追求的重点目标；一般国家利益是从属于根本利益的局部或暂时利益，是为根本国家利益服务的，具有动态性，随国际形势和国家政策目标的变化而变化。国际政治最终体现为国家之间的利益博弈，当涉及根本国家利益的不一致时，便往往导致国家的冲突，如果冲突发生在主要大国之间，便会对国际体系的稳定产生影响；而对于一般国家利益，国家之间可以相互协商妥协，形成国际竞争与合作。

（四）地缘政治是影响国际政治的重要因素

地缘政治是从国家利益出发，把具体国家的安全和发展放到全球背景中，从地理角度对国家间的政治关系加以考察。

地缘政治理论系政治地理学的一个分支，根据各种地理要素和政治格局的地域形势，分析和预测世界或地区范围的战略形势和有关国家的政治行为。地缘政治理论把地理因素视为影响甚至决定国家政治行为的一个基本因素。19世纪末以来，由于全球的政治、经济和军事的发展，出现了各种地缘政治理论，它们逐渐成为各国制定国防和外交等政策的一项重要依据。1890年美国海军理论家A. T. 马汉提出海权论，认为谁能控制海洋，谁就能成为世界强国。而控制海洋的关键在于对世界重要海道和海峡的控制。1914年英国地理学家H. J. 麦金德则提出陆权论，将欧亚大陆喻为“世界岛”，认为谁控制东欧，谁就能统治亚欧大陆心脏，谁控制亚欧大陆地带，谁就能统治“世界岛”，从而主宰世界。20世纪50年代，美国战略学家A. 塞维尔斯基根据北极地区处于两个超级大国之间的特殊地理位置和空军日益重要的作用，提出了“制空权”的理论。各种地缘政治理论的研究虽然都是以地理环境作为基础，但依据重点有所不同，过去多从历史、政治、军事等方面考虑，而近年来对经济、社会等方面的作用日益重视。

资料 8.2

纵横家：地缘政治的实践者

地缘政治理论无疑是近代的产物，不过地缘政治的实践，则历史悠久。早在战国时期，苏秦、张仪等纵横家就已经有了地缘政治的认识，并把这种认识自觉地付诸实践。

“头悬梁、锥刺股”的苏秦，先认识到了地理因素对战国局势的重要作用。他在游说秦国失败后，转而前往赵国，阐发六国“合纵”抗秦之说，最终身佩六国相印。为了坚定六国合纵的决心，苏秦又用计暗使张仪前往秦国，以秦齐“连横”来破坏六国“合纵”。在这里，合纵与连横，或者说“纵横家”一词中的“纵”“横”二字，就透露了地缘政治的意味。战国七雄中，赵国、魏国、韩国，从北往南，纵向而列，是秦国东扩必须越过的第一道战线；秦国和齐国，一西一东，处在赵、魏、韩这一“纵贯线”的两侧，如连以韩国，即成一横线。显然，战国七雄所处的地理位置，对于当时的政治局势产生了重大影响，而纵横家就是地缘政治实践的先行者。

地缘政治反映了国际体系的空间利益关系，这种利益关系在军事上表现为安全关系，在政治上表现为权力关系，在经济上表现为财富关系。一方面，国土面积、地理、自然资源等是国家参与国际事务的物质基础，国家必须按照其所处地理环境和资源来制定对外政策。特定国家在处理其对外关系时，需要充分考虑自身和对手所处的地理位置和所拥有的自然资源，借重地缘因素以在国际政治博弈中取得优势；另一方面，国际体系的总体格局受地球地理因素的制约，自然地理条件和国际体系力量结构的地域分布影响着世界或地区范围的战略形势和有关国家的政治行为。

三、国际政治与国内政治的关系

国际政治是跨国的政治关系，就国家层面而言，国际政治是国家对外的政治活动，而国家同时担任对内管理和统治职能，这就涉及国际政治和国内政治的关系问题。一方面，国内政治是国际政治的基础和出发点，国际政治是各国国内政治在世界范围内和国际关系领域中的延伸和相互作用；另一方面，由于国际政治和国内政治在行为主体、运行环境和活动规则等方面有着明显差异，两者存在着重要的区别。国际政治和国内政治的联系和区别主要体现在如下几个方面。

（一）国际政治与国内政治的联系

国际政治和国内政治并不是截然孤立的运行体系，由于国家兼具对内对外两方面的职能，两者存在着密切的联系和相互影响。

首先，国际政治以国内政治为基础，是国内政治的对外延伸，各国的对外政策和对外活动是为其国内政治服务的。现有的国际体系主要是由民族国家构成，就单个国家而言，实行何种政治体制、社会制度和经济形式，是该国历史和现实各种因素综合作用的结果，是该国人民的自主选择。国家行政机构体系中的对外部门是对外政策的制定者和主要的实施者，也是独立的国内政治的有机组成部分。任何对外政策，都是由该国政府综合权衡对内和对外两方面利益的结果，并由国家统一调动国内外各种资源，以国家的名义宣布实施。因此各国实施不同的对外政策，其根源就在于不同国家的历史传统、文化背景、政治体制和经济形式等方面的差异。同时，一国推行的对外政策必然体现了国内占主导地位的统治阶级利益要求，这体现了国际政治同样具有阶级性。

其次，国内政治受国际政治的影响和制约。从国际体系的角度来看，作为国际体系的一个单元，国家的行为受体系规则和运行变化的影响。国家参与国际事务，必须遵守国际规则，承担相应的权利和义务，包括遵守国际法和国际公约，遵守国际政治基本准则，维护地区稳定与安全等。因此，可以将国际政治视作国内政治的外部环境，一个国家的政治制度和国内政策受到国际体系运行的制约；而从行为主体互动的角度来看，国家之间的联系和互动是多方面的，一个国家可以借鉴其他国家的管理和统治经验，也可以通过国内立法和行政措施来影响他国的国内政策，特别是当今仍然存在霸权主义和强权政治对他国内政的干涉。

（二）国际政治与国内政治的区别

与国内政治相比，由于国际政治基本上仍然处于无政府状态，因此国际政治的主体、基本目标和活动规则等方面都与国内政治存在着区别。

首先，国际政治和国内政治的主体不同。国际政治的行为主体包括民族国家、国际组织和跨国公司等。国家是国际政治最重要和最稳定的行为主体，每个国家都是国际社会的一个成员，各成员的大小、贫富、强弱和行为方式差异甚大。其他行为主体也以各种方式参与国际事务，发挥积极影响。国内政治的主体包括各阶级、阶层、政府、政党、政治团体和公民个人，每个公民都是国内政治社会的成员，每个人在政治上的权利和义务相对平等，政府由选举的政治精英主导。相比之下，国内政治的和谐度、有序性与合作空间大于国际社会。

其次，国际政治和国内政治的利益取向不同。国际政治与国内政治本质差异相当大，在国际政治中，没有永久的朋友，也没有永久的敌人，每个国家都必须依靠自己争取国家利益。所有国家参与各种国际政治事务的目标都是为本国谋取更多的利益，在这种以国家行为主体利益为最根本驱动力的国际体系中，由于国家之间存在着巨大的利益差异，在争取自身利益的过程中往往产生“零和博弈”，尤其是领土和主权纠纷常常诉诸暴力解决，因此在国际政治中有层出不穷的战争与冲突。而在国内政治中，利益划分比较清晰，个人利益、阶级利益、阶层利益和各种社会集团利益形成了一定的层次和结构，虽然个人都需要谋利生活，但同时必须遵从社会伦理、政治道德和法律规范，因而整个社会是相对有序的。社会共同目标是安定与繁荣，人际关系比较稳定，个人必须守法，维持社会安定。虽然个人利益也存在差异，但彼此间有相当大的共同利益与合作空间，能够在寻求各种利益的同时保持社会稳定。一旦利益差异引发矛盾和冲突，仍然能够由法律规定的程序加以解决。

最后，国内政治存在公共权威，而国际政治不存在公共权威。在国际政治中，没有共同的法律规范，国际法和国际条约需要通过每个国家国内法和政府的签署或授权才能对国家有效力，因此它没有强迫每个国家接受的效力，也不能自动产生约束力，原则上每一个国家都是独立自主的；每个国家及其政府有境内管辖权，由它的政府代表国家来行使外交权，目前没有世界政府的存在。而在国内政治中，每个国家都通过立法机关制定宪法、民法和刑法等重要法律，约束个人和团体的社会与政治行为，虽然个人有社会生活与政治生活的自由，但皆需受法律约束；个人既是社会的成员，又是国家的公民，必须接受政府的领导，接受政府公权力的约束。

第二节　国际政治行为主体

国际政治行为主体是国际体系的基本构成单位，包括国家行为主体和非国家行为主体。主权国家之间，各种非国家行为主体之间，国家行为主体与非国家行为主体之间，在一定的历史发展阶段，按照一定的对外行为准则而相互交往、相互作用，构成国际政治的一般形态。国际政治的发展和变化是各行为主体综合博弈的结果。对行为主体的研究，是从微观和个体的角度观察国际政治的运行规律。

一、国际政治行为主体的含义和特征

（一）国际政治行为主体的基本概念

国际政治行为主体是指能够独立地参与国际事务，并能独立行使国际权利、承担国

际责任与义务的一系列实体。

国际政治行为主体经历了一个由一元变为多元的发展过程，在民族国家体系形成初期，国家之间相互联系的频率较低，唯有国家在参与和组织跨国的关系，交往的内容局限于战争、简单的外交和经济活动，国际政治所体现的仅仅是国家之间的政治关系，除此之外，其他的团体、组织或者个人都在国家的名义下发挥其在国际政治中的作用。从当时的史实来看，国家是国际政治中唯一活跃而有能力发挥作用的行为主体，从法律地位和国际规范的角度来看，国家也是唯一的合法主体。随着国家之间的联系因经济发展和交通、通讯的便捷而日益紧密，跨国的政治关系中不再仅仅存在国家一种角色，其他非国家的行为主体也日益显现出它们意图影响国际政治关系的需求和能力，特别是进入20世纪以后，国际组织和跨国公司以它们独有的跨国活动能力和通过贸易与投资影响国家间政治关系的优势，逐渐成为国际政治舞台上发挥独特作用的不可或缺的角色。当前的国际体系中，国际政治行为主体已经由单一民族国家行为主体发展为国家与非国家两大类国际政治行为主体并存。

（二）国际政治行为主体的主要特征

构成国际政治行为主体应当具备一些基本特征或基本要素，这些特征相互关联、不可分割。国际政治行为主体的主要特征包括：

(1) 具有一定的行为能力，能够独立地直接或间接参与国际事务，参与国际交往，在国际政治中独自承担权利和义务，能够发生对外行为，能够影响其他行为主体的行为和决策，并对整个国际政治体系发生作用。

(2) 具有自身的特殊利益和特定的目标。国际行为主体以各自利益的特殊性为基本特征，国际行为主体之间的区别关键在于利益的特殊性和差异性。各自利益的差异决定了不同行为主体所追求的目标不同，从而构成了国际社会的矛盾、冲突、竞争、合作等一系列国际关系的基本形式。

(3) 拥有相对稳定或固定的组织形式，参与国际政治活动；必须建立相应的组织机构，拥有一定的政治经济实力。任何国际行为主体只有具备了相对稳定的组织形式才能被其他行为主体视为发生行为的稳定对象，也只有具备一定的政治经济实力才能真正对其他行为主体发挥影响和作用。

(4) 具有一定的独立性和自主性。国际行为主体应拥有相对独立的自主权和决策权。即能够排除其他行为主体的操纵和控制，独立地制定自己的对外决策和对外行为方式，独立地参与并影响国际间的相互交往，独立地运用其行为能力，发挥其职能作用。

对于一个国际政治行为主体来说，在上述特征和要素中，行为能力是确立其在国际事务中的行为主体地位的关键，特殊利益是其相互区别的基本依据，独立自主的地位是其自立于国际社会的重要标志，组织形式和实力则是其具备行为能力和发挥作用的物质基础。

二、国际政治行为主体的主要类型

（一）国家行为体

国际政治中的国家行为体是指民族国家，民族国家是国际政治中最重要的行为主体。民族国家是随着资本主义发展而出现的民族主义的核心概念，是一种理想的国家形式，最早的民族国家产生于 17 世纪的欧洲大陆，经历了一个缓慢而复杂的发展过程。中世纪的欧洲，民族国家尚没有形成，同一个民族的属民可能分属于大小不等的多个封建王国，这些封建国家内部建立了君主和贵族的等级制统治秩序，对外则服从于国际性的罗马教廷，罗马教廷不仅是各国臣民们宗教信仰事务的最高主宰，同时也对世俗王权形成了强大的控制。随着资本主义经济的快速发展，在建立统一国内市场要求的驱动下，在西欧形成了以建立民族国家为核心的民族主义要求。随着王权逐步加强自己的地位，最终产生了以民族为基础的拥有独立主权的民族国家。

作为国际政治行为主体的国家与国内政治学意义上的国家在本质特征上既有联系，又有区别。国内社会和国际社会在规模、范围和行为准则等多方面有着明显的不同。国家在国内社会中是阶级统治和社会管理的工具，而作为国际社会的行为主体，则更多强调其国际行为能力和职能作用。国家作为阶级社会中最一般的政治形态，既是阶级统治的工具，又是组织社会的管理机构；它在本质上是为维护统治阶级利益服务的，同时又必须调整全社会的普遍利益，因而国家兼具对内和对外两种职能。

作为国际政治行为主体的民族国家必须具备下列四个要素：

（1）一定数量的国民。数量和地域相对稳定的居民是国家作为基本实体存在的首要条件，是国家赖以存在和发展并在国际舞台上发挥作用的客观前提和物质基础。

（2）明确边界的领土。拥有固定并得到国际社会承认的领土是国家进行对外活动的基础。领土为国民提供生存和发展的空间，为国家的经济和社会活动提供土地和资源，也是国家在国际上有形存在的主要标志和发挥国际作用的依托，国家在领土边界内拥有全部管辖权。

（3）有能力的政府。政府拥有强制的暴力手段，对内镇压敌对阶级的反抗，对外抵御其他国家的侵略、干涉或谋取国家利益；政府还作为组织经济和文化建设的社会管理机构，对内协调和调整各个阶级、集团之间的相互利益，对外发展同其他国家的交往与合作。

（4）独立和完整的主权。国家拥有对内的最高管辖权和对外的独立权、平等权、自卫权，这是国家的最根本属性，也是国家作为国际政治行为主体的重要前提。一个国家只有拥有独立和完整的主权，才能够独立自主地制定对外战略和政策，实施对外行为，在国际政治中独立承担权利和义务。

（二）非国家行为体

非国家行为主体的出现是国际政治不断发展的产物，是指那些主权国家之外的，基于政治、经济、宗教等利益需求而形成的，能够独立地参与国际事务并发挥职能作用的实体。非国家行为主体的重要特征是参与国家事务的间接性以及对外行为的跨国性和职能作用的协调性。最重要的非国家行为主体是国际组织和跨国公司。

1. 国际组织

（1）国际组织的含义。国际组织是两个以上国家的政府、政党、政治团体、社会组织以及个人基于特定目的，签订国际条约、协议，为达到一定的共同目标而建立的，有一定的章程和活动规则的国际团体或国际组织机构。国际组织最初起源于国际会议，至19世纪60年代才正式成形，是国际关系发展到一定历史阶段的产物。随着国际政治中跨越国家的交往活动日益增多，国际组织的数量和类型越来越多，一些国际组织的规模越来越大，所涉及的活动已经渗透到了国际社会政治经济文化生活的方方面面，在国际政治发挥着越来越重要的作用。

（2）国际组织的要素。作为国际政治行为主体的国际组织必须具备下列基本要素：第一，具有参与国际事务、承担国际权利和义务的能力，这是国际组织成为国际政治行为主体的最重要的条件。虽然国际组织并非国家实体，不具备国家属性，特别是各种政府间的国际组织的活动必须得到主权国家的授权才是有效的，但国际组织仍然具有国际人格，能够相对独立地参与各种国际事务，特别是在各种国际间专业性和特殊领域的事务上，国际组织有更大的灵活性和适应性。第二，两国或多国间的国际条约是国际组织具备合法性的依据。国际组织必须通过签订国际条约，共同协商制定行为规则，以确定成员国的权利和义务，成员国以国际组织的名义参加各个领域的活动，受国际条约的制约和保护。第三，国际组织各参与者之间的地位平等。国际组织根据国际政治中主权平等的原则而建立起来，各参与者拥有平等的法定义务和权利。

（3）国际组织的分类。按照与政府的关系，国际组织可以分为政府间组织和非政府间组织两大类。政府间国际组织是各民族国家为了解决国家间特定经济、政治与安全问题，并以政府名义参与构成的国际组织，具有直接承担国际法权利和义务的能力，是当代国际政治中最重要的非国家行为主体。政府间国际组织的行为能力源于成员国的主权，同时又具有相对独立性，不受某国国家权力直接管辖，有独立参与国际事务的能力，并享有主权国家在国际社会和外交场合所拥有的特权。非政府间国际组织是指由不同国家的民间团体或个人基于特定目的组织起来的非官方的国际组织。对于非政府间国际组织是否构成国际政治的行为主体，需要做具体分析。一些国际合作的机构和组织，如多个国家间在行政、技术、经济、文教、体育和科技领域的合作机构，其对国家政治的影响有限，也不是国际法的主体，不具备承担国际法规定的权利和义务的能力，因而这类国际组织并不构成国际政治的行为主体；而一些重要的非政府间国际组织，如宗教团体、环保组织或国际政党组织，其成员构成和职能作用都使这些国际组织具备独立参与国际事务和承担国际权利和义务的能力，能够有效影响甚至决定各国政府的对外政策，对各主权国家的外交活动也有较大的约束力，对国际政治具备相当的影响力，因而这类国际组织构成国际政治的行为主体。

此外，国际组织还可以根据其他不同的标准划分为不同的类型，如可以依据国际组织的基本性质、活动目标和范围划分为一般政治性国际组织和专门国际组织，前者如第一次世界大战后建立的国际联盟和当前最重要、影响最大的国际组织——联合国，后者如世界贸易组织、国际货币基金组织等；也可以按照成员构成和处理事务的地域范围划分为全球性和区域性国际组织，还可以通过活动的内容和领域划分为政治性、经济性、军事性和文化科技卫生体育等类型的国际组织。

资料 8.3

联合国的由来和作用

联合国是当今最大的全球性政府间国际组织，它筹建于第二次世界大战期间，1942 年元旦，参加反法西斯战争的 26 个国家为协同作战，签署了《联合国家宣言》，联合国的名称由此而来。1943 年 10 月 30 日，美、苏、中、英四大国发表莫斯科宣言，共同达成在战后建立普遍性的国际安全组织的原则协议。1945 年 4 月，在旧金山举行的联合国家全体会议起草了《联合国宪章》，宪章于 10 月 24 日生效，同时宣告联合国成立。联合国总部设在美国纽约，并在日内瓦设有欧洲办事处，目前共有 191 个成员国，另有非会员国观察员 2 个。会员国设有常驻代表团，观察员设有常驻观察员代表团。

成立 70 多年来，联合国在国际事务中发挥了越来越重要的作用。主要体现在：积极推进非殖民化运动，支持被压迫民族自决和独立；维护世界和平与安全，防止和制止战争的爆发和扩大；促进世界经济繁荣，特别是发展中国家的经济发展；解决人类面临的环境、人口、生态、资源等方面的问题。冷战结束后，联合国的发展进入了一个新的阶段，在解决环境保护、消除贫困、保护人权、打击国际犯罪、反对恐怖主义、防止大规模杀伤性武器扩散等人类共同面临的问题方面的作用增强。在协调全球不同行为者之间的交流与合作、制定共同规则、维护国际法基本原则、采取一致行动等方面也发挥越来越大的作用。

2. 跨国公司

跨国公司产生于 19 世纪末 20 世纪初，第二次世界大战以后尤其是 20 世纪 70 年代以来，跨国公司进入了快速发展的时期，数量和规模都在不断扩大。如今跨国公司不仅在世界经济中扮演重要的角色，而且在国际政治中发挥着举足轻重的作用，成为与主权国家、国际组织一样具有参与国际事务能力的国际行为主体。

（1）跨国公司的含义。跨国公司是以一国或多国资本组成的总公司为基础，通过对外直接投资，在其他国家和地区设立分支机构、控制子公司或合资企业，从事跨国界的生产、销售和其他经营活动的国际性公司。跨国公司的主要形式是公司间的联合、渗透或建立合资企业，跨国兼并及与子公司的生产经营联合等。跨国公司是当今资本主义国际垄断组织的主要表现形式，在相当长的一段时期内，跨国公司一直作为单纯的经济实体而较少参与国际政治活动。第二次世界大战结束后，经济全球化和世界经济一体化迅速发展，国际政治和世界经济的相互作用不断加强，跨国公司在国际政治中的作用日益受到人们的重视。作为经济全球化的主要载体，跨国公司以其自身实力的增强以及世界经济与国际政治的相互渗透和相互影响，通过跨越边界的国际经济活动而影响国际政治。

（2）跨国公司的作用。跨国公司从其自身利益出发，积极参与世界经济活动和国际政治事务，影响宗主国和所在国的对内对外政策，已经成为国际关系中不可或缺的重要角色。第二次世界大战后国际关系的历史表明，跨国公司不仅成为全球化进程最重要的参与者和主导力量，而且对国际政治的发展起到了重要的作用。

首先，跨国公司加速了世界经济一体化的进程和整个世界相互依存的发展趋势。跨国公司的迅速发展是第二次世界大战后世界经济国际化的产物，同时它又反过来推动了国际经济一体化的发展进程。跨国公司促进了资本的跨国流动和全球贸易，其结果便是加速了生产国际化的进程，推动了国际分工的进一步发展。随着跨国公司在世界经济活动中日益活跃，跨国公司凭借其强大的经济实力，控制商品价格和贸易进程，影响国际金融市场，以实现自身的利益。数量众多、规模巨大的跨国公司将世界上几乎所有国家纳入一个统一的大市场中，从而促进了世界经济一体化进程和国家之间的相互依存。

其次，跨国公司不仅左右着经济全球化进程，也在相当程度上左右着民族国家的国内政治。全球市场和跨国组织在本质上与传统的国家主权观念是相冲突的，资本的全球流动和跨国公司的全球活动客观上都要求冲破领土和主权的束缚。当国家的领土疆界和主权性质与资本的全球要求相矛盾时，跨国公司和其他跨国组织就会想方设法使国家的主权要求从属于资本扩张的要求。从全球范围来看，跨国公司作为经济全球化的主要载体与拥有主权的民族国家之间必然产生深刻的矛盾，跨国公司向无国界公司发展会引起母国经济的空心化，必然会受到母国政府的阻止；同时跨国公司进入东道国并成为当地经济的主导力量后，也会引起对当地经济以及政治控制权的斗争。跨国公司利用不同国家的劳动力成本和税收、利率政策方面的差异取得高额利润，也必然对各国法律体系和行政体制产生影响。

最后，跨国公司还影响着各国对外政策的制定和实施。跨国公司拥有的强大经济实力使其具有一定的自主权，能够通过支持特定政党和候选人来影响立法和行政选举，从而在各国的议会和政党中安排自己的代言人，推动政府制定有利于自身利益的对外政策，阻止可能不利于自身利益的政策的实施；跨国公司还能促使本国政府制定和修改贸易和投资政策，对其他国家的政府施加压力，以利于它们在东道国的生产和经营活动。

资料 8.4

跨国公司影响美国对外政策的途径

美国多元主义的民主政治机制，提供了代表各种利益集团的跨国公司影响政府决策的有利条件。跨国公司影响美国对外政策制定和实施的目标对象主要是政府部门、立法机关以及针对特定议题的民意，通过对上述目标施加各种有形和无形的影响力，促成对美国跨国公司有利议题的权威性配置。具体而言，跨国公司影响美国对外政策的途径主要有三个渠道：一是运用其经济资源和资金支持议员、总统和需要选举产生的各级政府官员的选举、建立与政府官员和国会议员的密切关系，影响政策制定的方向；二是透过国会立法程序，制定对其有利的法案，形成其合法经营的保障和对国际竞争对手的限制；三是利用所支持的媒体来改变或强化美国主流民意对特定议题的看法与观点，形成舆论导向与压力。游说国会法案、捐献政党竞选经费、同总统建立直接联系、媒体宣传、塑造公益形象以及提供相关研究机构及民间论坛的赞助等，都是跨国公司在美国对外政策制定和实施过程中谋取利益的方式。

第三节　国际体系

国际体系是对国际政治总体状态的抽象和概括，是各国际行为主体长期互动而形成的有序状态，国际政治的发展逐步形成了一个具有特定结构和功能的体系。对国际体系进行研究，在于从宏观和整体角度认识国际政治的运行规律。

一、国际体系的含义与特征

（一）国际体系的概念

体系是由一些相关事物相互联系、相互作用、相互制约而构成的一个整体，构成体系的基本条件是组成部分不可分割地相互依存和相互作用。体系可以是行为体之间松散的有序联系，也可以是有严密法规和秩序的组织系统。体系是一个整体概念，可以包括不同层次的次级体系，不同层次的体系也具有相对独立性。

国际体系是国际政治中各种主要的行为主体通过长期联系和互动而形成的相对稳定的有机整体。国际体系具有相应的结构、功能并与环境相互作用。

国际体系的结构是指各国际行为体在时间和空间上的排列，即包含了行为体的形成、发展和消亡或被其他行为体取代的历史发展过程，以及不同行为体之间的并列或层次关系。国际体系的结构是国际体系保持相对稳定的基础，而那些主要行为体的空间关系反映了一定的时期内的国际格局，如雅尔塔体系下的美国和苏联之间的两极对抗关系就是冷战期间国际体系的主要特征。国际体系的功能是指将体系内各行为体的需求和行动纳入共同的轨道，鼓励和保护那些符合体系特征和规律的行为，而防止那些背离体系规则的行为。

国际体系是与其环境相互作用的，这里的环境即是国际社会，是由国家、国际组织、各种经济、政治和社会组织和团体乃至个人等所有行为体之间各种联系和相互作用而形成的一种全球环境，就这个意义而言，国际社会是比国际体系更大的一个体系，国际体系的运动要遵从国际社会的规则，反过来，国际体系的变化和发展也会改变国际社会的形态和发展方向。

（二）国际体系的基本特征

国际体系由基本政治单元即国际政治行为主体组成，体系的特点既取决于基本政治单元，也取决于基本单元相互作用，是各种政治单元对立统一的一种结构状态。因此，必须从国际政治的主权国家层次与国际体系层次进行综合分析，才能较客观地发现国际政治体系的一般特点：

1. 国际体系相对稳定

国际体系具有自身的规则和行为能力，能够对构成单元和外部环境的行为作出反应，维持自身的运行轨迹。相对于主权国家和其他各种行为主体的动态变化的频度与速度而言，国际体系一旦得以确立，就能够保持较长时间的稳定。一种新的国际体系的形成，是各种国际行为体的力量经过不断的消长变化和分化组合，从量变逐渐发展到质变，构成一种相对平衡的结果；而一种国际体系的解体，则是由于这种稳定的平衡被打破，依赖体系自身的调节功能再也无法维持。

2. 国际体系的特点表现为主要行为体的行为与相互作用

主要行为主体，是那些在国际体系中拥有较多资源，行为能力和影响力相对比较强的行为主体，如美国、俄罗斯、中国、日本、德国、法国等拥有强大综合国力的主要大国，联合国、欧盟、东盟等全球性和地区性国际组织等。在国际政治中，主要行为主体之间的力量对比、相互联系和互动关系构成了一定时期内的国际基本格局，也构成了国际体系的结构特点。如冷战期间的雅尔塔体系，其特点就主要表现为美苏两个超级大国及其主导的西方阵营和社会主义阵营的矛盾和竞争，而冷战后一超多强的多极竞争体系，就体现为超级大国美国和俄罗斯、日本、中国、欧盟等诸强之间的竞争与合作。在相互作用与依存的国际社会中，主要行为主体的实力对比关系，决定了它们在国际体系中的地位作用的差异，也决定了国际政治体系的存在形式和主要活动内容。

3. 国际行为主体的多样性决定国际政治体系的表现形态的复杂性

在最初以民族国家为唯一主体的国际体系中，国家担任了国际体系内政治互动关系的主角，体系的结构和表现形态相对简单；而冷战后的国际体系中，民族国家之外，国际组织以及跨国公司都在国际政治中扮演了极为重要的角色，在维护世界稳定、推动和平与发展的进程中发挥着越来越大的影响力和作用，而国际体系的运行和发展也呈现出多元主体、多层次和全方位的复杂景象。

二、国际体系的主要类型

国际体系是对国际政治总体状态的一种概括，在国际政治长期的历史发展进程中，国际体系先后表现为各种不同的类型，呈现出不同的特征。为了描述不同类型的国际体系，探求其中的规律性，一些学者也提出了国际体系的理论形态。

（一）国际体系的理论形态

尽管国际体系存在由来已久，自民族国家体系形成以来，已经经历了多种形态的变换与更替。而从理论上系统分析国际体系，则是从20世纪中期才开始的。一些学者试图根据国际政治历史发展抽象出关于国际体系的理想模式，其中以美国政治学者莫顿·卡普兰关于国际体系（国际系统）的研究最具影响力。卡普兰认为，国际政治体系是动态的，其构成要素——不同的行为主体之间是以某种方式彼此联系、相互作用的，国际体系的稳定和变化取决于一系列变量，如体系的基本规则、转化规则、行为主体分类变量、权力变量、信息变量等。卡普兰据此划分了国际体系的六种理论形态：均势体系、松散的两极体系、牢固的两极体系、全球性国际政治体系、等级制体系和单位否决体系，这些形态可以按一体化的程度顺序排列，单位否决体系的一体化水平最低，而等级制体系的一体化水平最高。卡普兰提出的六种形态的国际体系是一种理论假定，反映了国际体系存在和变化的各种可能性，而并不意味着能够从国际政治历史中找到一一对应的历史阶段。

在均势体系下，民族国家是唯一的行为主体，民族国家以相互补充的方式单独行动，没有其他次级体系存在，国际体系没有就国家以外的事务进行决策的机构和方法；在松散的两极体系下，国家、国际组织和国家集团等多种行为主体共存，并分化组合为两个大的集团行为主体，每个集团行为体中包含一个主要的国家、集团之外，还存在着非集团国家行为体和世界性行为主体；在牢固的两极体系下，整个世界被划分为两个大的集团，此外没有其他行为主体，两个集团内部的组织形式如果是等级制的，则该体系能够保持相对稳定，而如果是非等级制的，则该系统缺乏统一性和稳定性，容易转换为松散的两极体系；在全球性国际政治体系下，国际社会一体化程度相当完善，由相应的机制履行司法、政治、经济和行政职能，国家和国家联盟的行为受全球性政治规则的约束；在等级制体系下，一个国家或国家集团凭借其实力将自己的意志强加给其他国家，主要行为主体是利益集团，而不是国家，该体系是一个完整的统一体，它把奖励和获得便利条件的机会同体系规则直接联系，以国际的专制独裁为基本特征；单位否决体系是一种没有政治的政治体系模式，所有行为主体都有毁灭他国的能力，同时无法避免自身被毁灭，类似于所有国家都具有核打击能力的情形，所有行为体都拥有置其他行为体于死地的武器，因而从根本上说，这个体系产生于全面和普遍的核扩散，而正是这种相互摧毁的能力构成了该体系保持稳定的原因。

资料 8.5

系统论与国际体系

国际体系是系统论或系统分析方法在国际政治研究中运用的典型概念，系统是一个依其组成部分相互依存而发挥整体机能的整体。在社会科学中，系统研究方法就是要研究与系统运行相关的一系列自变项与因变项之间的动态互动关系，其中任何一个或多个变项若发生变化，其他变项或变项组合就会同时变化或接连发生变化。当研究国际政治的学者将系统论的研究方法引入到国际政治研究当中的时候，首先需要确定研究对象，即将那些相互联系、相互作用的行为主体作为一个整体，来研究这个整体与环境、整体与各行为主体及各行为主体之间的互动关系，从而找到这个整体的运行规则和影响因素，这个整体就是国际体系。因此，国际体系成为国际政治系统分析方法的核心概念，国际体系平衡与稳定性、国际政治行为体之间的相互作用和相互依存关系、国际体系的运行规则、国际体系的转换等，都成为重要的关注点。

20 世纪六七十年代，受科学行为主义的影响，源自于自然科学的系统论受到了国际政治学者的青睐，形成了国际政治的系统理论，其中戴维·伊斯顿的《政治生活的系统分析》、卡尔·多伊奇的《国际关系分析》、莫顿·卡普兰的《国际政治的系统和过程》等是该理论的代表性著作。

（二）国际体系的历史形态

迄今为止，国际体系主要经历了四个发展时期，包括 19 世纪欧洲的维也纳体系、两次世界大战期间的凡尔赛-华盛顿体系、冷战期间的雅尔塔体系和冷战后的多极竞争体系。

1. 维也纳体系

维也纳体系存在于 19 世纪的欧洲，是指 19 世纪初拿破仑帝国崩溃后，以英国、俄国、奥地利、普鲁士为首的战胜国通过维也纳会议在欧洲大陆上建立的多极均势体系。1814 年 10 月到 1815 年 6 月，根据反法联盟国家同法国签订的《第一次巴黎和约》，参战各方举行维也纳会议，以完成以下任务：恢复拿破仑战争时期被推翻的各国旧王朝及欧洲封建专制秩序，防止法国东山再起，战胜国重新分割欧洲的领土和领地。1815 年 6 月 9 日，英国、俄国、奥地利、普鲁士、葡萄牙、法国、瑞典等七国签署了《维也纳会议最后议定书》，其主要内容是恢复欧洲封建秩序，规定封建专制国家在其中占支配地位，各战胜国重新划分了在欧洲的势力范围，确定欧洲新的领土分割，以及要求法国向反法联盟国家支付战争赔款等。《维也纳会议最后议定书》及有关条约、宣言和文件构成了维也纳体系的基础。它以均势原则、正统主义和补偿原则等为指导思想，在拿破仑帝国瓦解后的欧洲建立起多极的政治均势，并暂时维持了欧洲封建列强间的和平与协调。1848年法、意、奥、普等国资产阶级革命运动给欧洲封建制度以沉重的打击，1853年克里米亚战争爆发后，维也纳体系走向瓦解。

2. 凡尔赛-华盛顿体系

这是指第一次世界大战后，英国、法国、美国、日本等战胜国按照战后力量对比的变化，通过巴黎和会及华盛顿会议建立的国际体系。1919年1月到1920年1月，第一次世界大战的战胜国与战败国在巴黎凡尔赛宫召开和平会议，其间通过了《凡尔赛和约》，确定了战后德国的新疆界，德国放弃其海外一切殖民地及领地，限制德国的军备及确定德国的战争赔款，协约国还同德国的盟国分别签订了和约。美国不满足凡尔赛和约的成果，遂召集各战胜国于1921年11月至1922年2月举行华盛顿会议，实现了打击日本独霸中国政策、削弱英国的海上霸权并拆散英日同盟的目的。凡尔赛会议与华盛顿会议确立了战胜国的支配地位，非欧洲大国美、日第一次参与主宰世界事务，完成了第一次世界大战后对世界的重新瓜分，从而建立起战后主要大国间的多极结构，即凡尔赛-华盛顿体系，暂时维持了主要大国间的平衡。随着世界经济、政治危机的发展，以及大国间力量发展不平衡的加剧，自20世纪30年代起，该体系被德、日、意等国的一系列对外扩张行动所打破。1939年9月，德国进攻波兰，发动了第二次世界大战，凡尔赛-华盛顿体系彻底瓦解。

3. 雅尔塔体系

这是指第二次世界大战后期及以后，以美国和苏联的两极对抗和冷战为主要特征的国际体系。1943年到1945年，美、英、苏三国首脑先后举行了德黑兰会议、雅尔塔会议、波茨坦会议，达成有关对德、日作战，处置德国、波兰和远东问题，建立联合国等一系列协议。三次首脑会议形成了以雅尔塔协定为主体的国际体系。该体系的主要特点是：以美、苏两国为中心，在欧洲和亚洲建立各自的势力范围，形成了两极对立的战后国际政治格局。体系的中心支柱在欧洲。美、苏冷战，东西方的分裂和两大军事集团的对立，是战后欧洲的主要政治特征。两大集团对立的基础是欧洲两大同盟体系，即以苏联为盟主的苏联与东欧同盟体系，以美国为盟主的美国与西欧同盟体系。雅尔塔体系是建立在战后初期国际力量对比基础之上的，由于各国经济政治发展的不平衡和民族独立运动的兴起，不断地改变着战后世界各种基本力量的对比，使雅尔塔体系受到冲击。两极格局的基础不断动摇，世界多极化趋势迅速发展。20世纪80年代末90年代初，东欧局势剧变，德国统一，华沙条约组织解体，东西方正式宣告冷战结束，特别是苏联解体，标志着以两大军事集团对峙为基本特征的国际格局发生了根本变化，雅尔塔体系彻底瓦解。

资料 8.6

雅尔塔会议

1945年年初，第二次世界大战进入后期，苏联和英国、美国等国军队从东西两线向德国本土推进，法西斯德国败局已定。在远东和太平洋地区，日本法西斯军队尚在负隅顽抗。2月4日至11日，苏联、美国、英国三国政府首脑斯大林、罗斯福和丘吉尔在雅尔塔举行会议，协调盟国关系，商讨最后打败德、日的计划及研究处置德国、安排欧洲事务和战后和平等重大事项。会议着重讨论了四个方面的问题：一是德国问题。会议制定了最后击败德国迫其无条件投降的计划，确定德国投降后，必须解除武装，惩办战犯，并在全国政治、经济和文化生活中消除纳粹主义和军国主义势力与影响，三国将对德国实行分区占领，设立盟国中央管制委员会进行协调管理，并同意从英、美两国占领区划出一个地区，交由法国占领，邀请法国参加盟国对德管制委员会。二是波兰问题。会议确定了波兰东部边界，北方和西方将从德国获得领土的补偿，西部的最后疆域定界，待后解决，并在更广泛的基础上改组波兰现临时政府。三是远东问题。会议秘密签订了《三国关于远东问题的协定》，即《雅尔塔协定》，苏联同意在欧洲战争结束后两三个月内参加对日本作战，而美、英两国答应苏联提出的维持外蒙古现状、苏联重新取得1904—1905年日俄战争中丧失的权益等条件，苏联同意与中国国民政府签订友好同盟条约。四是联合国问题。会议就安全理事会的投票问题的折中方案达成了协议，苏联撤回16个加盟共和国都成为联合国大会成员国的要求，决定于1945年4月25日在美国旧金山召开成立联合国的国际会议。雅尔塔会议确定的一些原则，成为二战后国际体系的重要基础。

4. 多极竞争体系

20世纪80年代末90年代初，东欧剧变与苏联解体，意味着雅尔塔体系彻底瓦解，新的国际政治力量正在重新分化组合，以形成新的力量均势，一超多强或多极化的世界格局正在形成，各国对新的国际政治与经济秩序的设想不尽相同，未来的国际政治体系尚未成型，世界人民正盼望出现更合理、更平等的世界新秩序。20世纪90年代是世界向新格局过渡的起始阶段，在这个世界格局的转型期，新旧矛盾并发，无论在世界事务层面，还是在地区事务层面，各种国际关系都在调整，处于各个层次的国家也都在审时度势、重新定位，其中，大国关系的调整、世界经济体系的扩展和世界主导力量的重构对新格局的确立及其未来走向产生着决定性的影响。

三、当代国际体系的主要特征

冷战结束以来逐渐形成的多极竞争体系，不同于历史上的多极平衡，而与冷战期间的两极体系相比，更加趋于复杂多变，大国国家综合实力此消彼长和各种力量分化组合，各种非国家国际行为主体对国际体系的运行规则和状态产生了越来越大的影响，当今国际体系呈现出一些新的特征。

（一）国际体系的主要行为主体的多元化，行为主体之间重新分化组合，共同参与国际事务

首先，国家仍然是国际体系中最重要的行为主体，具有长期的稳定性，仍将在国际政治中占据主导地位。其次，国家之间的联合进一步发展，最主要的体现就是地区一体化进程加快。至 2005 年 5 月 1 日，欧洲联盟已经扩大为横跨东西欧 25 国、面积 400 万平方公里、人口 4.5 亿、GDP 约达 10 万亿欧元的新联盟，扩大后的欧盟会继续推动经济、外交和安全领域的联合。东南亚国家联盟、北美自由贸易区、拉美地区的一体化呈加速发展趋势。以上这些以经济联合为最初原动力的不同层次的区域联合，展示了经济全球化背景下，以地缘优势为特征的国家间联合体正日渐成为当代国际体系新的重要行为主体。再次，国际组织、跨国公司、跨国组织等非国家行为主体实力有所增长，对国际事务的影响力逐步增强，联合国这个最具代表性的全球性政府间国际组织，以其独立性和公正性和在国际协调解决争端方面的优势，在维护世界和平与地区安全、促进国际间合作与经济发展方面发挥着独特的作用。冷战后经济全球化的深化和世界统一大市场的最终形成，为跨国公司的快速发展提供了难得的机遇，跨国公司的数量和规模进一步扩大，对母国和所在国的影响力也逐步增强。民族、宗教势力的跨国联合在冷战后又有了新的发展，体现在民族分离运动和国际恐怖主义等问题的显现，对国际安全和地区稳定产生了不利影响。

（二）国际体系的力量结构是“一超多强”

这是冷战后多极化世界格局的主要特征，“一超”是美国，“多强”是指日本、欧盟、中国、俄罗斯等国家和国家联盟。一方面，美国几乎在综合国力的各个领域都拥有绝对优势，大大超过其他的主要力量。另一方面，日本、欧盟、中国、俄罗斯也是国际政治中的重要力量，美中、中欧、美俄、中俄的关系都得到了很大发展。在一超多强的总体格局中，经济上，美、日、欧三足鼎立，随着欧盟的扩大，作为一个统一的经济体，欧盟的经济实力已经与美国总体相当；军事上，俄罗斯仍然拥有强大的军事实力，在常规兵力和核武器方面足以与美国相抗衡，但在新军事革命的较量中被美国甩在了后边；政治上，中国、欧盟、俄罗斯拥有较强的影响力，对美国的政治影响力有一定的制约作用。一超多强的体系结构，也反映了国际格局的“单极”和“多极”之争，冷战后美国凭借其强大的经济、军事实力和在国际组织中的影响力，意图谋求国际政治事务的主导权，单边主义进一步发展，在涉及美国国家利益的国际事务中独断专行，破坏了冷战结束以来国际体系中的战略平衡；而另一方面，在一些国际事务中，如打击全球恐怖主义、防止大规模杀伤性武器的扩散与维护地区安全等问题，没有哪个国家能够凭借自

身力量而完全解决，因此大国之间的合作也在进一步加强。

一超多强的体系结构还呈现出开放性的特征，在新的国际体系中，各极或各个力量中心为了它们的共同利益，在和平共处、互惠互利的前提下，建立起共同协调处理相互关系的行为准则。如果说两极格局下的国际体系的主要特征是冷战对峙，即高度军事对抗笼罩下的消极和平和集团对立，中小国家基本上无发言权以及受到极大限制的国际经济、政治和文化交流；那么，当前逐步形成的开放型多极竞争国际体系的主要特征，则是在多元化的国际格局中，各种国际力量、不同社会制度的国家可以在各方面开展广泛的交流，多方进行协调，多边参与国际事务的管理，各国和各个集团间竞争共处。因此，国际体系由两极化时期的相对封闭走向多极化时期的开放这一形态上的转变，有利于世界和平和发展，是一个历史的进步。

（三）竞争与合作成为体系运动的主要内容

行为主体多样化和体系结构多极化的特征，也促使冷战后国际体系的功能发生了一些重要的变化，其中，维持体系动态平衡的主要动力不再是国家和国家集团之间的均势，而是各种行为主体之间的竞争与合作正逐步走向有序化。冷战结束后，国际形势相对缓和，主要大国之间逐步建立起新的互动关系，综合国力的竞争已经取代冲突与遏制成为国家间关系的主要表现形式。20世纪90年代以来经济全球化的深化和拓展，推动了生产要素的全球配置与重组，生产、投资、金融、贸易在全球范围内的大规模流动，使世界各国、各地区的经济融为统一的、相互依存的经济体系，各国经济内在联系的密切性和外部互动的包容性都得到了加强，在这种“你中有我、我中有你”的相互依存的体系中，任何国家都不能脱离其他国家而孤立发展，都意识到为了获得更多的经济利益，必须形成一个全球范围的合作型的竞争体系。为了在经济合作中获取比较优势，各个国家力争抓住机遇，采取正确的战略，调整经济结构，最大限度地取得经济与科技的快速发展，大国之间的竞争已经不是在相互孤立的状态进行，而是在全球化过程中展开。全球化的结果也引发了一系列全球性公共问题的产生，如全球变暖的环境问题、跨国犯罪问题、国际恐怖主义问题等，这些问题的跨国性、普遍性，单靠某个国家的力量是难以解决的，必须依赖于有关各国的通力合作。

（四）恐怖主义猖獗，全球增强反恐合作

以2001年发生在美国的“9·11”恐怖袭击事件为标志，恐怖主义猖獗成了当前国际体系挥之不去的阴影，相应的，全球加强反恐合作，也就成了题中应有之义。继“9·11”之后，世界各地相继发生严重的恐怖袭击事件。2002年印度尼西亚发生巴厘岛爆炸案。2004年先后发生三起严重恐怖袭击，即伊拉克清真寺连环爆炸袭击、西班牙马德里爆炸案和俄罗斯的别斯兰人质事件。2005年英国伦敦发生地铁和公交自杀式炸弹袭击。2008年11月在印度孟买发生连环恐怖袭击。法国在2015年、2016年两年间，先后发生三起严重的暴力恐怖袭击事件，即2015年对《查理周刊》办公室的恐怖袭击，2015

年11月发生在巴黎的恐怖袭击和2016年7月发生在尼斯的恐怖袭击。2016年，美国佛罗里达州奥兰多市发生大规模枪击案，造成50人死亡、53人受伤，是“9·11”后美国遭受的最惨烈的恐怖袭击。至于其他小的恐怖袭击案件，更是不胜枚举。中国也深受恐怖主义之害，近年来连续发生多起暴力恐怖事件，严重者如2014年3月1日发生在昆明火车站的暴力恐怖案，共造成31人死亡、141人受伤。这些恐怖袭击事件带来了大量的伤亡和财产损失，如2015年11月13—14日的巴黎恐怖袭击，由“伊斯兰国”(IS)极端组织策划，8名恐怖分子参与袭击，共造成132人遇难、300多人受伤，为加强戒备，法国宣布实行全国紧急状态。

在这些恐怖事件的背后，则是恐怖主义组织的日益猖狂。从美国“9·11”事件背后的全球恐怖组织“基地”组织，到近年来声称对多起严重恐怖袭击案件负责的“伊斯兰国”，无不主张暴力恐怖袭击，且极具蛊惑和煽动性，给世界和平和安全带来了严重威胁。在这些全球恐怖组织的策划下，近年来恐怖活动的范围日渐扩大，恐怖手段日益残忍，恐怖攻击的方式呈现出灵活化和网络化的新特点。

面对恐怖主义这一人类文明的毒瘤，任何一个国家都不可能独善其身，国际社会团结一致结成反恐统一战线、增强反恐合作至为关键。近年来，国家间的双边、多边反恐合作日益增强，区域性的反恐合作也在强化，如2005年《欧盟反恐战略》的出台，标志着欧盟反恐机制日臻完善。更重要的是，在联合国的框架内，全球逐渐形成了国际反恐合作的共识。2006年9月8日，联合国大会一致通过了《全球反恐战略》，以协调和加强联合国各个成员国在全球范围内打击恐怖主义方面的努力。这是联合国192个成员国第一次就打击恐怖主义的全球战略达成一致意见。2011年，“全球反恐论坛”成立，共有包括中国、美国、英国、土耳其、欧盟等在内的30名成员。论坛旨在为各国从事反恐工作的人员提供交流经验、信息和最佳实践的平台，动员和协调相关资源，促进现有国际反恐合作，提高有关国家应对恐怖主义挑战的能力，推动《联合国全球反恐战略》实施。如此种种，充分凸显了国际社会合力打击恐怖主义的决心和能力。

第四节　中国的对外政策

对外政策是国家的对外职能，是一国确定的参与国际经济、政治、文化和社会等各个领域的交往活动的基本规范的总和，狭义的对外政策特指国家对外政治活动的基本规范。随着经济全球化的深入和扩展，以及国际相互依存度的逐步提高，对外政策所包含的领域已经越来越多元化，各国的对外政策已经远远超出了政治和外交的范畴。中国政府始终坚持维护国家根本利益和促进世界和平与发展，奉行独立自主的和平外交政策，为中国的改革和发展创造了相对稳定的国际环境，也促进了人类的和平与进步。

超链接

中华人民共和国外交部：http：//www.fmprc.gov.cn

一、中国对外政策的历史发展

中华人民共和国成立60多年来，中国始终坚持独立自主的和平外交，并根据国际国内形势的变化不断地调整了具体的对外政策，在不同历史阶段呈现出不同的特点。根据中国对外政策的演变，大致可以将中华人民共和国成立后到21世纪初中国对外政策的历史发展划分为四个阶段。

（一）20世纪50年代至60年代初，实行“一边倒”的对外政策

中华人民共和国成立初期中国“一边倒”对外政策的形成有其历史和现实的原因。第二次世界大战后国际形势的显著特点是美国霸权地位的确立，中华人民共和国的成立沉重地打击了美国在亚洲的侵略扩张政策，美国等西方国家对中国实行封锁、禁运和包围，而苏联等社会主义国家先后承认中国并与中国建立了外交关系；在国内，百废待兴，同时面临各种敌对势力随时可能的反扑。在当时世界分裂为两大阵营的国际环境和国内急需恢复稳定、振兴经济的条件下，中国对外政策的首要目标是维护主权独立和国际平等地位，因此采取了“一边倒”方针，即站在以苏联为首的社会主义阵营一边，反对以美国为首的帝国主义阵营，其实质是联苏抗美。这是毛泽东等第一代国家领导人根据国际环境和对国家利益的认识作出的第一次对外政策的抉择，其目的正是为了维护自身主权权益和维护世界和平。

在“一边倒”的对外政策指引下，中国确立了“另起炉灶”“打扫干净屋子再请客”和“一边倒”的具体外交重点。所谓“另起炉灶”，是指不承认国民党政府与任何外国建立的外交关系，结束旧中国丧权辱国的外交，同时在平等、互利以及相互尊重领土主权的原则上与世界各国建立友好关系；“打扫干净屋子再请客”是指废除帝国主义国家过去在中国的特权，清除国内外各种敌对势力，对国民党政府与外国政府缔结的条约和协定一一审查，区别对待，予以继承、废除或重订；“一边倒”是指站在以苏联为首的社会主义阵营一边，与苏联结盟，同时加强同第三世界国家的团结与合作，支持亚、非、拉各国争取民族解放、主权独立的正义斗争。

（二）20世纪60年代，实行“既反美又反苏”的“两条线”政策

20世纪60年代国际形势的特点是动荡、大分化、大改组。从苏共二十大起，苏联加速了其全球扩张的步伐，推行霸权主义政策，提出“苏美合作、主宰世界”的论调，企图控制中国，将中国纳入苏联的战略目标，从而导致中苏关系恶化；另一方面，美国

继续推行反华政策，阻挠中国同其他国家发展正常关系，在恢复中国联合国合法地位等问题上横加阻挠，中国的对外关系面临严峻挑战。为捍卫国家主权和国家利益，中国调整了对外政策的原则，对苏联和美国的霸权主义进行反击，同时对抗两个超级大国对中国的压力，其中侧重点在抗击美国的敌对政策。同时，中国注重发展同亚非国家的友好关系，总理周恩来率代表团对亚非国家进行了三次访问，同近 20 个国家的领导人，就反对帝国主义、殖民主义、种族主义，保卫世界和平，促进彼此合作等问题，充分交换了意见，取得了广泛的一致，为发展中国同广大亚非国家的友谊奠定了基础。中国同一些邻国经过友好协商、互谅互让，公平合理地解决了边界问题，先后同缅甸、尼泊尔、蒙古、巴基斯坦、阿富汗签订了边界条约或边界问题协定。中国根据不同情况，同一些邻国解决了华侨的双重国籍问题。1964 年 1 月，中国同法国正式建立外交关系，使中国同西方国家的关系有了重大突破。

（三）20 世纪 70 年代，调整为“联美反苏”的“一条线一大片”政策

20 世纪 70 年代由于两个超级大国在争夺世界霸权中呈现苏攻美守的战略态势，美国的实力地位相对下降，为减少压力，美国从战略利益考虑，谋求改善对华关系，以共同牵制苏联的扩张；而苏联的大国主义和霸权主义更加严重威胁着中国安全，苏联在中苏边境大量增兵，制造了“珍宝岛事件”，并且在印度、阿富汗等地区对中国实施军事包围。因此，毛泽东提出“三个世界”的战略构想，改善了同美日的关系，并加强同第三世界国家的友好合作。在恢复联合国的合法席位后，我国开始全面参与国际事务，在国际舞台上发挥着日益重要的作用，使中国大大改善了与西方国家的关系，从此改变了中国的外交格局。

20 世纪 70 年代，中国的外交工作大踏步地前进，1972 年美国总统尼克松访华和中美《联合公报》的发表标志着中国开始转向“联美反苏”。1971 年 10 月 25 日，第二十六届联合国大会通过提案，恢复了中华人民共和国在联合国的合法权利。1972 年 2 月，美国总统尼克松访华，两国签订了上海《联合公报》，确认了以和平共处五项原则来处理国与国之间的关系，揭开了中美关系史上的重要一页，标志着两国关系正常化的开始；1979 年 1 月 1 日，中美建立外交关系，两国关系进入了一个新阶段。1972 年 9 月，日本首相田中角荣访华，两国签订了《联合声明》，正式建立外交关系，从而结束了两国间的不正常状态，实现了邦交正常化；1978 年 8 月，两国签署了《中日和平友好条约》，对缓和亚洲紧张局势和维护世界和平作出了积极贡献，使两国的政治、经济、文化关系以更大的步伐向前发展。20 世纪 70 年代，中国不仅同西欧绝大多数国家建立了外交关系，而且同欧洲共同体建立了正式关系；与此同时，还同加拿大、澳大利亚、新西兰建立了外交关系。这样，中国同这些国家的政治合作和经济交流有了稳步的、全面的发展。

资料 8.7

尼克松访华

1972 年 2 月 21 日至 28 日，美国总统理查德·尼克松应中国国务院总理周恩来的邀请前来中国访问，尼克松夫人、美国国务卿罗杰斯、总统助理亨利·基辛格和其他美国政府官员陪同。21 日下午，毛泽东会见了尼克松，两位领导人就中美关系和国际事务认真、坦率地交换了意见。周恩来同尼克松就两国关系正常化及双方关心的其他问题进行了广泛的讨论。28 日，中美双方在上海发表了联合公报。指出“双方同意，各国不论社会制度如何，都应根据尊重各国主权和领土完整、不侵犯别国、不干涉别国内政、平等互利、和平共处的原则来处理国与国之间的关系”；“中美两国关系走向正常化是符合所有国家的利益的”。双方在公报中阐明了各自对国际形势的立场和态度。中国方面重申：“中华人民共和国政府是中国的唯一合法政府”；“台湾是中国的一个省”，“解放台湾是中国内政，别国无权干涉”；“全部美国武装力量和军事设施必须从台湾撤走”。美国方面声明：“认识到在台湾海峡两边的所有中国人都认为只有一个中国，台湾是中国的一部分，美国政府对这一立场不提出异议”，并确认从台湾撤出全部武装力量和军事设施的最终目标。双方还同意扩大两国人民的了解，增进科学、技术、文化、体育方面的联系与交流。尼克松访华和中美上海《联合公报》的发表，标志着中美关系开始走向正常化。

（四）20 世纪 80 年代，进入全方位外交的新时期

20 世纪 80 年代初，国际形势又有了新的发展，美苏继续争霸，西欧、日本和一大批发展中国家纷纷崛起，既表明世界依然不太平，也昭示维护和平的力量有了增长。美苏互有攻守的战略态势，加之第三世界力量壮大，使和平与发展成为当今世界两大主题。中国共产党十一届三中全会召开后，中国进入了改革开放的新时代，同时也及时调整了对外政策，确立了超越意识形态的全方位外交、真正独立自主的不结盟、全面对外开放等一系列对外政策原则，以及“一国两制”等一系列新构想。这次对外政策转变是中华人民共和国成立以来最深刻、最成熟并对当代中国外交产生着重大影响的历史性调整。

根据新的对外政策原则，中国制定了对外开放的基本国策，主张在和平共处五项原则的基础上，同世界一切国家友好相处，反对霸权主义和强权政治，为维护世界和平而斗争。经过调整，我国的外交政策更加充实、灵活和实事求是，外交工作更加活跃。中国为推动南北对话和南南合作进行了积极的努力。同非洲国家的合作坚持“平等互利、讲求实效、形式多样、共同发展”的原则，发展了多种形式的经济技术合作，促进了各自的经济发展。中国政府按照“一国两制”的原则，同英国、葡萄牙政府就香港、澳门回归祖国进行了谈判，并分别于 1984 年 12 月、1987 年 4 月正式签署了《联合声明》，

规定中国分别于1997年7月1日、1999年12月20日恢复对香港、澳门行使主权。与此同时，中国同东欧一些国家实现了关系正常化，经济、科技、贸易合作有了显著发展。1989年5月，苏联领导人访华，双方本着“结束过去，开辟未来”的原则，实现了两国、两党关系的正常化，恢复了两国人民的传统友谊，有利于亚洲和世界和平。中国同印度恢复了两国政府首脑的互访，增进了相互了解，彼此的关系得到了改善。中国为公正合理解决柬埔寨问题进行了不懈的努力。1989年以后，面对复杂多变的国际形势，中国积极开展了国际活动，进一步改善和发展了同周边国家的友好合作关系，实现了同越南的国家关系、党的关系正常化，同俄罗斯等许多独联体国家建立了外交关系；顶住了西方发达国家对中国内政的干涉和政治上的施压、经济上的制裁，打破了它们孤立中国的企图，同一些国家的友好合作关系基本上或完全恢复正常；积极参与联合国处理国际事务的活动，继续起着重要的、不可忽视的作用。

进入21世纪后，中国深入推进全方位外交，取得了骄人的成绩。党的十八大以来，以习近平同志为核心的党中央，形成一系列治国理政新理念、新思想、新战略，在外交方面，先后提出了构建新型大国关系、坚持正确的义利观、以“亲诚惠容”开展周边外交、打造人类命运共同体等新思想、新理念，为深入推进全方位外交提供了科学理论指导和行动指南。“一带一路”倡议获得全球响应、成立亚洲基础设施投资银行、人民币纳入国际货币基金组织特别提款权货币篮子，以及2014年亚洲相互协作与信任措施会议上海峰会、2014年APEC北京领导人非正式会议、2016年G20杭州峰会、2017年“一带一路”高峰论坛等一系列国际会议伴随的主场外交，无不凸显出中国全方位外交取得重大进展，中国的国际地位显著提高。此外，随着改革开放的不断深入，中国GDP总量已跃居世界第二，中国已成为全球第一货物贸易大国和主要对外投资大国。同时，中华民族伟大复兴的中国梦和社会主义核心价值观深入人心，国家文化软实力不断增强。

资料8.8

“一带一路”倡议

2013年9月和10月，中国国家主席习近平在出访中亚和东南亚国家期间，先后提出共建“丝绸之路经济带”和“21世纪海上丝绸之路”的重大倡议，得到国际社会高度关注。中国国务院总理李克强参加2013年中国-东盟博览会时强调，铺就面向东盟的海上丝绸之路，打造带动腹地发展的战略支点。此后，习近平主席、李克强总理等国家领导人多次在出访、出席国际会议和外交会晤时深入阐释“一带一路”的深刻内涵和积极意义，与有关国家就共建“一带一路”达成广泛共识。为推进实施“一带一路”重大倡议，2015年3月28日，国家发展改革委、外交部、商务部联合发布了《推动共建丝绸之路经济带和21世纪海上丝绸之路的愿景与行动》，有力地推动了"一带一路"倡议的实施。2017 年 5 月在北京召开的"一带一路"高峰论坛，更是使"一带一路"倡议成为全球热点。

"一带一路"倡议得到了国际社会的广泛认同。2016 年 4 月，中国与联合国亚洲及太平洋经济社会委员会签署意向书，共同规划推进"一带一路"建设。9 月，中国与联合国开发计划署签署关于共同推进"一带一路"建设的谅解备忘录。这是中国政府与国际组织签署的第一份共建"一带一路"的谅解备忘录。11 月，联合国大会协商一致通过第 A/71/9 号决议，首次在决议中写入"一带一路"倡议。2017 年 3 月，联合国安理会一致通过的第 2344 号决议，首次载入"构建人类命运共同体"理念，呼吁国际社会通过"一带一路"建设等加强区域经济合作，敦促各方为"一带一路"建设提供安全保障环境，加强发展政策战略对接，推进互联互通务实合作。

共建"一带一路"是中国的倡议，也是中国与沿线国家的共同愿望。"一带一路"是促进共同发展、实现共同繁荣的合作共赢之路，是增进理解信任、加强全方位交流的和平友谊之路。共建"一带一路"的目标，是秉持和平合作、开放包容、互学互鉴、互利共赢的理念，全方位推进务实合作，打造政治互信、经济融合、文化包容的利益共同体、命运共同体和责任共同体。共建"一带一路"的合作重点，是沿线各国加强政府间合作、基础设施互联互通合作、投资贸易合作、新兴产业合作、金融监管合作、旅游合作、科技合作等，以达到政策沟通、设施联通、贸易畅通、资金融通和民心相通。

二、中国对外政策的目标与原则

在中华人民共和国成立以来的 60 多年里，国际国内形势发生了翻天覆地的变化，中国外交经历了风风雨雨，为适应形势的变化，中国对外政策的着重点和内容也相应不断调整。然而，不论国际风云如何变幻，中国对外政策中的一些根本原则始终得到坚持。

（一）维护和平与促进发展是中国外交的首要目标

中华人民共和国成立以来，中国一直为促进世界和平与共同发展而不懈努力。中国把和平与发展作为对外政策的首要目标，这是由和平与发展是当今世界的两大主题，以及我国的国家性质和基本国情决定的。

首先，当今世界的主题是和平与发展，世界各国求和平求发展的热情与渴望，是 60 多年来世界总体和平得以实现的基础，也是各国之间各领域合作与竞争的动力。然而，国际上霸权主义和强权政治仍然存在，一些国家为了实现自身利益，通过对外经济、政治和文化等方面的政策，推行其政治制度和价值观念，干涉别国内政，甚至动辄以武力相威胁。而在国际无政府状态下，不同国家的争端与利益冲突仍难以消除，也是当今世界地区冲突不断的原因所在。中国坚持国家不论大小，在国际政治中一律平等的原则，坚决反对任何形式的霸权主义和强权政治，反对干涉别国内政，反对将自己的意志强加于人。对于国际间的冲突与矛盾，中国主张在平等互利原则基础上，通过协商与谈判来获得和平解决。

其次，中国近代历史饱经侵略之苦，国家建设和经济发展几度被迫中断，深知和平来之不易，这种经历促使中国追求和平与发展的目标。中国是一个发展中国家，目前仍处于社会主义初级阶段，必然将经济建设和提高人民生活水平当作一贯坚持的目标，这需要一个和平稳定的世界和周边环境为保证。从优化国际环境，维护国家安全、领土完整和巩固社会主义制度出发，也需要和平与发展为目标。中国在致力于自身经济发展和社会进步的同时，还积极支持发展中国家的经济建设，推动这些国家和地区的发展和稳定。另外，中国社会主义的国家性质也决定中国外交的首要目标必须是和平与发展。

（二）独立自主是中国外交政策的根本原则

独立自主一直是中国外交政策的根本特点和根本原则，不论国际形势如何变化，中国始终坚持独立自主地处理对内对外一切事务，不允许任何外国势力的干涉；基于同样的道理，中国尊重别国的独立和主权，支持其他国家反对干涉、控制和侵略，维护国家独立自主权利的正义斗争。独立自主，是马克思列宁主义、毛泽东思想、中国特色社会主义理论的一条基本原则，是中国革命胜利的宝贵经验之一，也是我国外交的基本立足点。中国是从中国人民和世界人民的根本利益以及事情本身的是非曲直出发，按照是否有利于维护世界和平、促进经济发展及增强国际友好合作关系来判断是非，独立自主决定自己的态度和立场，不屈从于外来压力。中国一贯强调自力更生，在维护国家利益的同时，积极承担国际义务，发挥应有的作用。

20 世纪 80 年代以来，中国坚持改革开放，坚持以中国特色社会主义理论思想指导外交实践活动，赋予了独立自主的对外政策以新的内容，即真正的不结盟，其主要思想包括四个方面的内容：第一，坚决维护国家主权，反对任何损害中国主权和安全的行为和企图；第二，不依附任何大国或国家集团，也不屈服于任何外来压力，不同任何大国结盟，也不参加任何国家集团；第三，处理国际事务时，从中国人民和世界人民的根本利益出发，不以社会制度或意识形态画线，根据事情本身的是非曲直独立作出判断，绝不拿原则做交易；第四，各国的事情由各国自己做主，中国奉行独立自主的政策，也尊重别国奉行的独立自主政策。

（三）和平共处五项原则是中国处理对外关系的基本准则

1953 年年底，周恩来总理在会见印度政府代表团时，第一次提出了“互相尊重主权和领土完整、互不侵犯、互不干涉内政、平等互利、和平共处”的五项原则。翌年，周总理应邀访问了印度和缅甸，中印、中缅双方总理在联合声明中，正式倡议将和平共处五项原则作为国际关系的准则。

作为中国处理同世界各国关系的基本准则，和平共处五项原则将互相尊重主权和领土完整作为这一准则的基础和核心，主权是构成国家最重要的因素，是指一国对内享有最高权力，对外独立自主，不受侵犯。国家如果丧失主权，就不成其为国家或者变成外国的附庸或殖民地。主权和领土又总是不可分离的，领土既是国家主权行使的对象，又是一国人民赖以生存的物质基础。在国际政治中每个国家都要维护自己的主权和独立，就不可避免地会发生这样那样的冲突或碰撞，提出“互相尊重主权和领土完整”，说明在维护国家领土主权问题上必须互相尊重，不能搞霸权主义或单边主义。正因为如此，互相尊重主权和领土完整就成为五项原则中的第一条，构成整个“五项原则”的核心和灵魂，在国际政治中具有十分重要的意义。但是，国际政治中又经常发生武装冲突和干涉别国内政的现象，因此要求各国互不侵犯、互不干涉内政、平等互利，以最终达到实现和平共处的目的。因此，五项原则中的四个“互”和一个“和”道出了处理国际政治中利益冲突与推进国际合作的精华，构成了一个完整的科学体系。

多年来，中华人民共和国外交在五项原则的指导下捍卫了国家的主权和独立，加强了与世界各国人民特别是发展中国家人民的团结和友谊，在一切重大国际问题上发挥着独特的作用，为维护联合国宪章的宗旨和原则，推动建立国际政治经济新秩序作出了积极的贡献。现在看来，正是由于中印、中缅两国总理在联合声明中，倡议将和平共处五项原则作为国际关系的准则，才使和平共处五项原则迅速受到亚洲、非洲以及世界各国人民的普遍赞同和拥护，成为解决国与国之间关系的基本准则，在国际上产生了极其深远的影响。

三、新时期中国外交的机遇和挑战

冷战结束以来，特别是进入 21 世纪，国际形势呈现出历史性的重大变化。关于国际战略环境，《国民经济与社会发展第十三个五年规划纲要》指出，“和平与发展的时代主题没有变，世界多极化、经济全球化、文化多样化、社会信息化深入发展”。当前国际环境，既有对我有利的一面，“全球治理体系深刻变革，发展中国家群体力量继续增强，国际力量对比逐步趋向平衡”；也有对我构成挑战的一面，“局部地区地缘博弈更加激烈，传统安全威胁和非传统安全威胁交织，国际关系复杂程度前所未有。外部环境不稳定不确定因素明显增多，我国发展面临的风险挑战加大”。

显然，在新的历史条件下，中国的外交工作既有难得的机遇又有严峻的挑战，可谓机遇与挑战并存。中国将坚定不移地高举和平、发展、合作的旗帜，一如既往地奉行独立自主的和平外交政策，坚持在和平共处五项原则基础上与世界各国发展友好关系，为 21 世纪中国的和平崛起创造有利的国际环境。

（一）新时期中国外交的历史机遇

第一，和平与发展的时代主题为中国开展和平自主的外交政策奠定了有利的时代背景。冷战结束以来，世界正发生大时代的阶段性质变化，即世界主题发生了一次巨大变化，和平与发展最终取代了战争与冲突，确定为国际社会的渴望与共识。当今世界，尽管其基本矛盾和其他各种矛盾依然存在，形势错综复杂，不稳定因素增加，但和平与发展的大趋势没有改变。特别是在苏联解体，美苏对抗的两极格局结束以后，发生世界大战的可能性更小了，世界正进入一个全局稳定和局部冲突的时期，这种相对和平的国际环境对我国进行现代化建设十分有利。中国将继续推动世界多极化、国际关系民主化和发展模式多样化，促进经济全球化朝着有利于各国共同繁荣的方向发展，积极倡导多边主义和新安全观，反对霸权主义和强权政治，反对一切形式的恐怖主义，推动建立公正合理的国际新秩序。中国将全面加强经济外交和对外文化交流，为维护和促进人类的和平、发展与进步事业而不懈努力。

第二，国家间关系的主要内容由军事、政治对抗转向以经济、科技为主的综合国力的竞争，国际合作向纵深发展，为中国和平外交政策注入了新的活力。冷战结束后，经济因素在国际关系中起着越来越突出的作用，与此相适应，各国为了争取在新的世界格局中处于有利地位，都特别重视发展经济和科学技术，展开了一场激烈的经济实力的竞争。自 20 世纪 80 年代以来，发达国家加快了高新技术的推广应用和产业结构的调整，加上国际竞争的强有力的推动，当前西方主要国家的经济已开始缓慢回升，世界经济开始进入新一轮发展周期，这对世界各国都是极为有利的时机。亚太地区目前正处在相对稳定和快速发展之中，它的经济增长速度连续多年高于世界平均水平，已经逐渐成为世界经济增长的动力。中国处于亚太重要位置，可以充分利用这种周边和国际有利的经济环境，加速国内经济的发展。当今的世界已发展成为一个整体，国与国之间存在密切的经济关系，各国之间既竞争又合作，以此促进各国和世界经济发展。中国与西方发达国家之间的经济互补性很强，中国需要发达国家的资金、技术和先进的管理经验；西方发达国家需要中国的市场。中国经济繁荣、社会稳定、投资环境良好、市场潜力巨大，是吸引西方国家开展同中国的经济合作的新因素。

第三，相对稳定的地区局势和周边环境为中国专注于参与国际经济合作与竞争创造了有利条件。参与国际竞争与合作已经成为中国对外政策中非常重要的环节，这首先要有一个和平与安全的地区局势与周边环境。20 世纪 60 年代到 70 年代，中国与周边的印度、越南和苏联都曾发生过边境武装冲突，几乎是四面受敌。不稳定的周边环境使中国难以集中力量从事国内的经济建设。随着国际大气候的缓和，以及中国一贯奉行以和平共处五项原则为基础的和平外交政策，中国改善了与印度、越南等周边国家的关系，并进一步建立了睦邻友好的双边和多边合作关系，往日的战场变成了今日的市场，边境贸易日益扩大，民间交往频繁，使这一时期我国同周边国家的关系呈现出中华人民共和国成立以来最好的状态。这对我国的改革开放、建设和发展都是极为有利的。继续保持睦邻友好的周边环境，争取和平稳定的地区局势，仍将是当前和今后中国对外政策的重要内容。

第四，中国和世界上绝大多数国家发展了新型的双边关系，为中国独立自主的和平外交谋求了更宽广的舞台和回旋余地，获得了更多的支持。在和平与发展的大趋势下，中国和美国、俄罗斯、德国、法国、英国等主要西方国家以及其他大多数发展中国家都建立了不同形式的伙伴关系和友好合作关系：这种新型的伙伴关系和友好合作关系具有四个方面的特点：(1) 互不为敌，这是伙伴关系得以存在或建立的前提；(2) 双方具有共同的利益，这是伙伴关系存在的基础；(3) 各自都有为寻求这种共同利益而进行合作的愿望，这是建立伙伴关系的动力；(4) 双方能够采取切实的措施发展相互关系，这是伙伴关系的表现形式。20 世纪 90 年代以来，中国和世界各国建立了不同层次的伙伴关系和友好合作关系：第一个层次是战略层次的，如中国和美国、俄罗斯、法国之间的战略伙伴关系；第二个层次是地区层次的，如中国与欧盟、东盟、非统组织、日本、英国、印度、南非、巴西等地区大国间的关系；第三个层次是双边的友好合作关系。新型伙伴关系和友好合作关系对我国坚持开展平等与互利的和平外交关系起到了推动和支持的作用，从而使我国的现代化建设不仅可以争取到一个较长时间的和平环境，而且有可能少受国际不稳定势力的干扰和压力。中国将深化与发展中国家的互利合作，维护与发展中国家的共同利益。坚持与邻为善、以邻为伴的方针，加强与周边国家的友好合作关系，深化区域合作。进一步发展同西方发达国家的关系，努力扩大共同利益的汇合点，妥善处理分歧。

（二）新时期中国外交面临的挑战

首先，国际政治中的强权政治和霸权主义依然对中国独立自主的和平外交政策构成威胁。冷战结束以来，尽管两极对抗局面消失了，但国际政治中的强权政治和霸权主义依然存在，并对国际体系的稳定和国际安全产生影响，中国必须在这样一个大环境中考虑自身可能受到的威胁。强权政治和霸权主义是当今国际体系的客观存在，这是国际政治不可避免的现实，只不过不同时期有不同表现，所采取的方式不同。冷战结束以来，一些西方国家鼓吹“人权高于主权”“人权无国界”“主权有限”和“主权是过时的概念”等“新干涉主义”论调，为干涉他国内政、侵犯他国主权提供理论依据；混淆反对恐怖主义的界限，无根据地指责一些国家是恐怖主义国家，随意扩大反恐范围，为其推行霸权主义扫清道路；提出“预防性干预”和“先发制人”的战略。在对待中国的问题上，西方国家对中国人权、宗教、社会保障等内政事务的干涉，以及为中国和平统一设置障碍，都是强权政治和霸权主义对中国独立自主和平外交的挑战。中国不能不考虑形势的变化及其未来的趋势，预做必要的研究以及战略上的调整和安排。

其次，在一超多强的国际格局中，主要大国力量对比失衡以及形势发生了对美国更为有利的变化，不利于维持中美关系的平衡发展。美国意图实现美国领导下的“单极”世界，以对抗和阻止世界多极化趋势，而中国主张一个多极化的世界更有利于世界的和平与发展。同时，美国还利用国际货币基金组织、世界银行、世界贸易组织乃至“八国集团”等为建立它的全球霸权服务。中国和俄罗斯等国家则主张推进多极化进程，美国自然将中、俄视为实现其霸权野心的障碍，对中国实行接触与遏制并行的政策。“单极”与“多极”之争将是双方长期的较量。美国自恃在综合国力方面远强于别的国家，在今后 15 年至 20 年内没有任何一国能是它的对手，在这个“历史性机遇”的年代，它可抢先实现自己的战略目标。21 世纪中国正面临和平发展，和平崛起的战略目标能否实现，有赖于处理好与“一超”的关系。美国长期奉行强权政治和单边主义，中美关系因此将长期存在不稳定因素，这对中国的独立自主和平外交政策能否有效维护国家利益与安全形成了挑战。

最后，台湾问题的不确定性仍然是中国外交政策的制约因素。台湾问题的由来，经历了从国内问题到国际问题的转变。本来，台湾问题是中国的内政，两岸的统一是中国人自己的内部事务，但是由于外部势力的干涉，尤其是美国的插足，不仅使两岸几次失去统一的机会，也使中国不得不面对台湾问题的日益国际化、复杂化。同时，由于国际形势、时代主题的变化，两岸统一日益由军事方式解决为主转变为政治、外交手段解决为主，中国外交因此承担了“反独促统”的特殊使命。由于国际政治、外交政策和台湾问题的互动性，中国必须正视其他国家对台湾问题的影响和干涉。其中，美国和日本是使台湾问题国际化的主要因素。美国历来将台湾当成制约中国的一张牌，一方面美国意识到中国的发展与崛起，因而需要发展中美关系；另一方面美国又将台湾当成对付、打击、遏制中国的砝码，台湾问题因此成为中美关系中的核心问题，中美关系每隔一段时期都因为台湾问题而步入低谷。日本也意图以台湾问题制约中国的发展，遏制中国走向世界大国的步伐。尽管美国和日本也承认一个中国原则，但无视“台独”势力的增长，坚持中国必须以“和平方式”解决台湾问题，并试图将台湾纳入美日安保的范围。美国和日本对台湾问题的干涉一方面严重助长了“台独”倾向，另一方面也给中美、中日关系的健康发展制造了障碍。

本章小结

国际政治可以理解为各国际行为主体之间一切可以归结为政治的事件和关系，是全球范围内各种跨国政治活动的统称。对国际政治产生关键性影响的因素包括时代性质、综合国力、国家利益以及地缘政治等。国际政治和国内政治既有联系也有区别。

国际政治的主要行为主体包括国家、国际组织、跨国公司等。国家是最重要的行为主体。国际组织可以根据不同的标准划分为不同的类型。

国际体系主要经历了四个发展时期，当今多极竞争体系呈现出了新的特征。

中国外交的首要目标是维护和平与促进发展。中国外交政策的根本原则是独立自主。中国处理对外关系的基本准则是和平共处五项原则。

思考题

1. 影响国际政治的主要因素是什么？
2. 国际政治与国内政治有什么联系与区别？
3. 国际政治行为主体的主要特征有哪些？
4. 当前多极竞争国际体系有何特征？
5. 中国处理对外关系的基本准则是什么？

参考文献

［1］马克思，恩格斯．马克思恩格斯选集：1～4卷．2版．北京：人民出版社，1995.

［2］列宁．列宁选集：1～4卷．3版．北京：人民出版社，1995.

［3］毛泽东．毛泽东选集：1～4卷．2版．北京：人民出版社，1991.

［4］邓小平．邓小平文选：1～2卷．2版．北京：人民出版社，1994.

［5］邓小平．邓小平文选：第3卷．1版．北京：人民出版社，1993.

［6］习近平．习近平谈治国理政．北京：外文出版社，2014.

［7］习近平．习近平总书记系列重要讲话读本．北京：学习出版社，人民出版社，2016.

［8］中国大百科全书·政治学卷．北京：中国大百科全书出版社，1992.

［9］曹沛霖，徐宗士．比较政府体制．上海：复旦大学出版社，1993.

［10］曹沛霖等．比较政治制度．北京：高等教育出版社，2005.

［11］陈明明，任勇．国家治理现代化：理念、制度与实践．北京：中央编译出版社，2016.

［12］胡伟，唐贤兴．论政治——中国发展的政治学思考．南昌：江西人民出版社，1996.

［13］景跃进．政治学原理．北京：中国人民大学出版社，2011.

［14］郎劲松，侯月娟．政府传播．北京：中国人民大学出版社，2015.

［15］李爱华．现代政治学．北京：北京师范大学出版社，2001.

［16］梁琴，钟德涛．中外政党制度比较．北京：商务印书馆，2000.

［17］刘建军．中国现代政治的成长．天津：天津人民出版社，2003.

［18］毛寿龙．政治社会学．北京：中国社会科学出版社，2001.

［19］宋超．当代中国网络政治参与研究．济南：山东大学出版社，2016.

［20］孙关宏等．政治学．上海：复旦大学出版社，2002.

［21］孙关宏等．政治学概论．2版．上海：复旦大学出版社，2008.

［22］孙宏云．中国现代政治学的展开：清华政治学系的早期发展：1926—1937．北京：三联书店，2005.

［23］王沪宁．政治的逻辑——马克思主义政治学原理．上海：上海人民出版社，2004.

［24］王巍，牛美丽．公民参与．北京：中国人民大学出版社，2009.

[25] 王乐理．政治文化导论．北京：中国人民大学出版社，2000.

[26] 萧超然，晓韦．当代中国政党制度．哈尔滨：黑龙江人民出版社，2000.

[27] 燕继荣．政治学十五讲．2 版．北京：北京大学出版社，2012.

[28] 杨光斌．政治学导论．4 版．北京：中国人民大学出版社，2011.

[29] 俞可平．走向善治．北京：中国文史出版社，2016.

[30] 周宇豪．政治传播学．武汉：武汉大学出版社，2013.

[31] 张小劲，景跃进．比较政治学导论．2 版．北京：中国人民大学出版社，2008.

[32] 卢梭．社会契约论．北京：商务印书馆，2001.

[33] 米歇尔斯．寡头统治铁律．天津：天津人民出版社，2003.

[34] 阿尔蒙德，等．当代比较政治学：世界视野．8 版．上海：上海人民出版社，2010.

[35] 阿尔蒙德，维巴．公民文化：五个国家的政治态度和民主制度．北京：商务印书馆，人民出版社，2014.

[36] 伊斯顿．政治体系——政治学状况研究．北京：商务印书馆，1993.

[37] 格林斯坦，波尔斯比．政治学手册精选（下卷）．北京：商务印书馆，1996.

[38] 汉密尔顿，等．联邦党人文集．北京：商务印书馆，2015.

[39] 戈定．牛津比较政治学手册．北京：人民出版社，2016.

[40] 罗斯金．政治科学．12 版．北京：中国人民大学出版社，2014.

[41] 约翰逊．政治科学研究方法．5 版．北京：中国人民大学出版社，2016.

[42] 萨托利．民主新论．北京：东方出版社，1998.

[43] 亨廷顿．变化社会中的政治秩序．上海：上海人民出版社，2008.

[44] 施密特，等．美国政府与政治．北京：北京大学出版社，2005.

[45] 李普塞特．政治人：政治的社会基础．南京：江苏人民出版社，2013.

[46] 托马斯．公共决策中的公民参与．北京：中国人民大学出版社，2010.

[47] 冈泽宪芙．政党．北京：经济日报出版社，1991.

[48] 蒲岛郁夫．政治参与．北京：经济日报出版社，1989.

[49] 海伍德．政治学．3 版．北京：中国人民大学出版社，2013.

[50] 米勒，波格丹诺．布莱克维尔政治学百科全书．邓正来，译．北京：中国政法大学出版社，2002.

图书在版编目（CIP）数据

政治学原理/沈文莉，方卿主编．—3 版．北京：中国人民大学出版社，2017.8
21 世纪高等继续教育精品教材
ISBN 978-7-300-24826-4

Ⅰ．①政… Ⅱ．①沈…②方… Ⅲ．政治学-教材 Ⅳ．D0

中国版本图书馆 CIP 数据核字（2017）第 200066 号

21 世纪高等继续教育精品教材
政治学原理（第三版）
主编 沈文莉 方 卿
Zhengzhixue Yuanli

出版发行	中国人民大学出版社		
社　　址	北京中关村大街 31 号	**邮政编码**	100080
电　　话	010－62511242（总编室）		010－62511770（质管部）
	010－82501766（邮购部）		010－62514148（门市部）
	010－62515195（发行公司）		010－62515275（盗版举报）
网　　址	http://www.crup.com.cn		
经　　销	新华书店		
印　　刷	北京昌联印刷有限公司	**版　　次**	2007 年 1 月第 1 版
开　　本	787 mm×1092 mm　1/16		2017 年 8 月第 3 版
印　　张	16.75	**印　　次**	2023 年 10月第 14 次印刷
字　　数	344 000	**定　　价**	39.00 元
